权威·前沿·原创

皮书系列为
"十二五""十三五"国家重点图书出版规划项目

B

BLUE BOOK

智 库 成 果 出 版 与 传 播 平 台

北京交通蓝皮书
BLUE BOOK OF BEIJING TRANSPORTATION

北京交通发展报告（2021）

ANNUAL REPORT ON DEVELOPMENT OF BEIJING
TRANSPORTATION (2021)

构建高质量发展的综合交通运输体系

主　　编 / 北京交通大学北京综合交通发展研究院

社会科学文献出版社
SOCIAL SCIENCES ACADEMIC PRESS (CHINA)

图书在版编目（CIP）数据

北京交通发展报告：构建高质量发展的综合交通运输体系.2021/北京交通大学北京综合交通发展研究院主编. -- 北京：社会科学文献出版社，2021.12
（北京交通蓝皮书）
ISBN 978 - 7 - 5201 - 9556 - 0

Ⅰ.①北…　Ⅱ.①北…　Ⅲ.①交通运输发展 - 研究报告 - 北京 - 2021　Ⅳ.①F512.71

中国版本图书馆 CIP 数据核字（2021）第 270757 号

北京交通蓝皮书
北京交通发展报告（2021）
——构建高质量发展的综合交通运输体系

主　　　编／北京交通大学北京综合交通发展研究院

出 版 人／王利民
组稿编辑／恽　薇
责任编辑／冯咏梅
责任印制／王京美

出　　版／社会科学文献出版社·经济与管理分社（010）59367226
　　　　　地址：北京市北三环中路甲 29 号院华龙大厦　邮编：100029
　　　　　网址：www.ssap.com.cn
发　　行／市场营销中心（010）59367081　59367083
印　　装／天津千鹤文化传播有限公司

规　　格／开本：787mm × 1092mm　1/16
　　　　　印张：16.25　字数：241 千字
版　　次／2021 年 12 月第 1 版　2021 年 12 月第 1 次印刷
书　　号／ISBN 978 - 7 - 5201 - 9556 - 0
定　　价／158.00 元

本书如有印装质量问题，请与读者服务中心（010 - 59367028）联系

主要编撰者简介

（按姓氏笔画排序）

马 路 北京交通大学交通运输学院教授、博士、博士生导师。主要研究方向包括智能交通、交通规划、交通流理论和交通安全等。主持国家自然科学基金、北京社科基金等国家级和省部级项目多项。发表学术论文40余篇。入选交通运输行业重点领域创新团队核心成员，获高等学校科学研究优秀成果奖、中国仿真学会科技奖等荣誉。

王 超 北京交通大学经济管理学院副教授、博士、硕士生导师。主要研究方向包括运输经济理论与政策、城市交通经济学、交通产业及企业治理等。主持国家级、省部级项目20余项。发表学术论文50余篇，参编出版专著及教材10余部。获中国铁道学会科学技术进步奖一等奖、中国铁道学会优秀论文奖二等奖、北京市哲学社会科学优秀成果奖二等奖等荣誉。

冯 华 北京交通大学经济管理学院教授、博士、博士生导师，北京交通大学服务经济与新兴产业研究所所长。主要研究方向包括科技创新与新兴产业、科技服务业与新型基础产业。主持国家社科基金重大项目、国家软科学研究计划重大项目多项。发表学术论文100余篇。获全国高等学校人文社会科学研究优秀成果奖，入选财政部"财政人才库"，荣获"宝钢优秀教师奖""北京市教学名师奖"等荣誉。

刘颖琦 北京交通大学经济管理学院教授、博士、博士生导师。主要研究方向包括组织理论与人力资源管理、创新创业管理、企业战略与发展规划、新能源汽车产业发展和竞争优势等。主持国家级、省部级项目10余项。发表中英文论文20余篇，出版著作（包括译著）10余部。获2014年度能源软科学研究优秀成果奖、中国铁道学会科学技术奖等荣誉。

宋　瑞 北京交通大学交通运输学院教授、博士、博士生导师，兼任中国系统工程学会交通运输系统工程专业委员会理事等职务。主要研究方向包括交通运输规划与管理、城市公共交通、城市轨道交通、现代物流管理等。主持和参与科研项目60余项。发表学术论文100余篇。获北京交通大学优秀主讲教师、中国铁道学会科学技术奖、北京市高等教育教学成果奖等荣誉。

武剑红 北京交通大学经济管理学院教授、博士生导师。主要研究方向包括国内外铁路体制改革、投融资政策和经营管理模式以及高速铁路管理体制、模式、效益评价等。主持国家级、省部级、世界银行、亚洲开发银行项目80余项。发表学术论文100余篇，出版专著3部。获省部级、市级科学技术进步奖、哲学社会科学优秀成果奖8项，11篇论文获中国铁道学会优秀论文奖一等奖。

欧国立 北京交通大学经济管理学院教授、博士、博士生导师，兼任教育部高等学校经济学类专业教学指导委员会委员等职务。主要研究方向包括产业组织、运输经济理论与政策等。主持国家级、省部级项目40余项。在学术期刊或国际学术会议上发表论文120余篇。获国家级优秀教学成果奖1项、北京市优秀教学成果奖3项、省部级优秀教材奖2项、省部级科研成果奖3项。

摘　要

　　2020 年对于北京交通发展来说是具有重要意义的一年，年初新冠肺炎疫情突袭，北京交通系统紧急响应，实施了疫情期取消小客车限行、控制公交和轨道车厢满载率、在地铁入口进行流量和密度控制等一系列科学措施，为打好抗击疫情的交通管理攻坚战发挥了重要作用，相关政策作为"北京经验"被交通运输部推广，并要求其他城市学习借鉴。

　　2020 年也是检验"十三五"规划的关键时期，北京在交通基础设施、数字化交通、管理制度与政策、交通公共卫生安全体系等方面取得了丰硕的成果，并在相关重点领域实现突破，交通发展为北京"四个中心"建设提供了保障和基础，同时支撑了国家层面交通发展战略的实施。随着社会发展目标的提升，可以预见，北京交通发展将提升到一个新的层次，以应对区域发展所带来的大量出行和人民对高质量交通服务水平的要求。现阶段存在一些挑战，如轨道交通和地面公交一体化发展、市郊铁路规划相关难题、多种交通方式融合发展等，亟待从体系层面进行创新突破。本报告以"构建高质量发展的综合交通运输体系"为主题，对 2020 年北京交通发展情况进行总结，并聚焦政府和公众关注的热点问题。

　　本报告分为三个部分：第一部分为总报告，第二部分为分报告，第三部分为专题报告。总报告首先对北京市 2020 年的交通发展情况进行了研究，分别从对外交通、绿色交通、平安交通、科技交通、人文交通、旅游交通等视角进行了总结和展望。分报告围绕公共交通体系、交通融合发展和慢行交通等细分领域展开研究。公共交通体系方面，根据北京市轨道交通和地面公交一体化现状,研究了未来交通一体化发展情况并提出了北京市轨道交通和地面公交规划、建设、运营协调联动发展的思路与建议,同时分析了北京都市圈主要运输走廊,为市郊铁路功能定位提出了相应的创新路径。交通融合发展方面,研究了铁路、城市轨道交通与城市融合发展,重大活动、事件的交通与城市融合发展,以及城市多种交通方式融合的体制机制创新。慢行交通方面,研究了共享单车的治理与发展中存在的问题,并提出了促进共享单车治理的政策与路径。专题报告在总报告和分报告所提出思路的基础上进行了更加具体、针对性更强的案例分析与研究:一是探讨了新冠肺炎疫情对首都交通运输行业的影响;二是研究了与自动驾驶相适应的道路交通法规和运营监管政策;三是分析了北京市支持新型基础设施建设的政策。

本报告总结了近年来北京交通发展的重要成果,并从公共交通体系、交通融合发展和慢行交通等细分领域,梳理了北京的交通建设情况,分析了现阶段的挑战,展望了未来的发展趋势,并提出了有针对性的对策建议和具体的落实方案,以期为北京交通发展的理论与实践提供借鉴,为我国其他城市的交通发展提供参考。

关键词: 综合交通运输体系　城市公共交通一体化　高质量发展

前　言

北京作为首都和我国超大城市的代表，在交通规划、建设、管理与政策等方面取得了丰硕的成果。大量的共性问题使北京在交通发展中所形成的经验具有很高的参考价值，对我国现代化城市交通发展能够起到先锋引导作用。北京交通发展立足于北京市交通出行需求，同时服务于国家战略和重大活动保障，如京津冀协同发展战略、交通强国发展战略、冬奥会交通保障等。2017年9月，中共中央、国务院批复《北京城市总体规划（2016年—2035年）》，对北京市交通发展、管理与治理提出了高质量、高标准的要求。

北京交通大学北京综合交通发展研究院作为北京市委、市政府首批批复建设的首都高端智库13家试点单位之一，旨在围绕北京交通发展中的重要领域开展研究，并对年度热点问题进行追踪。相关成果则形成了一系列研究报告，按年度收录于本报告，选题重点关注北京交通发展中的管理与政策问题，并为其他城市交通发展提供参考。

北京的交通发展具有"方式齐全、情境复杂、经验丰富"等特点，针对北京交通发展的研究涵盖了交通领域的众多方面，国内外大量研究也均以北京为实例分析的对象，涉及的研究方向较多，近期所关注的研究方向主要包括城市综合交通体系、京津冀交通一体化、共享出行、交通强国战略、疫情期间交通公共卫生安全体系等。

2020~2021年是向国家"十四五"现代综合交通运输体系发展阶段过渡的关键时期，北京交通发展逐渐从以"量"为导向的基础设施建设模式向以"质"为目标的设施、规划、管理、政策高质量融合发展模式转变。在新的形势下，体系建设已成为破解现阶段问题并支撑创新发展的主要方向。由此，本报告将"构建高质量发展的综合交通运输体系"作为年度主题。

目 录 ⌐▧▨░

Ⅰ 总报告

Ⅱ 分报告

Ⅲ 专题报告

皮书数据库阅读**使用指南**

总 报 告

General Report

B.1

2020年北京交通发展研究报告

摘　要：　北京市交通行业积极贯彻党中央、国务院发布的《交通强国建设纲要》，并认真落实《北京城市总体规划(2016年—2035年)》，对2020年北京市的交通发展情况进行分析研究，对未来的工作具有参考意义。本报告从2020年北京对外交通、绿色交通、平安交通、科技交通、人文交通、旅游交通等角度进行总结分析，相关数据表明，面对突如其来的新冠肺炎疫情冲击，北京交通运输行业经受住了前所未有的考验，在统筹推进疫情防控的同时，保障交通运行平稳安全，较好地完成了全年任务，也为未来交通运输行业的复苏奠定了基础。

关键词：　城市交通　交通发展　交通政策

一 北京对外交通发展情况

2020 年,北京对外客运总量为 1.33 亿人次,较上年减少 57.5%。其中,公路客运量为 1858 万人次,较上年减少 67.7%;铁路客运量为 6383 万人次,较上年减少 56.7%;航空客运量为 5061 万人次,较上年减少 50.9%。

(一)境内客运

1. 铁路客运

2020 年,受新冠肺炎疫情影响,城市间出行需求降低,铁路客运量受影响较大,旅客周转量、旅客发送量等均有明显的降低。

2020 年,北京地区图定日开行旅客列车 588 对,较上年增加 16.5 对,其中北京站开行 117 对,北京西站开行 196.5 对,北京南站开行 251.5 对,北京北站开行 23 对;高峰期开行旅客列车 614 对,较上年减少 23.5 对,其中北京站开行 123 对,北京西站开行 199 对,北京南站开行 263.5 对,北京北站开行 28.5 对。

受新冠肺炎疫情等因素影响,铁路客运需求大幅降低。2020 年,北京境内铁路客运量为 6382.8 万人次,较上年减少 8369.1 万人次,减幅达到 56.7%(见表 1);旅客周转量为 706947 万人公里,较上年减少 55.5%。

表 1   2013~2020 年北京境内铁路客运量

单位:万人次

指标	2013 年	2014 年	2015 年	2016 年	2017 年	2018 年	2019 年	2020 年
铁路客运量	11578.1	12599.8	12814.3	13374.6	13868.2	14268.5	14751.9	6382.8

资料来源:中国铁路北京局集团有限公司。

2. 航空客运

2020 年,在新冠肺炎疫情冲击下,各国政府关闭边境或采取严格的隔离措施,大量客运航线调整或停止运营,境内、境外航空客运量大幅下降。

2020年，北京市机场航班起降总数为42.1万架次，较上年减少31.4%，其中国内航线飞机起降37.8万架次，占总起降架次的89.8%；北京境内航空客运量为4760万人次，较上年减少37.7%（见表2），其中首都国际机场航空客运量为3159万人次，大兴国际机场航空客运量为1601万人次。

表2　2016～2020年北京境内航空客运量

单位：万人次

指标	2016年	2017年	2018年	2019年	2020年
航空客运量	7015	7113	7396	7644	4760

资料来源：北京市商务局。

2020年，首都国际机场旅客吞吐量较大的20条国内航线分别为北京首都—上海虹桥、上海虹桥—北京首都、北京首都—成都、成都—北京首都、北京首都—深圳、广州—北京首都、深圳—北京首都、北京首都—广州、杭州—北京首都、北京首都—杭州等。受新冠肺炎疫情影响，航空客运量大幅减少，以旅客吞吐量最大的北京首都—上海虹桥航线为例，2020年旅客吞吐量为173.32万人次，较上年减少48.5%。

3. 公路客运

2020年，北京共有8个省际客运站，较上年减少1个；运营线路共464条，较上年减少194条；运营车辆共1339辆，较上年减少859辆。省际客运量为368万人次，较上年减少72.9%，其中到达量为170万人次，发送量为198万人次；共完成旅客周转量12.1亿人公里，同比减少74.0%。

（二）境外客运

1. 航空客运

2020年，首都国际机场旅客吞吐量较大的20条国际航线分别为首尔—北京首都、北京首都—首尔、北京首都—东京、东京—北京首都、北京首都—迪拜、曼谷—北京首都、迪拜—北京首都、北京首都—曼谷、新加坡—北京首都、北京首都—新加坡等。受新冠肺炎疫情影响，各国或各地区采取了较为严格的入境措施，跨境客运量大幅减少，以旅客吞吐量最大的首尔—北京首都航线为例，2020 年旅客吞吐量为 11.04 万人次，较上年减少 82.6%。2016～2020 年北京境外航空客运量见表 3。

表 3　2016～2020 年北京境外航空客运量

单位：万人次

机场	2016 年	2017 年	2018 年	2019 年	2020 年
首都国际机场	2425	2470	2685	2655	293
大兴国际机场	—	—	—	9	8
总计	2425	2470	2685	2664	301

资料来源：北京市商务局。

2. 铁路客运

北京西站作为北京市唯一的铁路客运口岸，2020 年受新冠肺炎疫情影响，境外铁路客运量大幅减少，仅为 0.2 万人次，较上年减少 93.5%（见表 4）。

表 4　2015～2020 年北京西站境外铁路客运量

单位：万人次

指标	2015 年	2016 年	2017 年	2018 年	2019 年	2020 年
铁路客运量	6.7	5.4	4.8	4.5	3.1	0.2

资料来源：北京市商务局。

二　北京绿色交通发展情况

绿色交通作为实现城市交通可持续发展的重要途径，体现了"以人为本"的发展理念。近年来，北京市紧密结合国家生态文明建设要求，全力推进绿色交通发展，并逐步取得成效。

（一）出行需求与特征

1. 机动车保有量

自 2011 年小客车指标调控政策实施以来，北京市机动车保有量增长速度总体呈下降的趋势。2020年，北京市机动车保有量达到657万辆，较上年增加20万辆，增长3.1%，其中私人机动车保有量达到534万辆，较上年增加21万辆，增长4.1%（见图1）。

图1　2009～2020年北京市机动车保有量与私人机动车保有量

资料来源：相关年份《北京统计年鉴》。

2. 绿色出行方式及构成

2020年，北京市中心城区工作日出行总量下降至3619万人次（含步行），同比减少8.5%，其中绿色出行比例为73.1%，同比下降1个百分点。具体来看，轨道交通出行比例为14.7%，同比下降1.8个百分点。公共汽（电）车出行比例为11.7%，同比下降3.6个百分点。步行、自行车出行比例合计达到46.7%，为2016～2020年的最高点，其中自行车出行比例为15.5%，同比上升3.4个百分点；步行出行比例为31.2%，同比上升1.0个百分点。①

（二）公共交通

2020年，为有效防止新冠肺炎疫情通过公共交通工具扩散传播，北京

---

① 北京交通发展研究院。

市交通主管部门统筹公交、地铁运营企业严格落实防疫措施，通过高峰限流、预约进站等调控措施，将乘客满载率控制在50%以内，减少居民出行。伴随疫情防控形势向好、复工复产率提升，自2020年4月30日起，对地面公交、轨道交通满载率做出相应调整。公交满载率逐步由50%上调至75%、90%，至2020年7月恢复至100%；地铁满载率逐步由50%上调至65%、80%，至2020年7月恢复至100%。同时，公众对交通出行环境的安全性也提出了更高的要求。公共交通客运量显著下降，个体化出行量出现上涨。

1. 运营线路数量

2020年，北京市新开通3段轨道线路，分别为亦庄T1线、16号线中段及房山线北延段，全市轨道交通运营线路达24条，全线网地铁车站共428座，其中换乘站64座。截至2020年底，北京市城区公共汽（电）车线路总数增至1207条，较上年增加49条，同比增长4.2%（见图2）。

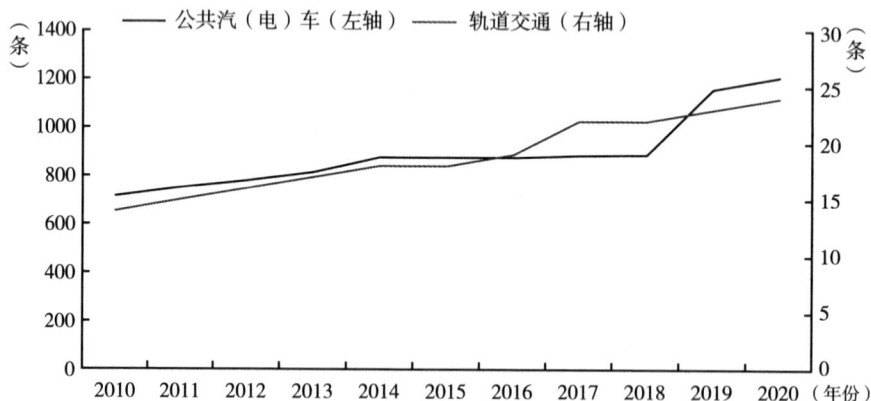

图2 2010～2020年北京市公共交通运营线路条数

资料来源：相关年份《北京统计年鉴》。

2. 运营线路长度

2020年，北京市公共汽（电）车运营线路长度为28418千米，较上年增加786千米，同比增长2.8%，增长速度有所放缓；轨道交通运营线路长度为727千米，较上年增加28千米，同比增长4.0%，增长速度有所回调（见图3）。公共汽（电）车运营线路长度占比在2019年大幅上升后建设速度有所放缓。

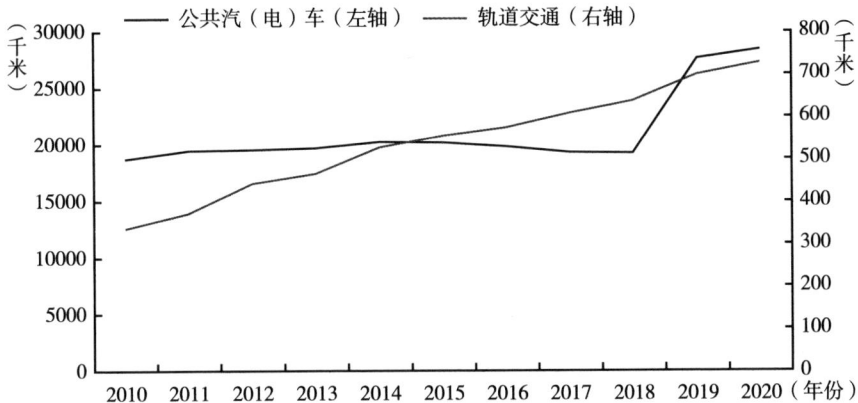

图3　2010～2020年北京市公共交通运营线路长度

资料来源：相关年份《北京统计年鉴》。

3. 运营车辆数量

2020年，北京市公共汽（电）车运营车辆数量为23948辆，较上年增加938辆，同比增长4.1%；轨道交通运营车辆数量为6779辆，较上年增加330辆，同比增长5.1%。2020年，公共汽（电）车运营车辆数量和轨道交通运营车辆数量均有一定的增长（见图4）。

4. 客运量

根据新冠肺炎疫情防控需要，公共汽（电）车严格控制上座率，客流量大幅下降。2020年，全市公共汽（电）车客运量为20.6亿人次，较上年减少34.2%；轨道交通客运量为22.9亿人次，较上年减少42.2%（见图5）。其中，城区公共汽（电）车客运量为18.3亿人次，同比减少41.5%；日均客运量为490.4万人次，同比减少41.4%；行驶里程为106774万千米，同比减少16.5%。

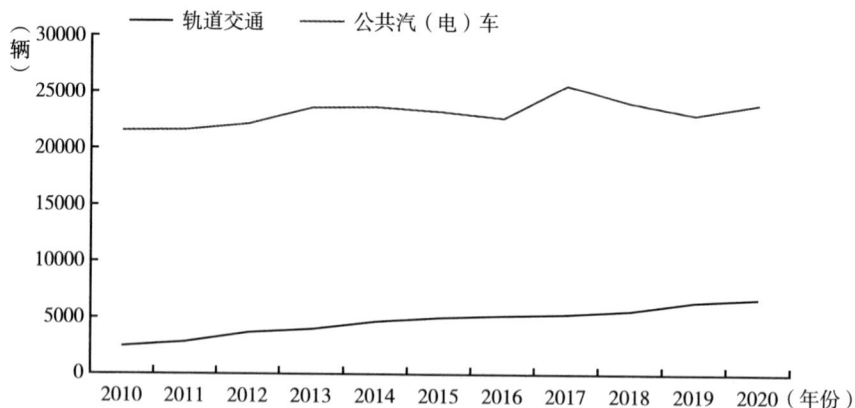

图4 2010～2020年北京市公共交通运营车辆数量

资料来源：相关年份《北京统计年鉴》。

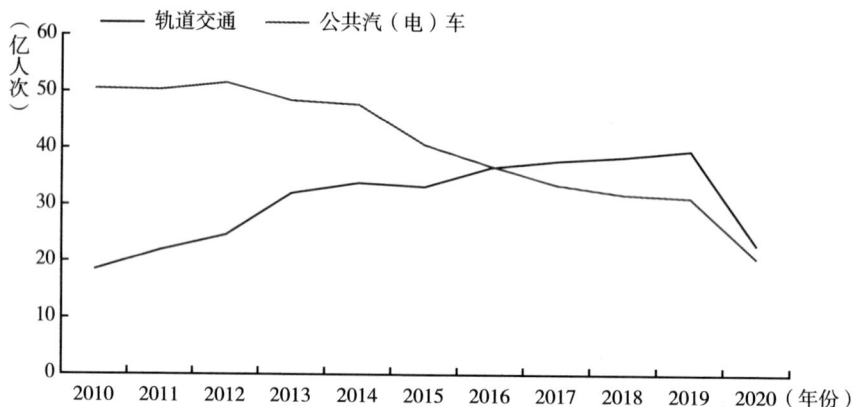

图5 2010～2020年北京市公共交通客运量

资料来源：相关年份《北京统计年鉴》。

（三）慢行系统

2020年，北京市自行车（包括自有自行车、公共自行车和共享单车三种）骑行总量显著增加，其中共享单车骑行量达到6.9亿次，较上年增长40.8%，平均骑行距离为1.7千米，平均骑行时间为11.4分钟。但是，公共自行车骑行量持续降低，2020年为4237万次，较上年减少18.8%，是2015年以来的最低值。

三 北京平安交通发展情况

（一）交通安全概述

1. 交通事故

2020年，北京市交通安全形势总体平稳，万车死亡率为1.47人，较上年下降25.8%，已经连续四年保持下降趋势（见表5）。

表5 2015~2020年北京市万车死亡率

单位：人

指标	2015年	2016年	2017年	2018年	2019年	2020年
万车死亡率	1.64	2.38	2.33	2.13	1.98	1.47

资料来源：北京市公安局公安交通管理局。

2. 交通管理与控制设施

2020年，北京除了新增交通管理与控制设施外，还对现有设施进行优化与调整。相较于2019年，在交通标志、交通标线和信号灯方面均有数量上的增加，分别增长3.0%、3.9%和14.6%，其中信号灯数量增加最为明显。为了切实改善人民群众的出行环境，2020年北京优化撤除了部分城市道路隔离护栏，相较于2019年隔离护栏数量有一定的减少（见表6）。

表6 2016~2020年北京市交通管理与控制设施

类别	单位	2016年	2017年	2018年	2019年	2020年
交通标志	面	254925	260998	277994	279033	287403
其中:指路标志	面	40950	41304	43830	45314	46640
路名标志	面	16789	17194	20117	20121	20254
交通标线	千米	57116	75832	82782	75165.3	78088.5
隔离护栏	米	1903949	1924295	2156556	1574053	1531742
信号灯	处	4636	5707	7175	7175	8224

资料来源：北京交通发展研究院。

（二）交通安全管理

2020 年，交通管理部门依旧大力出击。在暑期、汛期、假期"三期"叠加下，交通安全形势依然严峻。交通管理部门持续强化涉酒、涉牌、"四道"（公交专用道、应急车道、非机动车道、人行便道）的执法整治，重点加强对大货车、公交车、危化车、渣土车等专业运输车辆的安全监管和违法查处，对机动车闯禁行、闯红灯、超载、超速，以及摩托车无牌、无证上路行驶等严重违法行为开展集中打击。仅 2020 年 8 月 1 个月时间，现场共查处酒驾违法 829 起、涉牌违法 10748 起、大货车超载 1458 起、闯红灯 498 起，暂扣车辆 5260 辆，拘留 713 人。

同时，交通管理部门积极与各属地交通部门、公路治超部门、住建部门、城管执法部门、生态环境部门加强合作，推动建立联合安全监管工作机制，针对重点运输行业、专业运输企业、施工单位、货运车辆使用单位及个人实施安全监管，利用安全监管手段对违法高发、频发以及监管缺失、责任缺位的工地、企业及所属车辆，严格落实源头倒查和责任追究，切实履行行业主管职能，加大交通安全源头管理力度。

四　北京科技交通发展情况

2020 年，尽管新冠肺炎疫情导致北京市经济科技受到一定影响，但总体依旧呈现不断发展的态势，MaaS（出行即服务）平台、智能交通、自动驾驶等交通科技不断取得新的进展。北京市民的日常生活中增加了越来越先进的交通科技应用，这些技术的应用一方面使得市民的出行更加高效便利，另一方面也保障了北京市交通的安全通畅。

（一）智慧交通规划

2020 年，北京市交通委员会启动了《北京"十四五"时期交通发展建设规划》的编制工作，该文件是指导"十四五"时期北京交通发展建设的纲领性文件，针对改善步行和自行车出行环境、提升公共交通服务、加强公众出行信息服务、交通领域节能减排、提高交通智慧化水平、缓解交通拥堵、破解停车难题等交通领域热点问题，提出符合北京市实际的交通发展战略与方针。

（二）智能决策与智慧交管

2020年，北京市交通委员会完成了北京交通综合决策支持和监测预警平台的方案设计与原型功能设计等关键技术的研究，这一平台的搭建将提升交通管理智能化决策处置能力，加快实现城市交通管理现代化的步伐。此外，2020年，北京市交通管理局依托"云瞳"平台升级，将开车"不系安全带""接打电话"纳入非现场执法种类，机动执法效能显著提升。

（三）公共交通智能化

2020年，在新冠肺炎疫情防控常态化形势下，为进一步减少乘客购票、过闸、乘车、换乘等环节造成的人员聚集，北京市公共交通领域推出"一码通乘"服务。同时，为了进一步完善新冠肺炎疫情期间地面公共交通保障措施，满足复工复产企业和个人的安全高效出行需求，"北京定制公交升级版"微信小程序于2020年2月25日正式上线，乘客可享受多种便捷服务，提升了出行体验。

（四）自动驾驶

2020年，北京市交通委员会全面支持亦庄高级别自动驾驶先行示范区建设，修订和完善了自动驾驶道路测试管理实施细则和相关管理规定，增加了夜间、高速、特殊天气等测试场景，开放了全国首个自动驾驶测试区域，自动驾驶发展水平全国领先。2020年11月，北京市交通委员会等部门对《北京市自动驾驶车辆道路测试管理实施细则（试行）》（京交科发〔2019〕19号）进行了修订，安全测试里程超过200万千米，自动驾驶技术有望更快地应用于人们的日常生活中。

（五）MaaS 平台建设

2019 年，北京市交通委员会通过政企合作模式，联合高德地图推出国内首个绿色出行一体化服务平台，实现了交通大数据的共享。截至 2020 年底，MaaS 平台已经覆盖超过 95% 的公交线路，实时信息匹配准确率达97%。MaaS 平台陆续上线了实时公交车到站预报、全程出行引导、公共交通综合出行规划、错峰出行引导、机场枢纽停车引导等功能，为市民提供城市内"门到门"出行智能诱导以及城际出行全过程规划服务。

（六）车联网

2020 年，顺义区全力推进智能网联汽车特色小镇建设，国家级智慧交通示范基地初具规模。5G 车联网示范路提效 20%，在不同道路场景部署智能网联终端，共有 18 个路侧智能化基础设施部署点，开放路段全长 7.133千米，验证并实践 5G 与 V2X 无缝连接。车联网示范道路交叉路口安全性提升 60%，通行效率较改造前提升 20 个百分点。

总体来看，2020 年，北京市智慧交通发展态势良好，各项技术顺利稳步发展，多个项目组的成立保证了技术的不断更新与进步。同时，北京市"一码通乘"彻底走进了市民的生活，极大地提高了出行效率，这些都是北京市科技交通、智慧交通稳步前行的重要保障。

五　北京人文交通、旅游交通发展情况

（一）人文交通

随着我国交通运输行业的快速发展，人们对出行的需求也在不断改变，从以前注重基本的出行需求转变到现在更加注重出行过程中的舒适性和人文属性，体现了我国交通行业发展取得的巨大成就。为了满足人们对出行的多方位要求，需要提供更好的人文服务，同时发挥公共交通所起的文化传播作用，提高运输服务的附加值。

例如，北京地铁6号线自2019年推出冷暖车厢以来，满足了乘客的不同需求，获得了不少好评。如今，北京地铁2号线、13号线及S1线也已正式推出冷暖车厢，1号线、15号线、7号线也纷纷跟进（见图6）。

图6　北京地铁冷暖车厢

资料来源：北京地铁官方微博。

再如，曾在全国性"最美地铁站评选"中入选全国十大最美地铁站的北京地铁珠市口站，对于站内设计已经不再单调且缺乏温情，而是在设计中融入了北京文化，墙上绘制了北京街头、胡同的繁华景象，让人们在出行途中从感官上得到享受（见图7）。这种改变彰显了公共交通服务的人文属性，有了这些富有人文属性的交通服务，人们的出行体验便会提升一个层次。

（二）旅游交通

2020年是特殊的一年，尤其是对于旅游业来说，受新冠肺炎疫情的影响较大，导致北京市旅游市场出现回落现象，相较于上一年，无论是来京游

图7 北京地铁珠市口站"北京街头"景象墙面

资料来源：腾讯网，https：//xw. qq. com/cmsid/20200810A0L7G500？f =
newdc。

客人数还是旅游总收入都明显减少。2020 年，北京市旅游总收入为 2914 亿
元，比上年下降 53.2%；接待游客总人数为 18386.5 万人次，比上年下降
42.9%（见表7）。

表7 2016～2020 年北京市国际、国内旅游情况

年份	来京游客人数 （万人次）	国际游客人数 （万人次）	国内游客人数 （万人次）	国际旅游收入 （亿美元）	国内旅游收入 （亿元）
2016	28531.5	416.5	28115.0	50.7	4683.0
2017	29746.2	392.6	29353.6	51.3	5122.4
2018	31093.6	400.4	30693.2	55.2	5556.2
2019	32209.9	376.9	31833.0	51.9	5866.2
2020	18386.5	34.1	18352.4	4.8	2880.9

资料来源：相关年份《北京统计年鉴》。

改革开放以来，北京市旅游业始终稳中向好发展。由表 7 数据可以看出，2016～2020 年，除 2020 年受新冠肺炎疫情影响来京游客人数减少外，其余年份均保持增长。2020 年新冠肺炎疫情对北京旅游业造成了非常大的负面影响，在疫情防控常态化背景下，中央及地方政府相继出台了一系列政策，预计 2021 年北京市旅游业将迎来恢复性快速增长。

统计数据显示，北京市旅游交通行业整体持续向好发展。根据表 8 数据，从交通费用在来京旅游花费中的占比来看，2016～2020 年境内游客交通费用占比除 2020 年受新冠肺炎疫情影响外，呈现逐年下降的趋势，而境外游客的这一占比虽有波动，但自 2018 年起也有了明显的下降。综合来看，北京市旅游业发展逐步回暖，恢复向好态势。此外，由于经济快速发展，来京旅游人群的消费水平不断提高，交通费用在来京旅游花费中的占比有下降的趋势，2020 年受新冠肺炎疫情影响，经济发展增速有所放缓，但是北京市旅游交通行业已经逐渐恢复前行。

表8　2016～2020 年游客来京旅游花费构成

单位：%

类别	2016 年	2017 年	2018 年	2019 年	2020 年
境外游客					
长途交通费	38.3	37.7	27.2	28.4	31.5
其中:民航	38.0	37.1	26.2	27.6	30.5
铁路	0.2	0.4	0.6	0.6	0.7
公路	0.1	0.2	0.3	0.2	0.3
市内交通费	2.5	1.4	3.0	4.0	1.8
其他	59.2	60.9	69.8	67.6	66.7
境内游客					
长途交通费	15.8	14.3	12.4	11.8	14.6
其中:民航	7.5	6.2	4.7	4.8	6.9
铁路	8.0	7.3	6.4	5.8	6.3
公路	0.3	0.8	1.4	1.2	1.4
市内交通费	3.9	4.1	3.9	4.2	4.3
其他	80.3	81.6	83.7	84.0	81.1

资料来源：北京市文化和旅游局。

经第三方专业机构监测，2020 年北京市民在京游人数为 8639.3 万人次，是上年的 68.8%；旅游收入为 367.0 亿元，是上年的 65.6%；人均消费 424.8 元，是上年的 95.5%。受新冠肺炎疫情影响，2020 年北京市旅客周转量为 11.7 亿人公里，比 2019 年下降 67.6%；行业平均日出车率为 31.7%，比 2019 年下降 37.29%。[1]

六 2021年北京交通发展展望

2021 年是"十四五"规划的开局之年，我们要以习近平新时代中国特色社会主义思想为指导，全面贯彻落实党的十九大和十九届二中、三中、四中、五中全会精神，深入贯彻"人文北京、科技北京、绿色北京"战略和交通强国战略，为首都"四个中心"功能建设、"四个服务"水平提升和京津冀协同发展提供坚强支撑，为加快建设交通强国和构建新发展格局做出北京贡献。

2021 年北京交通发展的主要预期目标：继续坚持京津冀协同发展，推动区域交通一体化；继续坚持"四个中心"定位，提高"四个服务"水平；继续坚持优化供给，提升绿色出行品质；继续坚持调控需求，优化交通出行结构；继续坚持强化治理，推进交通治理现代化；继续坚持智慧赋能，引领行业转型升级，加快构建综合交通运输体系，将北京建设成为世界先进的旅游城市和绿色交通示范城市。

---

① 北京市交通委员会、北京市地方海事局。

分 报 告

Topical Reports

B.2

2020年北京市轨道交通和地面公交规划、建设、运营协调联动机制分析报告

摘　要：　近年来，我国城市轨道交通发展迅速，其与地面公交互联互通已成为城市交通一体化的核心方面。本报告通过分析国内外轨道交通和地面公交一体化的发展现状，总结其发展经验，提出了轨道交通与地面公交衔接的快速化是实现全面一体化的重要切入点。在此基础上，分析了目前北京市轨道交通和地面公交一体化发展存在的问题，如换乘设施不健全、轨道交通线网层次单一以及大部分地面公交无路权等问题。最后，本报告以北京市公共交通一体化的发展思路为基本原则，提出了统一规划线网、完善基础设施建设、优化公共交通换乘衔接系统、实施票价票制一体化、协调优化信息服务、推动运营管理一体化、制定一体化标准规范、加强重点工程建设等政策建议。相关成果能够为推动北京市交通一体

化的高质量发展提供参考。

关键词： 城市公共交通一体化　协调联动发展　站点融合

一　概述

（一）国内外轨道交通和地面公交一体化建设案例分析

对轨道交通和地面公交进行一体化建设可以更好地实现城市公共交通系统的功能。本部分就国内外轨道交通和地面公交一体化建设的案例进行分析，总结建设经验，有助于推动北京市轨道交通和地面公交一体化建设。

1. 新加坡公共交通一体化建设

新加坡的公共交通体系是以地铁为核心、以轻轨和公共汽车为辅助的综合交通体系。其最大优势在于，整个国家的城市交通形成了一个由轻轨系统、地铁捷运系统、公共汽车系统组成的十分紧密的大网络。新加坡促进轨道交通和地面公交一体化的措施主要包括以下几点。

（1）地铁建设与经营分离

新加坡地铁建设由政府承担，经营由财务独立的公司承担。这种模式由政府主导，可以进一步保证地铁的低票价，充分体现地铁的福利性，同时市场化的经营可以带来更好的商业管理模式。

（2）政府一体化发展格局规划

新加坡政府早在1996年就提出公共交通运营商要实施扶持兼容模式，保证地铁和公共汽车能够更好地相互配合，在整体公交系统的效率和便利程度方面都能有所提升，这一理念促使新加坡公共交通形成一体化发展局面（沙永杰等，2021）。

（3）公共交通硬件开发

建设立体综合公共交通枢纽，通过立体复合功能开发，形成集地铁、地面公交、休闲娱乐、办公、住宅于一体的综合体，更好地服务于周边区域居民和通勤人士。改善步行至公交站点的路径，建设带顶的连廊，使交通站点能够与周边住宅或其他建筑相连接，提高乘客来往公交站点的舒适度，进一步提升公交设施的可达性和吸引力。

2. 纽约公共交通一体化建设

纽约的城市公共交通体系是以地铁、铁路、公车为主体，辅以自行车和步行的综合交通体系。在纽约2050年总体规划的交通篇章中，对交通出行给出了明确的倡议：打造现代化的公共交通网络；保障纽约市街道安全和可达性；减少拥堵和排放；强化与区域和国际的联系（陈雪明，2015）。纽约公共交通发展的经验可总结为以下几点。

（1）提高地铁的使用性

纽约市政府通过制订拥堵收费计划，将因道路拥堵而产生的收入专门用于地铁升级及其他公共交通升级改造计划。通过改善地铁的性能、增加无障碍设施、实施公平票价政策、提供优惠地铁票等一系列措施提高地铁的可达性和使用率。

（2）优先提高公交性能

地面公交凭借其灵活多变的特点可以进一步提升区域内公共交通的可达性，同时有助于实现关键的可持续发展目标。因此，纽约市政府采取了以下行动：在每个区进行街道的改善，重新设计地面公交网络；建设公交专用道，提升公交速度，并联合纽约警察局相关工作人员保障公交专用道的畅通。

（3）拓展自行车网络的连接

纽约市政府拓展了自行车网络，改善了自行车道，并实现了自行车共享。精心设计的自行车道不仅可以保护骑行者，而且有助于城市交通的稳静化。共享单车作为新兴的公共交通方式，可以直接与现有交通体系进行一体化衔接。

（4）提高步行的便捷性

纽约市政府通过拓宽人行道，并增加"行人优先街道"的数量来应对步行空间需求逐渐增加的问题。同时，为了提高街道和人行道的可达性，引入了行人导航技术，以保证行人安全并为其提供方便。

3. 伦敦公共交通一体化建设

伦敦的公共交通体系主要是由地铁和地面公交、轻轨、有轨电车等组成的综合交通体系。近年来，伦敦试图通过相应措施对城市交通进行优化，以提高公共交通的服务性能，进一步提高城镇居民使用公共交通出行的比例及满意度，规划建设新型现代化城市公共交通体系。伦敦公共交通发展的经验可总结为以下几点。

（1）建设大型公共交通换乘枢纽

大型公共交通换乘枢纽的建设可以实现乘客在地面公交、轨道交通、国铁以及长途客运汽车之间的无缝换乘。伦敦市中心区周边大部分地区是整合了地面公交、轨道交通、国铁的公共交通车站。

（2）优化公共汽（电）车网络

扩大公共汽（电）车网络在外围区的覆盖面，使90%的家庭在400米服务半径内有公共交通站点。在城市中心区增设公交专用道，设置交叉口公交优先信号，为公交优先提供保障。

（3）交通拥堵收费

为控制交通流量、改善出行结构，伦敦市政府在中心区的特定区域、固定时间段实行交通收费管制。收取的费用主要用于进一步改善现有的公共交通体系，提高现有公共交通体系的性能，进一步完善现有交通设施并增加残障设施。

（4）"停车—换乘"政策

为减少高峰期的道路交通流量，伦敦市政府鼓励在城市外围的国铁、轨道交通车站周边建设免费或者收取很少停车费的大型停车场，鼓励人们通过换乘公共交通工具上下班。

4. 香港公共交通一体化建设

香港的市内交通主要由轨道交通、公共汽车、轻便铁路、电车和渡轮组成。在轨道交通和地面公交一体化建设方面，香港主要通过采取轨道主导型（TOD）城市发展模式以及实现无缝换乘两种措施来实现公共交通可持续发展的目的。香港的交通规划理念包括以下几点。

（1）公交优先的交通发展政策

香港特区政府大力扶持铁路系统建设，在对新铁路线进行建设、融资和运营时，赋予地铁公司在车站车辆段上部及邻近范围进行物业开发的权利。同时，高密度、高集中度的发展模式以及高效率的道路体系促进了城市公交线网的布局优化。此外，还鼓励和扶持交通系统之间的配合。

（2）"以人为本"的交通设计理念

针对机动化交通与慢行交通两种不同的交通对象，香港特区政府在不同区域采取不同的交通设计理念。在城市外围和区域之间强调快速通达，建设高速路、快速路和主干路网；在市区、商圈和居住区内则基于"以人为本"的理念，注重道路设施、过街设施、公交设施、人行设施的一体化设计，为市民提供便捷、舒适的步行空间。

（3）可持续发展的交通规划理念

在交通规划上，香港特区政府采用可持续发展的理念，注重交通与人、资源、环境的和谐及可扩展性，实现通达、有序，安全、舒适以及低能耗、低污染三个方面的完整统一与结合。

（4）实现人文与交通的完美融合

香港的交通方式多元化，其中电车、缆车、渡轮等交通方式早在19世纪末20世纪初就已运营，拥有悠久的历史。这些交通工具不仅在香港得到了完整的保留，而且实现了进一步发展，成为市民出行的重要交通方式之一。

5. 重庆公共交通一体化建设

重庆主城区内公共交通形式丰富多样，包含轨道交通、公共汽车、地铁、过江索道、扶梯、电梯以及过江渡轮等。其中，轨道交通和公共汽车是主要的公共交通工具。重庆市在轨道交通和地面公交一体化建设方面的举措主要有以下几点。

（1）公共交通一体化衔接

按照"匹配客流、区别调整，强化枢纽、方便换乘，循序渐进、逐步过渡，滚动推进、不断优化"的原则，针对轨道交通、市域铁路、地面公交等不同的公共交通方式进行规划，同时注重交通方式与周边建筑的协同规划和设计，进一步保证公共交通一体化的衔接。

（2）运营票务一体化管理

票制一体化建设，可以便利乘客的支付过程，方便乘客的出行。同时，针对公交票价体系进行改革，并对轨道交通票价运行系统、相关制度等进行一体化、规范化管理，从而更好地实现运营票务的一体化管理。

（3）建立区域性高速轨道及公路交通系统

考虑到重庆的山地地形，主要采用以下几种方式实现公共交通与轨道交通的一体化——高速城市区间铁路系统、城市高速地铁、环城高速公路和城区高速公路，利用地理条件，发挥水运优势。

（4）主城区以地面和地下公交系统为主、轻轨为辅

重庆通过采取以下措施来改善交通状况：实施公交优先发展的策略，建立巴士快速交通系统；发展地下空间，鼓励地下停车，建立地下立体、快速交通系统；将高架轻轨作为辅助性交通手段，等等（吴岩、钟纪刚，2006）。

（二）国内外轨道交通和地面公交一体化建设的经验与启示

由于我国各城市情况不一，因此在实现公共交通一体化方面也应对症下药，根据国内外轨道交通和地面公交一体化建设的案例，总结经验如下。

1. 早期规划

城市在发展的同时必然伴随交通出行需求的快速增长。近年来，各个城市在公共交通，尤其是轨道交通方面投入了大量人力、物力、财力。在这方面，我国可以借鉴新加坡及伦敦的做法，提前进行规划。早期规划尤为重要，合理安排交通基础设施建设可以有效降低轨道交通和地面公交一体化建设中的成本，同时也可以更好地助力城市发展。在此基础上，做好布局、引导发展，通过地铁等交通基础设施的建设来引导城市的发展，培养新的、符合交通规划及城市规划的、合理的交通需求。此外，在地铁建设过程中应预

留足够的站台空间，可在客流骤增的情况下迅速完成改建，为沿线市民提供便利。

2. 大型枢纽

从国外的发展经验来看，许多大城市公共交通的主力是轨道交通和地面公交。枢纽的选取及建设，即轨道交通与地面公交之间的快速衔接是实现其一体化的关键。新加坡、伦敦、香港、重庆等城市都将建立综合型枢纽作为实现轨道交通和地面公交一体化的重要方式之一。大型枢纽的建立，不仅有利于轨道交通站内人员的快进快出，而且可以提升不同公共交通方式之间换乘的便利性。同时，应做好换乘走廊以及公交站点与轨道站点之间连廊的建设。换乘连廊的建设可以较好地缓解部分站点的客流压力，方便市民换乘，提高换乘效率。公交站点与轨道站点之间连廊的建设可以提高市民出行的快捷性和便利性。

3. 运营管理

在我国，一般由交通、城建等部门主管地面公交，公交企业负责运营。而城市轨道交通的主管部门通常为国有资产监督管理委员会，运营方为城市轨道交通公司。两者在管理权限上的分离，导致了交通换乘上的障碍，使公共交通一体化的实现缺乏基础。另外，在政策方面，我国也缺少一些较为明确的公共交通优先政策，使得市民选择出行方式时，很少偏向公共交通。相比之下，国外一些城市通过大力出台公共交通、土地利用和交通规划建设一体化等政策，改善了城市的交通质量，确保公众满意，并提升了城市综合运行能力。合理的运营管理不仅可以促进市民对公共交通的认可，提高公共交通的使用率，而且可以有效改善城市交通拥堵情况。

二 北京市轨道交通和地面公交
一体化发展现状研究

（一）北京市轨道交通和地面公交一体化发展现状

1. 轨道交通发展现状

自1969年我国第一条地铁线路成功运行至2003年，北京市仅有2条轨道交通线路成功开通运行；此后，在北京申奥成功的背景下，北京市轨道交通迎来了发展高峰期。2008 年北京地铁成功开通运营了第一条地铁机场线，大大缩短了北京首都国际机场与中心城区的通行时间。到 2018 年底，北京市的轨道交通网覆盖密度已经较大，形成了"三环、四横、八纵、十二放射"的轨道交通网（王另的等，2015）。截至 2020 年 12 月，北京市轨道交通路网运营线路达 24 条，总里程为 727 千米，车站共 428 座，全年客运量达 22.93 亿人次（杜燕，2020）。北京市已逐步形成由地铁、磁浮铁路、市郊铁路、有轨电车等多种交通方式综合运营的城市轨道系统。此外，地铁 3 号线、11 号线、12 号线等线路目前也在规划建设中，预计到 2025 年，北京轨道交通运营里程将达到 1600 千米（杜燕，2020）。北京市轨道交通总体运营情况见表 1。

表 1　北京市轨道交通总体运营情况

序号	线路名	长度（千米）	站点数（座）	可换乘站点数（座）	日均客流量（万人次）
1	1 号线	31.04	23	7	109.75
2	2 号线外环	23.61	18	9	93.05
3	2 号线内环	23.61	18	9	93.05
4	4 号线	28.2	35	4	121.63
5	5 号线	27.6	23	6	98.46
6	6 号线	52.9	32	10	89.17
7	7 号线	23.7	30	7	43.55
8	8 号线北	45.6(全长)	19	4	39.37
9	8 号线南	45.6(全长)	12	6	42.3
10	9 号线	16.5	13	7	52.13
11	10 号线内环	57.1	45	18	162.40
12	10 号线外环	57.1	45	18	162.40
13	13 号线	40.85	17	8	69.83
14	14 号线东段	31.4	20	8	60.21
15	14 号线西段	12.4	7	2	6.4
16	15 号线	40.8	20	4	37.39

序号	线路名	长度(千米)	站点数(座)	可换乘站点数(座)	日均客流量(万人次)
17	16号线	19.4	10	1	9.41
18	S1线	10.2	8	1	0.24
19	S2线	73	4	0	1
20	八通线	23.4	14	3	28.94
21	昌平线	31.24	12	2	23.47
22	大兴线	21.8	11	1	34.93
23	房山线	24.79	12	2	14.17
24	机场线	28.1	4	2	3.23
25	西郊线	9	6	1	4.6
26	燕房线	16.6	9	1	1.3
27	亦庄线	23.23	14	1	20.70

资料来源：8684地铁查询网。

基于轨道交通出行速度快、可靠性高等优点，轨道交通已成为城市居民出行的主要交通方式。但轨道交通也还存在一些问题，如线网整体能力欠缺（张哲宁等，2019）、可换乘车站过少、居民出行效率低（李金海等，2017）等。

2. 地面公交发展现状

北京市地面公交的主体为公共汽（电）车线路，同时包含快速公交、定制公交、郊区客运、长途客运等多样化线路。截至2019年底，北京市城区公共汽（电）车共计23010辆，运营线路1158条，共开行包含商务班车、定制公交等多样化服务线路455条。其中，商务班车190条、快速直达公交218条、定制公交26条，客运总量达到35.64亿人次（北京交通发展研究院，2020）。北京市地面公交线路分布见图1。2015～2019年北京市城区公共汽（电）车相关指标见表2。

图1 北京市地面公交线路分布

资料来源：《北京市地面公交线网总体规划（草案）》。

表2 2015～2019年北京市城区公共汽（电）车相关指标

年份	运营线路数量（条）	运营车辆数量（辆）	运营线路长度（千米）	客运量（亿人次）
2015	876	23287	20186	45.06
2016	876	22688	19818	41.16
2017	886	25624	19290	37.67
2018	888	24076	19245	35.86
2019	1158	23010	27632	35.64

资料来源：北京交通发展研究院：《2020北京市交通发展年度报告》，2020。

北京市人口众多，乘客出行需求较大，道路拥堵情况虽十分严重，但由于轨道交通在高峰时段普遍存在满载率较高的情况，故仍需要城市地面公交发挥其主体作用以满足乘客巨大的出行需求。地面公交也存在一些问题，如稳定性差、出行速度低、换乘不便捷等（陈静等，2018）。

3. 轨道交通和地面公交一体化发展现状

通过采取公交线路调整、综合交通枢纽建设、信息一体化平台搭建等一系列措施，极大地促进了北京市公共交通一体化的建设，为居民提供了更加便利的出行服务。

（1）轨道交通与地面公交换乘衔接

在城市公共交通线路建设初期，轨道交通与地面交通各成体系，在线路的规划上并未过多考虑与其他交通方式的衔接。随着轨道交通、地面公交建设成网，多处线路发生重叠，不完善的接驳设施导致轨道交通与地面公交间换乘不便。在公共交通先导的发展理念下，北京市通过调整地面公交线路，加强地面公交与轨道交通的协调连接，从而提高了整个公共交通运输体系的运输效率。

（2）综合交通枢纽建设

衔接多种运输方式或线路的枢纽站在综合交通规划中起着关键作用，可以满足乘客对多种出行方式的需求。北京市在客运综合交通枢纽建设方面取得了不少成果，已建成四惠、天通苑北、宋家庄、西苑等客运综合交通枢纽，促进了北京市交通规划的有序发展。

（3）信息一体化

优质的信息一体化系统是城市公共交通运输协调发展的关键环节，实时的信息有利于提高居民的出行效率，为乘客提供优质的出行服务。2019年11月4日，北京市交通委员会与高德地图合作推出了"北京MaaS平台"，倡导市民绿色出行。该平台整合了公交、地铁、步行、网约车等多个交通出行方式，提供了便捷的一站式"门到门"服务（杜娟，2019）。

（二）北京市轨道交通和地面公交一体化发展面临的问题

1. 基础设施建设

目前北京市部分轨道交通和地面公交在基础设施建设上仍存在规划设计不合理、换乘设施不健全等问题。以西直门地铁站为例，该地铁站汇聚了地铁2号线、4号线和13号线。2号线最初是因战时需要而设计的，其先天缺陷给后期地铁站的建设带来了不便，在修建 13 号线时采用高架车站，无法与既有的地铁线路和北京北站在地下形成联动，使换乘距离变长，给旅客乘车带来了不便。

2. 线网问题

（1）北京市轨道交通线网问题

北京市轨道交通线网存在网络层次单一、换乘系数大、网络运行效率低等问题。

北京市区内的轨道交通主要由平均站间距为 1 千米左右、运行速度在 40~80 千米/小时的普通地铁构成，缺少对城市轨道交通网络线网分层、分类与分工的认识，缺少大站快线的线路开通，尚未形成层次清晰、分工合理的城市轨道交通网络体系。另外，北京市轨道交通的换乘系数也一直处于全国前列，反映了线路利用率的不足，线网规划存在一定的不合理性。

（2）北京市地面公交线网问题

北京市地面公交线网存在的主要问题是大部分地面公交无路权。普通公交最主要的问题是准时性差、不确定因素多，路面拥堵会造成准时性差的问题。因此，若公交的准时性无法保证，公交的客流吸引量就会降低，一体化建设也会遇到阻碍。

3. 运营组织

现阶段，北京的公交系统与地铁系统分别由北京公交集团和多家地铁运营公司管理运营。在运营组织方面，两个系统的一体化程度并不高，主要存在运营时间衔接不足和应急联动不够的问题。

北京地铁的运营时间跨度长，查询数据可知，北京地铁的末班时间大多集中在 23：00 左右。北京城区公交线路的末班车时间大多为 23：00，而郊区公交线路的末班车时间则为 20：30~22：00。部分晚间返回郊区的人流在搭乘地铁到达目的地附近的站点后，没有对应的公交接驳到达小区。

另外，地铁的环境相对封闭，一旦地铁行车发生中断，即使时间很短，也会造成人流积压，出现危险状况。北京地铁发生事故后，常常立刻采取限流、封站等措施，但是很少出现公交车的快速接驳，需要经过一段时间的流程处理后，公交才逐渐到位，运输积压的旅客。

4. 交通信息

在交通信息方面，北京市轨道交通和地面公交一体化发展主要存在各信息发布平台发布的信息有差异、轨道交通和地面公交换乘诱导信息不健全等问题。

例如，乘客通过"北京公交"App 能查询公交拥挤度而不能查询地铁拥挤度，同时查看地铁和公交满载率只能通过高德地图 App。交通信息的分割独立会在一定程度上阻碍北京市轨道交通和地面公交一体化发展。提供完善的交通信息可以满足出行者的信息需求，引导出行者绿色出行，方便集散客流，促进轨道交通和地面公交一体化发展。

5. 体制机制

城市轨道交通和常规公交一体化发展需要良好的管理体制机制。北京市公共交通管理体制存在的主要问题是经营模式落后、双方缺乏合作意识以及价格机制不透明。

我国城市公共交通运营模式多为国有垄断经营，各种交通方式之间相互独立。作为公共交通的一部分，常规公交和轨道交通分别由各自的部门运营与管理，考虑到企业自身的利益，其内部往往存在无序竞争，缺乏对整个系统的统筹管理。受管理体制的制约，城市公共交通运营缺乏积极性和主动性，双方都是利用政府补贴来弥补运营亏损，造成城市轨道交通和常规公交之间缺乏合作意识，导致难以实现两种交通方式的便捷换乘，阻碍了轨道交通和地面公交的一体化发展。

三 北京市公共交通一体化理论体系框架研究

（一）北京市公共交通一体化发展原则

北京作为我国的首都，在城市建设中更需深入贯彻落实公交优先发展战略，坚持"以人为本"的理念，规划建设"高效便捷、安全舒适、经济可靠、绿色低碳"的公共交通系统，建立"换乘顺畅、联系紧密、协调发展"

的公共交通体系。具体发展原则可概括如下。

1. 以人为本，提质增效

坚持乘客在公共交通出行中的主导地位，发挥科技对提升城市公共交通一体化的服务水平、服务质量和综合效能的作用，提高公共交通出行的吸引力与竞争力。

2. 政府统管，市场运作

落实政府在资源配置、服务监管、票务制度制定等方面的主导责任，明确企业在服务提供、安全生产、成本控制等方面的主体责任，形成政府统一管理和企业市场化运营一体化的公共交通服务体系。

3. 规划引领，统筹兼顾

综合编制包含轨道交通、地面公交以及出租车等交通方式在内的城市公共交通规划，统筹兼顾城市总体规划与城市公共交通规划，以规划引领公共交通一体化和城市整体发展。

4. 深化改革，规范治理

深化行业管理体制改革，推进城市公共交通票务制度、政府购买服务、土地开发利用等关键方面的创新，制定绿色公共交通一体化出行激励措施。

（二）北京市公共交通一体化发展理念

北京市公共交通一体化始终坚持"创新、协调、绿色、开放、共享"的发展理念，以改革创新为动力，开放一体化服务范围，提倡共享出行和绿色交通，促进各种交通方式协调发展。具体发展理念包含以下五个方面。

1. 科技引领，创新驱动

切实发挥科学技术对交通行业发展的引领作用，以科技创新推动公共交通一体化安全、高效和智能化发展，实现快捷便利的交通服务。

2. 协调发展，配置优化

建立健全多部门联合的城市公共交通规划协调机制，对城市轨道交通和地面公交进行统一规划、统筹建设与运营管理，强化各类公共交通方式相互衔接和协同服务。

3. 绿色出行，鼓励共享

秉承可持续发展理念，规划建设以"绿色、低碳、环保"为导向的一体化交通系统，鼓励共享出行和绿色出行方式。

4. 开放服务，扩大区域

将公共交通一体化战略范围从北京市扩大到京津冀地区，建立出行一体化的服务系统和信息服务平台，实现区域内公共交通系统联动监管，保证京津冀地区交通系统的协调运行。

5. 顺应需求，量质并举

针对市民日趋多元化、个性化的出行需求，应加强供给侧结构性改革。坚持保障出行供给能力和优化出行供给结构并举，推行公共交通的定制服务、合乘业务，实现量质并举、全面发展。

（三）北京市公共交通一体化发展目标

1. 发展愿景

为形成一个资源共享、协调发展的城市公共交通系统，在城市公共交通一体化过程中应将公共交通系统的技术、管理、政策、信息及配套设施进行整合，将各种类型的公共交通运输方式进行有机结合。当前，北京市期望建设的一体化公共交通体系的愿景可概括为以下几点。

（1）群众出行满意

提升城市公共交通系统的供给能力、服务质量和综合效能，实现城乡客运一体化，提高群众出行满意度，提升公共交通出行的吸引力。

（2）行业持续发展

充分发挥城市公共交通对城市空间结构和功能布局的引导作用，科学匹配公共资源利用效率与公共交通承载力，促进公共交通企业的规模化发展，提升公共交通的活力和竞争力。

2. 发展目标

基于上述愿景，为初步建成适应全面建成小康社会需求的现代化、一体化的城市公共交通体系，具体发展目标可总结如下。

（1）实现城市公共交通整体化发展指标

根据《城市公共交通"十三五"发展纲要》要求，北京市公共交通发展指标见表3。

表3 北京市公共交通发展指标

指标	目标
城市公共交通出行分担率	40%以上
城市交通绿色出行分担率	75%左右
城市公共交通乘客满意度	85%以上
城市公共交通站点500米覆盖率	100%
城市公共交通站点300米覆盖率	80%以上
城市公共汽(电)车正点率	75%以上
城市公共汽(电)车责任事故死亡率	不超过0.04人/百万车公里
城市轨道交通责任事故死亡率	不超过0.01人/百万车公里
城市公共交通来车信息预报服务	建成区内全覆盖

资料来源：《城市公共交通"十三五"发展纲要》。

（2）逐步实现两网融合与协同发展

逐步形成以轨道交通为骨干、地面公交为支撑的现代公共交通服务网络体系。此外，将场站规划建设纳入城市建设规划，以场站规划为支撑，优化公共交通线网布局，引导市民由线路出行转向交通网络化公共交通出行。

（3）推动形成全局完善、协调统一的公共交通一体化格局

统筹轨道建设加速与推进公交优先发展战略，持续优化地面公交和轨道交通的一体化换乘接驳，形成服务于长途出行的市内交通网络，实现与机场、高铁、市域铁路的无缝衔接。

（四）北京市公共交通一体化发展思路

1.明确公共交通功能定位

公共交通一体化发展需要明确各类交通方式在综合交通系统中的功能定位。轨道交通系统主要服务于大城市范围内部核心区或该城市与其他省区市之间的中长距离出行，具有运量大、污染小、节省出行时间的特点，应作为

城市综合交通系统的骨架。公交系统（BRT、快线以及干线）主要承担中短距离的出行，其特点是以可达性为主。出租车是出行者指定出发地和目的地的定制化出行方式，其特点是快捷、高效、服务质量高。自行车作为慢行交通的代表，主要承担短距离的出行以及与其他公共交通方式的接驳。

2. 推进硬件和软件协调发展

建立一体化公共交通系统，可从硬件和软件两个方面入手。硬件包括线网布设、换乘设施和资源开发一体化，软件包括运营管理和信息建设一体化。各部分之间相辅相成，合理配置资源，以提高整体交通系统的运行效率。

3. 改革创新体制机制

（1）推进城市公共交通管理体制改革

加大公共交通管理体制改革力度，构建规划、建设、运营与监管一体化的城市公共交通体系，建立公共交通执法、行政、运营管理一体化的综合交通管理模式，提高公共交通在引导城市发展、服务保障和综合治理等方面的能力。

（2）鼓励公共交通行业技术创新

将先进的车联网技术、北斗定位系统等智能化信息技术逐步应用到公共交通系统中来，提升智慧化水平。重点在技术、运营等层面进行创新，实现更高效、更全局视觉的公共交通系统线网化运营。

（3）优化调整票制票价

基于北京市已有的"一卡通行"票制，考虑劳动力成本、燃油价格等动态数据，建立动态票价调节机制。对于低于正常票价的公共交通线路，实行财政补贴。稳定平价线路原有票价，联合财政、审计等部门评估界定票价并核算盈亏。

（4）建立健全综合交通与土地利用关系

政府积极倡导集约型的土地利用模式，发挥枢纽站点的客流优势，带动周边经济的发展以及沿线土地的综合开发与利用。同时，以经济发展和土地开发反向带动公共交通线路的扩展，实现土地集约化与综合交通的协调运作。

4. 提供政策法律保障

城市公共交通一体化的稳步发展不仅需要合理的规划设计、技术革新、运营调度以及票制票价，而且需要一定的政策法律的支撑。

（1）加大交通执法力度

进一步整合交通执法资源，理顺交通综合执法的体制机制，构建权责分明、各交通执法部门协调配合的综合执法体系。区政府应根据各区的实际情况，制定具有本区特色的交通执法办法，形成权责清晰、运转高效的综合交通执法模式。

（2）加强标准规范体系建设

突出政府在强制性、基础性、公益性标准制定中的主体作用，建设一套适应首都综合交通一体化发展的标准化体系。允许区级政府自主制定交通运输执法、信息管理、工程建设、道路养护、运营管理等方面的标准，但要与市级标准规范保持统一，实现标准化综合交通管理体制。

四 北京市轨道交通和地面公交一体化发展战略、对策研究及重点工程规划建设

（一）统筹协调外部环境因素

1. 城市经济

城市经济与城市交通的发展相互影响。城市经济的增长能够影响轨道交通和地面公交一体化的发展速度、衔接方式、技术水平、协调联动等，而提高公共交通的可达性可以改善居民出行环境以提高居民的消费水平，促进相关产业产生规模经济效益，从而间接推动城市经济的增长。

基于上述分析，北京市构建轨道交通和地面公交一体化系统应与城市经济发展相协调，具体应考虑以下几点。

（1）交通系统合理应对激增的出行需求

根据城市经济增长带来的需求增长确定车辆的开行方案，同时通过优化

车站布局及基础设施、换乘系统、票务系统等提高公共交通的舒适度、经济性、便捷性和可达性。

（2）政府提供资金保障

城市经济的增长促使政府加大当地轨道交通和地面公交一体化建设投资力度，不断升级完善轨道交通和地面公交一体化配套设施；轨道交通和地面公交一体化建设又能促进相关建筑行业和工程建设企业的发展，有利于解决人口就业问题，推动城市经济增长。

（3）政府提供政策帮扶

为了适应经济的发展，政府部门要做好政策导向，协调产业布局、土地利用等多个方面，根据公共交通的发展情况出台和完善相应的政策法规以推动绿色出行，为公共交通的发展提供政策上的支持。

（4）提高轨道交通和地面公交一体化系统的科技创新水平

科技创新是北京市经济发展的主要动力，提高轨道交通和地面公交一体化水平需要加大科技创新力度，使一体化发展能够助力城市经济发展，形成相互促进的良性关系。

2. 城市产业结构及布局

（1）轨道交通和地面公交一体化发展与城市产业结构及布局的相互影响

轨道交通和地面公交一体化建设过程中需要新技术、新设备以及资本的流入，从而拉动第二、第三产业的发展，加速城市产业结构优化升级。而轨道交通和地面公交一体化的发展能够影响沿线地区周边产业集聚与产业重构，引导城市产业布局优化调整（王永祥，2017）。同时，产业结构与布局也影响城镇化发展，从而进一步影响轨道交通和地面公交一体化发展的进程。

（2）北京市轨道交通和地面公交一体化与城市产业结构及布局统筹协调

北京市轨道交通和地面公交系统对产业调整疏解、结构升级、布局优化等也起到了一定的作用，因此在规划建设轨道交通和地面公交一体化系统时要注意以下内容。

一是充分利用新技术、新设备以及人力资本等资源。

二是制订完善的公共交通运行、换乘、组织、调度方案，统筹协调发展城市轨道交通和地面公交一体化系统。

三是优化北京市产业布局，合理布设公共交通线路。

3. 能源消耗

在公共交通体系的能源消耗中，基础设施建设和运营能耗占比较大，公交系统的能耗主要与车辆运行过程中柴油、电力等能源的消耗和车辆满载率有关。相比之下，地铁系统单位周期能耗较小，主要是基础设施的能耗问题，同时也受车辆满载率的影响。

根据上述分析，为进一步改善交通系统的能耗问题，北京市在规划建设城市轨道交通和地面公交一体化系统时，应重点考虑以下几个问题。

一是大力发展电力及多动力公交车，减少或改进柴油型公交车，降低燃油消耗，从而降低公交系统的整体能耗。

二是合理调整车辆载客率。考虑在高峰期或客流量较大的线路，加开运行车辆，缩短发车间隔，以降低满载率；在平峰期或客流量较小的线路，减少运行车辆，增大发车间隔，以提高满载率。

三是优化地铁系统的基础设施。规划建设轨道交通基础设施时，在保证安全运营的前提下，通过使用更节能的设备来实现降低能耗的目的。例如，在高温季节，通过车站节能设计、设置屏蔽门等措施降低车辆空调通风时产生的部分能耗。

4. 生态环境

考虑到城市交通给生态环境带来的负面影响，建立合理的城市公共交通一体化体系是改善城市生态环境关键的一步。在北京市的交通污染中，绝大部分污染来自机动车的大量使用，轨道交通和地面公交在运行过程中对环境的污染较小。但轨道交通在基础设施建设过程中也会造成较大污染。基于上述分析，北京市在发展轨道交通和地面公交一体化的过程中应注意以下几点。

一是继续大力推广城市公共交通，减少私人机动车的出行率，倡导绿色出行。

二是通过设置公交专用道、专用信号灯等来提高公交车的运行效率，也能在一定程度上减少污染物的排放（杨柳，2010）。

三是大力推行天然气公交车、电力公交车、新能源公交车等环境相对友好型公交车，替换原有的柴油型公交车，减少环境污染。

四是继续大力发展城市轨道交通，优化公交和地铁的换乘机制，让城市居民可以更加便捷地乘坐地铁，进一步提高地铁的出行率。

五是综合规划地铁线路及公交线路，在提高居民出行舒适度及便捷度的同时，尽可能减少对城市生态环境的破坏，建设真正的生态交通。

5. 城市土地利用

城市交通与城市土地利用密切相关。一方面，城市土地利用可以改变居民的出行方式、出行频率等，诱发和改变交通流量，进而推动城市交通体系的建设；另一方面，随着城市交通线网密度的增大，城市不同区域间的可达性也会相应改变，这就促使城市土地利用类型及开发强度发生变化。因此，只有统筹城市土地利用与城市交通发展，才能实现效益最大化。

北京市在提高土地利用强度、建设城市交通的过程中出现了土地开发强度滞后、城市土地利用布局不够合理等弊端。同时，北京市私人机动车出行率的提高，不利于北京市的高密度开发模式，应大力发展公共交通以与之相适应（张玉玲，2016）。针对上述弊端，北京市在统筹规划城市轨道交通和地面公交一体化系统时应注意以下几点。

（1）统筹协调城市土地规划及交通规划

在规划土地利用时要充分考虑周边的交通线路及交通设施，同时要预留出一定的交通规划空间，尽可能实现两者的协调一体化；在进行交通规划时，要考虑相应的土地规划情况，充分适应土地的开发强度。

（2）合理解决城市布局问题

解决城市布局问题，如职住分离问题，要在开发城市土地的过程中统筹交通建设，尽可能在城市交通沿线开发新城区，以大型交通枢纽为核心，布设城市主要功能区。

（3）确立公共交通在北京市城市交通中的主导地位

充分开发地下交通线路，减少城市土地的占用；合理规划轨道交通和地面公交的衔接与换乘问题，使两者有效互补。只有大力发展公共交通，才能适应北京市的高密度开发模式。

6. 新冠肺炎疫情防控常态化下的公共交通

考虑到新冠肺炎疫情传播的风险和保障城市运行基本的生产运输，北京市常规公交与地铁一体化应加强以下几个方面的建设。

（1）精准分析地铁客流特征，保障疫情防控标准下的运能供给

在满足疫情防控的前提下，可通过对不同时间段进出站客流进行精确的分析，合理安排各个时间段列车发车间隔，编制以乘客需求为导向的列车行车计划。

（2）实施地铁安检、进站和健康码相结合的服务方式

疫情期间，针对常态化限流和安检造成乘客乘车排队长的问题，北京市地铁可通过新技术的应用将安检、进站和健康码相结合，减少乘客进站和安检的时间，方便乘客的出行。

（3）加强常规公交车车内乘客信息公布平台的建设

在常规公交车上安装传感器装置，记录各路段乘客数量信息，并将信息向大众公布，便于乘客根据自身出行防疫安全心理选择适合的时间乘车，更好地规划自己的行程。

（4）加强区域微循环公交及定制公交建设

微循环公交线路里程较短，定制公交采用预约购票、一人一座，加强微循环公交及定制公交等多样化公交服务建设，可以满足乘客出行防疫安全的心理和快速直达、安全便捷、舒适的出行需求。

（5）建立面向乘客的公共交通出行补贴政策

针对疫情期间私人机动车出行占比提高等问题，可以通过公共交通优惠政策，引导客流回归，并引导乘客错峰出行，缓解高峰期的客流压力。

7. 重点工程建设

建设北京公共交通一体化系统,实现轨道交通和地面公交运营管理协调联动,是建设交通强国的指导思想之一。通过与城市经济相互促进,在顺利完成轨道交通和地面公交运营、建设与管理的同时为社会提供大量的就业岗位,在完成运营任务的同时实现社会的人才供给;结合城市产业结构与布局规划城市公共交通一体化系统,最大限度地满足乘客出行需求,减少出行者使用私家车出行的次数,在降低能源消耗的同时保护生态环境。通过统筹协调外部环境因素,提供更安全、更快捷、更方便、更准时、更舒适的公共交通出行服务,北京市在此方面做了很多努力,重点工程实施计划见表4。

表4　重点工程实施计划

序号	项目名称	实施计划的系统功能需求
1	北京市城市轨道交通第三期建设规划	继续坚持公交优先发展战略,继续加密地铁线网和扩大覆盖面,重点支持副中心的建设;布局快线和区域快线,减少出行时间,提高旅行速度,缓解拥堵区段,方便换乘,提高舒适度
2	节能减排融入日常运营计划	采用创新技术,启动清洁生产项目,大力实施节能改造,积极采用节能新技术、新产品,不断提高能源资源利用效率,改善用能环境;实施电(客)车空调系统节能、场段内太阳能路灯改造等28项节能技改方案;与供应商通过合同能源管理(EMC)模式开展的地铁4号线LED绿色照明改造项目和空调系统节能改造项目取得良好的环境效益和经济效益
3	台湖演艺小镇打造计划	台湖演艺小镇将以基础设施先行,完善小镇对外交通节点联络和内部主次干道路网体系,设置地铁M102线的站点。以建设森林城市为目标,进一步打造休闲健身和生态景观空间,提升区域生态环境品质

(二)加快公共交通内部一体化建设

1. 统一规划线网

地铁作为北京市公共交通系统的主干,承担着市内中长距离的交通任务。公交作为支线和辅助补充,承担着集结和疏散客流的作用。地铁和公交在规划设计、运营管理上相互配合,发挥了各自的交通优势,实现了公共交通一体化。

（1）公共交通站点融合

根据不同功能和服务特点可将地铁站分为中间站、折返站、换乘站、终点站。在地铁中间站和换乘站，周边公交为地铁客流提供了衔接出行服务。地铁终点站周边的公交承担了延伸公共交通网络的职责，协调配合地铁做好集散客流服务。因此，应融合集散客流功能性强的公交站点和地铁站点，促进地铁与公交一体化。

（2）线路联合调整

公交线路灵活、建设周期短、可达性强，可通过优先调整部分公交线路实现地铁和公交的科学衔接。对于与地铁存在重叠和长距离并行的公交线路，需适当改变公交线路的走向，撤销部分站点甚至整条线路；对于与地铁站点相交的公交线路，可以在地铁站点附近增设公交站点，方便乘客换乘；在地铁未覆盖的区域，可增设与地铁相连接的公交线路，提高公交系统网络覆盖率。

（3）宏观线网规划

北京市的公共交通可划分为四个层次，即骨干线路、公交干线、普通线路和接驳线路。骨干线路即地铁，负责大运量、长距离的运输。同时，可将公交分为公交干线和普通线路。公交干线可开行快速公交或直达公交，普通线路则主要覆盖地铁无法涉及的区域，以提高公共交通系统的覆盖密度和可达性。对城市公交系统网络进行宏观线网规划，应发挥各自优势，在线网规划上相互补充，满足不同乘客的出行需求，最大限度地提升系统的运输效率，使网络效益最大化。

2. 完善基础设施建设

考虑基础设施的连续性和科学性，实现硬件设施、公共交通线路、公交场站、地铁站点、诱导信息、调度系统、人性化基础设施等配套基础设施的一体化融合，有助于更快实现公共交通一体化。

（1）硬件设施

一是灵活配置车辆组成类型和车辆数量。目前北京公交集团正致力于调整车辆结构、购置新能源车辆，之后可以根据不同的客流需求，配置车辆类型、调整发车频率、设计公交线路时刻表，在运能和时间上协同匹配公交与地铁。

二是配置实时的可换乘信息服务设施。建议在北京市内公交车辆和地铁出站口配置实时电子显示屏，为乘客提供公交站点和地铁站点附近的可换乘地铁线路信息，从信息层面加快促进两网融合。

三是配置人脸识别系统。相较于其他支付方式，刷脸支付更加快捷，这一过程的平均服务时间小于 1 秒（赵天祥，2020）。因此，应在公交车辆和客流量较大的重点地铁出入口闸机上配置人脸识别系统，减少公共交通服务时间，促进公交和地铁信息平台以及票务系统一体化建设。

（2）公共交通线路

推广定制公交服务新模式。定制公交可以为出行起讫点、出行时间需求相似的人群提供定制化的公共交通服务。其通勤线路较长、微循环线路较短（陈玮伦等，2021）；服务时间主要为早晚高峰期，速度一般快于常规公交（宋瑞等，2006）。特别是主城区外围区域的公共交通覆盖率较低，可以通过设计定制公交线路接驳地铁，提高公共交通覆盖率。推广定制公交，可以进一步提升城市公共交通覆盖率，促进轨道交通和地面公交一体化。

（3）公交场站

对于集散客流功能性强的公交站点，应合理布设公交场站。公交站点应尽可能靠近地铁出入口设置（距离小于 120 米），以提高乘客的换乘效率。同时，应合理规划建设综合性交通枢纽，尽可能实现地铁和公交的无缝换乘。此外，还要考虑场站内部基础服务的完善，在可换乘地铁的公交站点设置指引标识。

（4）地铁站点

北京地铁站点尤其是枢纽站点的客流较大、空间狭小，上下客流相互交织容易引发拥堵。应合理调整进出口闸机、扶梯等区域和地铁站部分设施的空间布局，通过增设绕行设施以及架杆、立杆等方式引导客流，减少交织，快速进出站。

（5）诱导信息

完善地铁和公交信息服务设施，提供连续的、多样化的交通诱导信息服务。现有的在地上或墙壁上粘贴指示箭头的引导方式，在人流量比较大的情况下容易出现视线和标识被遮挡的情况。因此，可以考虑在手机 App 上增加此类信息，使乘客通过手机 App 的指引完成快速换乘。

（6）调度系统

加快实行公交和地铁的协同调度。公交和地铁的协同调度是以地铁客流为基准匹配接驳公交的发车间隔和运力配置等，以有效减少乘客换乘等待时间，提升公交与地铁衔接一体化效益（安久煜等，2019）。目前北京公交集团已通过线路优化、车载定位、视频监控等方式尝试推行了"准点公交"，"准点公交"的推行加快了公交和地铁协同调度的进度。

（7）人性化基础设施

为打造全面覆盖、无缝衔接、安全舒适的无障碍出行环境，应在全市范围内对无障碍设施进行排查，解决如盲道被非法占用以及部分站台、地铁、公交车等无障碍衔接设施不完善等问题。对不具备无障碍功能的公交站台，添加斜坡辅道，统一站台高度。采取诸如使用低地板无障碍公交车、地铁站等交通枢纽，设置无障碍客梯等措施，为特殊群体提供无缝衔接的交通服务。

3. 优化公共交通换乘衔接系统

（1）公共交通系统内部换乘衔接

对于公共交通系统内部的换乘衔接，要重点优化轨道交通与地面公交的换乘衔接、轨道交通不同线路间的换乘衔接。

一是轨道交通与地面公交的换乘衔接。轨道交通与地面公交换乘主要受换乘距离、换乘时间、换乘引导三个因素的制约（孙杨，2012）。可参照日本东京铁路车站的做法，在同一站域内布设多种车站，采用多层衔接的方式完成地铁与其他交通方式的换乘，缩短换乘距离，减少换乘时间。同时，实施良好的换乘引导，优化换乘环境，提高换乘效率。

二是轨道交通不同线路间的换乘衔接。近年来，北京市地铁系统每年都有新建线路投入运行，随之出现了新线与旧线运能差距较大的现象（郑锂等，2011）。例如，北京市 3 号线、17 号线等新线开通后，其运能将明显大于旧线，会导致因运能不匹配而出现换乘困难问题，对比应予以充分考虑（孙杨、孙小年，2014）。

（2）改进措施

为进一步优化公共交通系统内部换乘衔接，具体做法可考虑以下几个方面。

一是建设综合性交通枢纽，鼓励多层衔接。可以借鉴国外经验，建设包含多种交通方式的综合性交通场站，利用垂直或水平自动步道实现多种交通方式之间的有效换乘。

二是合理规划换乘流线及公交站点。根据与地铁站点接驳的公交站点的历史客流量，针对客流量较大的换乘线路，合理规划换乘流线，确保换乘秩序，提高换乘效率。根据地铁站点各出入口的主要客流走行方向，合理设置方向相同的公交站点。

三是地铁和公交到发时刻一体化。考虑公交到发时刻对换乘时间的影响，公交的到发时刻应与地铁统一，减少换乘等候时间，提高换乘效率。

四是优化车辆换乘提醒诱导服务。优化换乘引导有助于显著提高换乘效率。目前在北京市，乘客换乘时可通过手机 App 快速确定换乘方向，找到换乘车辆并快速进站换乘。同时，利用语音播报、张贴标语标识等方式，优化车辆内部的换乘诱导服务。

五是优化运能不匹配线路间的换乘系统。优化行车方案，使换乘线路错时到达，必要时增加开行对数。同时，拓展站台宽度，缓解运能较大线路到站时的换乘压力。优化客流组织，配合优化扶梯等基础设施布局，采用双通道以区分和快速疏导换乘客流及进出站客流。

六是通过公交微循环优化换乘衔接调度。对于常规公交未覆盖的区域，考虑在地铁站点周边的主要辐射区域建立公交微循环系统，并采用定制公交的方式服务地铁站点周边办公区、生活区的接驳。同时，合理调度定制公交，使其到发时间尽可能与地铁相衔接，减少乘客的换乘等待时间，缩短换乘距离。

4. 实施票价票制一体化

实施票价票制一体化，需多方共同管理，合理调整票价、采取换乘票价优惠、实行一票到底以及早晚高峰票价微调和关键时段收费管理等措施均可促进票价票制一体化的实施。

（1）换乘票价优惠

相关研究表明，实施合理的换乘优惠政策有利于增强公共交通的吸引力（刘秉政，2017）。北京市应根据实际交通状况，制定合理的公共交通换乘优惠政策。

（2）一票到底

目前北京市正在大力推广使用手机 App 扫码乘坐地铁和公交，取得了良好的反响。但是在实行公交、地铁一票到底政策之前，各交通企业应联合制定合理的票价票制，实现信息共享，提高乘客在使用手机 App 扫码乘坐或换乘时的通行效率，改善乘客服务水平，进而提高公共交通系统的整体运行效率。

（3）早晚高峰票价微调与关键时段收费管理

北京市可以考虑实行关键时段收费管理措施，配合微调地铁和公交票价以及增加发车班次等举措。例如，在早晚高峰期间增加地铁发车班次、调高地铁票价、下调平峰时间的地铁票价。同时，对于公交可针对通往工作地点的主要道路实行公共交通与潮汐交通的联动，增加发车班次，下调票价，提高早晚高峰期间地铁与公交的分担率。

5. 协调优化信息服务

当前针对公共交通的信息服务问题，主要从以下几个方面进行协调优化。

（1）建立信息服务统一平台

2019 年北京市公交集团加强了公交智能调度与管理决策系统，与此同时，北京市轨道交通也逐渐推进轨道交通综合应用平台的建设。下一步可建立统一的城市公共交通信息服务平台，实现多种公共交通出行方式的信息整合和联合管理，为公众提供全方位的公共交通出行信息服务。

（2）协调统一公交和地铁站点名称

为加强城市公共交通信息的协调统一，根据轨道交通发展现状，目前可考虑将公交站名做一定的修改。例如，可将接驳城轨站的公交站统一改名为"城轨∗∗站"或"地铁∗∗站"，保留不方便换乘地铁的其他公交站名；在公交站额外标注城轨线路和出口信息；对于接驳名称中含方向的城轨站和公交站，如有加后缀需要，应在城轨站全名后加后缀，使换乘信息更加明确。

6. 推动运营管理一体化

目前国内公共交通系统中不同部分的管理和运营相互分离。应建立公共交通一体化的管理体制，实施集中统一管理，更好地规划和协调不同运输方式，推进公共交通系统的协同优化。

7. 制定一体化标准规范

根据《交通强国建设纲要》中"由各种交通方式相对独立发展向更加注重一体化融合发展转变"的指导思想，建设交通强国包括建设公共交通一体化协调联动体系。《交通运输部关于推进交通运输治理体系和治理能力现代化若干问题的意见》中"完善交通出行保障政策体系"部分明确了关于完善城乡客运一体化发展机制、建立健全城市群交通运输一体化发展机制等相关要求。目前缺乏相关一体化标准规范，可以通过研究制定相关标准规范，加快公共交通一体化发展的步伐。

8. 加强重点工程建设

实施城市公交与地铁的协调联动运营是城市公共交通一体化战略的重要举措之一。通过合理规划线网、科学换乘站点融合、建设综合交通枢纽、加强站点服务设施建设、建立综合公共交通一体化出行信息平台等措施可以提高整个公共交通网络体系的运输效率和网络效益。表5列出了北京市重点工程及实施计划。

表5　北京市重点工程及实施计划

序号	工程名称	工程功能分析
1	北安河车辆段	作为TOD无缝换乘下的"一站式"生活综合体，为引导地面与地下客流，该项目在地铁口处打造下沉式花园，强化了与地铁站点的接驳。同时，在地铁口处设置独栋商业文化建筑，通过设置三个竖向分布的通道来组织垂直交通，承载交通功能（Aedas，2020）

续表

序号	工程名称	工程功能分析
2	电子公交站牌设置	北京市共有 74 个电子公交站牌,根据《北京市地面公交线网总体规划(草案)》,北京市将重点规范主要公交走廊内站台的电子公交站牌设置(叶晓彦,2020)。电子公交站牌的设置可以为乘客提供更多的交通出行信息,提高公共交通的服务质量,增强公共交通吸引力
3	微循环公交线路	2020 年北京公共交通集团计划布设微循环公交线路 40 条以上(裴剑飞,2020)。微循环线路的布设解决了轨道交通无法覆盖地区市民的出行问题,实现了地铁与公交的协调运营,提高了乘客的出行便利性
4	望京西综合交通枢纽	望京西综合交通枢纽是北京市规划的重点项目之一,集地铁、市域公交、市区公交、出租汽车等多种交通方式于一体,可缩短望京地区与市中心的距离,同时实现多种交通方式的换乘与协调配合
5	北京交通绿色出行一体化服务平台	北京交通绿色出行一体化服务平台由北京市交通委员会与高德地图共同启动(杜娟,2019),为出行者提供了多种交通方式一体化的智慧出行服务。同时,开创性地引入了"公交/地铁乘车伴随卡",为乘客出行提供路线规划、线路引导、换乘引导等无缝出行引导服务,提高了乘客的出行质量

参考文献

Aedas:《北京地铁 16 号线北安河车辆段,TOD 无缝衔接下的一站式生活综合体》,搜狐网,2020 年 9 月 21 日,https://www.sohu.com/a/419882414_120201912。

安久煜、宋瑞、毕明凯、薛守强:《高铁车站接驳公交灵活线路优化设计研究》,《交通运输系统工程与信息》2019 年第 5 期。

北京交通发展研究院:《2020 北京市交通发展年度报告》,2020。

《北京市交通委:首批拟集中在 8 个地区开通 20 条定制公交线路》,新京报网站,2020 年 8 月 20 日,http://www.bjnews.com.cn/news/2020/08/20/760700.html。

陈静、宋俪婧、刘雪杰、白同舟、安健:《北京市地面公交多样化发展方向及建议》,第十三届中国智能交通年会大会论文集,2018。

陈玮伦、陈国俊、张抒扬、刘好德:《移动支付对公交站点服务时间的影响分析》,《武汉理工大学学报》(交通科学与工程版)2021 年第 1 期。

陈雪明:《纽约的公共交通系统和规划经验谈》,《国际城市规划》2015 年第 S1 期。

杜娟:《北京市与阿里巴巴高德地图签署战略合作协议:导航工具升级为综合出行服务平台》,中国日报中文网,2019 年 11 月 5 日,http://ex.chinadaily.com.cn/exchange/

partners/82/rss/channel/cn/columns/j3u3t6/stories/WS5dc124d0a31099ab995ea090. html。

杜燕：《北京三条轨道交通新线开通　路网总里程增至727公里》，中国新闻网，2020年12月31日，https://www.chinanews.com.cn/sh/2020/12-31/9375782.shtml。

李金海、李明高、杨冠华、郭印：《北京轨道交通网络化客流特征及成长趋势分析》，《交通工程》2017年第3期。

刘秉政：《公交走廊中地铁和常规公交的票制票价联合优化》，大连理工大学博士学位论文，2017。

裴剑飞：《朝阳站枢纽配套道路年底将同步开通》，《新京报》2020年11月5日，第A07版。

沙永杰、纪雁、陈婉婷：《新加坡公共交通规划与管理》，《国际城市规划》2021年第1期。

宋瑞、何世伟、杨永凯、杨海、罗康锦：《公交时刻表设计与车辆运用综合优化模型》，《中国公路学报》2006年第3期。

孙杨：《城市轨道交通新线投入运营下常规公交线网优化调整方法研究》，北京交通大学博士学位论文，2012。

孙杨、孙小年：《轨道交通新线投入运营下常规公交网络优化调整方法研究》，《铁道学报》2014年第3期。

吴岩、钟纪刚：《重庆城市交通空间漫谈》，《重庆建筑》2006年第12期。

王另的、王文斌、李照星：《北京市城市轨道交通发展现状研究》，《智慧城市与轨道交通》2015年中国城市科学研究会数字城市专业委员会轨道交通学组年会论文集，2015。

王永祥：《轨道交通建设对城市周边地区发展作用影响研究——以北京轨道交通平谷线为例》，《建筑与文化》2017年第6期。

杨柳：《北京建设世界城市：环境与交通要均衡发展》，《北京规划建设》2010年第5期。

叶晓彦：《本市将打造二十七条"公交走廊"》，北京市人民代表大会常务委员会网站，2020年1月15日，http://www.bjrd.gov.cn/zyfb/zt/d15jrdhd3chy/rdhgzbgjd/rdhszfgzbg/202101/t20210111_2216842.html。

张玉玲：《北京市城市交通与土地利用协调发展对策研究》，《中国商论》2016年第20期。

张哲宁、马毅林、王书灵、孙福亮：《北京轨道交通既有网络问题梳理分析及对策》，品质交通与协同共治——2019年中国城市交通规划年会论文集，2019。

赵天祥：《人脸识别支付系统分析》，《电脑知识与技术》2020年第8期。

郑锂、宋瑞、何世伟、李婷婷：《突发客流情况下的公交系统运营管理机制研究》，《物流技术》2011年第21期。

B.3
2020年北京都市圈市郊铁路网发展的
重点问题和创新路径研究

摘　要：　近十多年来，市郊铁路网作为轨道交通网的重要组成部分，发挥着越来越重要的作用，研究市郊铁路网在发展过程中的重点问题和创新路径具有重要意义。本报告分析了北京都市圈市郊铁路网的发展现状，包括国铁资源现状、国铁可利用资源现状和既有市郊铁路发展概况，研究了市郊铁路发展存在的问题。在市郊铁路发展创新路径方面，介绍了国外先进的发展经验，分析了北京都市圈主要运输走廊和市郊铁路功能定位，并提出了相应的创新路径。相关研究成果能够为推动北京市郊铁路网和现代化都市圈的发展提供参考。

关键词：　市郊铁路　北京都市圈　交通走廊

一　项目概述

（一）研究背景

1.《北京城市总体规划（2016年—2035年）》正式公布，对市郊铁路的发展提出了新要求

《北京城市总体规划（2016年—2035年）》明确了北京市未来发展的空间格局为"一核一主一副、两轴多点一区"的城市空间结构。"一核"即首

都功能核心区，"一主"即中心城区，"一副"即北京城市副中心，"两轴"分别指中轴线及其延长线、长安街及其延长线，"多点"指 5 个位于平原地区的新城，"一区"指生态涵养区。相较于《北京城市总体规划（2004 年—2020 年）》所提出的"两轴－两带－多中心"的城市空间发展布局，城市空间结构发生较大调整。特别是《北京城市总体规划（2016 年—2035 年）》强调了北京城市副中心及包括顺义、大兴、亦庄、昌平、房山在内的"一副五点"建设，将对城市交通需求产生较大影响，既有运输走廊上交通供给与交通需求关系需要重新构建，市郊通勤廊道需要重新定义。

同时，《北京城市总体规划（2016 年—2035 年）》对市郊铁路等轨道交通网络提出了新的要求并明确了发展目标，提出促进交通与城市协调发展，提高交通支撑、保障和服务能力，提高交通运行效率和服务水平；建立分圈层交通发展模式，其中半径在 50 ~ 70 千米范围内以区域快线（含市郊铁路）和高速公路为主导。

2. 《北京铁路枢纽总图规划修编》完成，枢纽布局的调整为发展市郊铁路创造了条件

根据 2016 年完成的《北京铁路枢纽总图规划修编》，北京铁路枢纽最终形成了客内货外、客货分离的"大型环 + 放射线"的枢纽总体框架。随着京沈、京九客运专线和京张、京唐、京石城际铁路的引入，枢纽客运系统增设了北京丰台站、北京星火站、北京通州站、北京清河站，规划形成了包含 8 个客站在内的客运站总体布局。随着货运外环线的建成，货运系统形成了"一环八站四配送中心多网点"的整体布局，编组系统依然维持"一主一辅"的格局，但主、辅编组站分别由丰台西站、双桥站调整至廊坊南站和三河站。

随着新线引入和北京枢纽总图规划布局的逐步形成，外环线以内铁路既有干线能力得到充分释放，为发展北京市郊铁路运输奠定了良好的基础。

3. 国家发展改革委等五部门联合下发《关于促进市域（郊）铁路发展的指导意见》，为北京市郊铁路发展提供了政策保障

2017 年 6 月，国家发展改革委等五部门联合下发《关于促进市域（郊）铁路发展的指导意见》，明确指出加快市域（郊）铁路发展，对扩大交通有

效供给、缓解城市交通拥堵、改善城市人居环境、优化城镇空间布局、促进新型城镇化建设具有重要作用。

4. 中共中央、国务院颁布《交通强国建设纲要》

2019年9月，中共中央、国务院印发了《交通强国建设纲要》，提出到2035年基本形成"全国123出行交通圈"，即基本实现都市区1小时通勤、城市群2小时通达、全国主要城市3小时覆盖。构建便捷顺畅的轨道交通网已经成为新时代交通强国建设的重要内容。

基于以上背景，为适应京津冀一体化发展框架下北京城市功能和城市空间的调整与拓展，满足《北京城市总体规划（2016年—2035年)》实施后中心城区与市郊城区、市郊城区与市郊城区之间中长距离大量通勤客流的需要，引导城市功能和城市空间的拓展，需在以往市郊铁路研究的基础上进一步优化和完善北京市郊铁路线网规划，同时针对S2线、副中心线、怀柔—密云线等运营以来存在的运营管理制度不完善以及可持续性较差等重点问题，对相关的规划、建设、投融资、运营管理模式、土地综合开发和政策保障机制等进行创新路径研究，为北京市郊铁路的发展探索出一条可持续发展之路。

（二）研究范围

北京都市圈是以北京市域为主，西北部、东部及南部方向突破北京行政区界（包含天津市以及河北省怀来、三河、廊坊、固安、涿州等市县）的城市群范围。

（三）研究内容

1. 分析市郊铁路网发展现状

包括铁路资源现状、铁路可利用资源情况、既有市郊铁路发展概况，总结市郊铁路发展中存在的问题。

2. 研究建设、投融资及运营管理模式

首先，对国内外典型城市的市郊铁路进行梳理，提炼总结建设、投融资及运营管理的经验和教训，并对东京铁路的发展和"五方面作战计划"等案例进行解读，为北京市郊铁路综合开发提供借鉴，尤其是东京铁路的发展经验及其在京津冀地区的适用性问题。之所以关注东京，是因为东京与北京同为东亚高密度人口城市，同样是国家的首都，同样是国家的政治、文化、科技和国际交往中心。

其次，在分析既有主要市郊通勤廊道客流需求现状的基础上，结合《北京城市总体规划（2016年—2035年）》及京津冀一体化发展战略实施引起的客流需求新变化，提出亟须强化的市郊通勤廊道；分析北京枢纽内既有铁路资源的利用情况，结合《北京铁路枢纽总图规划修编》中的枢纽建设项目，提出枢纽主要干线及联络线可提供开行市郊列车的铁路资源。

最后，在不影响国铁干线正常运营的情况下，以利用既有铁路资源为主，充分考虑与既有、在建、规划城市轨道线路及交通枢纽的良好衔接，充分借鉴巴黎、东京、纽约等国外都市圈市郊铁路网发展的经验，对市郊铁路进行定位分析，并进一步优化与完善，提出实施"一环线＋七方向"更新改造计划的战略设想，形成可操作性、可实施性较强的市郊铁路发展网络。

3. 根据现状及问题提出创新路径

提出建立规范的路市合作与协调机制、统筹城市规划与市郊铁路规划、创新投融资模式、构建市郊铁路商业模式等创新路径。

二 发展现状与存在问题

（一）国铁资源现状

1. 主要线路能力利用情况

通过对相关线路的研究发现，京沪线（黄村—廊坊）、京哈线（双桥—三河）、京广线（长阳—涿州）、丰沙线、京原线、京通线（怀柔—古北口）现状通过能力已趋于饱和，其他线路枢纽内的区间通过能力尚有一定富余。

2. 既有干线铁路概况

（1）京沪铁路

京沪铁路主要承担我国华北、东北地区与沿海东部地区之间的客货运输交流任务。现状为双线电气化铁路，货物列车追踪间隔为7分钟，平图能力为185.7对/日。北京至廊坊段最大开行旅客列车40对/日、货物列车69对/日，能力利用率达84.5%。

（2）京广铁路

京广铁路是我国南北运输通道中重要的铁路干线，在我国南北旅客、货物运输中起着重要作用。现状为双线电气化铁路，货物列车追踪间隔为7分钟，平图能力为185.7对/日，全线通过能力已接近饱和。北京至石家庄段最大开行旅客列车68对/日、货物列车32对/日，能力利用率达85.3%。

（3）京九铁路

京九铁路在路网中主要承担我国华北、东北地区与中南、华东地区之间的客货运输交流任务。现状为双线电气化铁路，货物列车追踪间隔为7分钟，平图能力为185.7对/日。黄村至霸州段最大开行旅客列车26对/日、货物列车17对/日，能力利用率为47.7%，线路能力尚有较大富余。

（4）京哈铁路

京哈铁路主要承担我国西北、华北、中南地区与唐山、东北地区之间的物资交流任务。现状为双线电气化铁路，货物列车追踪间隔为7分钟，平图能力为166.9对/日。北京至北京东段能力利用率为66.9%，尚有一定富余；北京东至双桥段能力利用率为84.1%，已接近饱和；双桥至三河段最大开行旅客列车57对/日、货物列车44对/日，能力利用率为94.2%，线路能力已经饱和。

（5）京包线

京包线仅承担该线路上少量旅客列车及市郊列车的运输任务，为单线（部分双线）内燃铁路。北京北至康庄段限制区间平图能力为38.9对/日，开行旅客列车19对/日，其中市郊列车12对/日，能力利用率为63.5%。

受单线平图能力的限制，线路能力富余较小。

（6）丰沙铁路

丰沙铁路是联系我国西北、内蒙古、晋北地区与东北、东部地区的主要客货运输通道。现状为双线电气化铁路，货物列车追踪间隔为 8 分钟，丰台西至沙城段平图能力为 139.3 对/日，开行旅客列车 29 对/日、货物列车 86 对/日，能力利用率达 96.5%，线路能力已经饱和。

（7）京通线

京通线为进出关通道之一，为单线（部分双线）内燃铁路。昌平至隆化段限制区间平图能力为 31.7 对/日，开行旅客列车 8 对/日、货物列车 20 对/日，能力利用率达 99.2%，线路能力已经饱和。

（8）京承线

京承线为进出关辅助通道，采用内燃牵引。双桥至怀柔段为双线，货物列车追踪间隔为 8 分钟，平图能力为 162.5 对/日，开行旅客列车 10 对/日、货物列车 51 对/日，能力利用率为 49.2%；怀柔至密云段为单线，限制区间平图能力为 28.3 对/日，能力利用率为 66.3%。京承线受限制坡度影响，全线牵引质量较低，输送能力较小。

（9）京原线

京原线为我国晋煤外运的辅助通道，现状为单线内燃铁路。石景山南至灵丘段限制区间平图能力为 35.9 对/日，开行旅客列车 3 对/日、货物列车 27 对/日，能力利用率为 91.8%，线路能力已经饱和。

（10）京沪高铁

京沪高铁是我国华北与华东地区旅客交流的主动脉，也是沟通环渤海与长三角两大经济增长极的纽带和桥梁。京沪高铁设计速度为 350 千米/小时，北京南至天津南段开行动车组 120 对/日。

（11）京广高铁

京广高铁是我国"八纵八横"高速铁路网的重要组成部分。线路设计速度为 350 千米/小时，初期运营速度为 300 千米/小时，北京西至石家庄段开行动车组 107 对/日。

（12）京津城际

京津城际采用"小编组、高密度、公交化"的运输组织方式，列车最小追踪间隔为3分钟，最高运营速度为330千米/小时。开行城际列车108对/日，节假日会增开列车。

3.铁路客运站到发能力及利用情况

北京铁路枢纽办理客运业务的车站主要有北京站、北京西站、北京南站和北京北站，其他车站年发送量大小不一，基本呈现向"大站合流"的趋势。

（1）客运量

2015年北京铁路枢纽共发送旅客12784万人次，其中北京站、北京西站、北京南站、北京北站四大客运站共发送旅客12508万人次，占全枢纽旅客发送量的97.8%（见表1）。

表1　2006～2015年北京铁路枢纽主要客运站旅客发送量

单位：万人次

车站	2006年	2007年	2008年	2009年	2010年	2011年	2012年	2013年	2014年	2015年
北京站	2709	2998	3066	2785	2774	2749	2811	3324	3469	3427
北京西站	3150	3632	3865	4090	4403	4682	4454	4623	5081	5037
北京南站	113		410	966	1408	1909	2647	3070	3474	3706
北京北站	109	117	154	183	190	248	287	338	332	338
北京丰台站	43	32	31	30	14					
合计	6124	6779	7526	8054	8789	9588	10199	11355	12356	12508

资料来源：根据公开资料整理。

2017年北京铁路枢纽共办理旅客列车575对/日，其中始发旅客列车553对/日（见表2）、通过客车22对/日，北京站、北京西站、北京南站和北京北站分别办理旅客列车134对/日、184对/日、228对/日、24对/日。

表2　2017年北京铁路枢纽内各车站始发旅客列车数量

单位：对/日

车站	京沪高速	京广客专	京津城际	京广线	京哈线	京沪线	京九线	京原线	丰沙线	京包线	京通线	京承线	合计
北京站				5	57	27	9	2	14		2	5	121
北京西站		107		48	1		15	1	6				178
北京南站	120		108										228
北京北站										17	5		22
北京东站					2							1	3
北京通州站												1	1
合计	120	107	108	53	60	27	24	3	20	17	7	7	553

资料来源：根据公开资料整理。

（2）枢纽主要客运站能力利用情况

①北京站

目前该站主要承担京沪线、京哈线、丰沙线、京承线、京原线等普通旅客列车及部分国际列车的始发终到作业。2017年北京站共办理旅客列车134对/日，其中始发旅客列车121对/日。目前北京站能力已趋于饱和，难以适应规划京唐（京滨）城际的引入需求。因此，需尽快启动北京通州站建设，分担北京站京哈线、京通线、京包线、京承线普速客车的始发终到作业，释放北京站的能力。

②北京西站

2017年北京西站共办理旅客列车184对/日，其中始发旅客列车178对/日。目前北京西站能力已趋于饱和，难以适应京广客专的进一步增长及规划京九高铁的引入需求。

③北京南站

北京南站主要承担京沪高速、京津城际列车的始发终到作业。2017年北京南站共办理始发旅客列车228对/日。目前北京南站线路能力尚有一定富余。

④北京北站

2017年北京北站共办理旅客列车24对/日，其中始发旅客列车22对/日。

京张高铁开通后，北京北站线路能力依然有很大富余。

另外，北京清河站目前发往西北方向的线路能力有一定富余。

（二）国铁可利用资源现状

1. 枢纽内城际（高速）铁路开行市郊列车的可行性分析

利用城际（高速）铁路资源开行市郊列车，与国铁列车共线运行，需要以优先满足国铁列车开行需求为前提，利用线路富余能力开行市郊列车。根据客流特征，市郊列车具有一定的向心性和潮汐性，高峰时段需要密集到发，城际（高速）铁路亦具有潮汐性和早晚高峰时段密集到发的特征，若开行较多的市郊列车，则势必与国铁列车的开行时间产生冲突，增大铁路运输组织难度，进而干扰国铁列车的正常运营；反之，若仅开行少量的市郊列车，则不利于吸引市郊客流，削弱市场竞争力。因此，市郊列车的开行应结合城际（高速）铁路客车的开行情况统筹考虑，既要满足市郊客流的出行需求，又要减少对城际（高速）铁路运营的干扰。

研究年度北京枢纽衔接的城际铁路有京津城际、京唐（滨）城际、京张城际、京秦第二城际，衔接的高速铁路有京沪高铁、京广高铁、京九高铁和京沈高铁。

（1）京津城际

京津城际主要承担北京和天津之间的城际客流，尽管初期线路能力尚有一定富余，但近期、远期线路能力接近饱和。京津城际采用"小编组、高密度、公交化"的运输组织方式，早晚高峰小时线路能力利用率较高。另外，京津城际在北京枢纽内除北京南站外未分布其他车站，故本次研究不建议利用京津城际开行市郊列车。

（2）京唐（滨）城际

京唐（滨）城际尚处于修建阶段，近期无通行能力。

（3）京张城际

根据《北京铁路枢纽总图规划修编》，研究年度已考虑京包线（S2线）开行北京北至八达岭、延庆方向的市郊（旅游）列车，近期、远期分别为

24 对／日、30 对／日，高峰小时可开行市郊列车 2～3 对，在市区设有清河、沙河、昌平、八达岭西等站，市郊客流乘降较为便捷。京张铁路作为内蒙古、宁夏等西部地区的快速客运主通道，兼顾北京至张家口、大同的城际客运功能，从路网功能看，京张铁路不宜作为市郊列车开行的主通道，但从其市区站点分布来看，可兼顾部分市郊客流，与既有 S2 线共同构成北京市西北方向的市郊客运通道。

（4）京秦第二城际

远期京秦第二城际建成后，线路能力富余较大，其在燕郊、平谷等地均设有车站，可利用京秦第二城际开行少量市郊列车，早晚高峰小时密集到发时，亦可采用通过客车带流的方式满足市郊客流的运输需求，以降低市郊列车开行对国铁列车的影响。

（5）京沪高铁

京沪高铁初期线路能力尚有一定富余，近期、远期线路能力接近饱和。在路网上京沪高铁是我国华北与华东地区旅客交流的主动脉，也是沟通环渤海与长三角两大经济增长极的纽带和桥梁，若利用其开行短途市郊列车，则对线路能力及运输组织影响较大。结合能力适应性及其在路网中的地位分析，本次研究不建议利用京沪高铁开行市郊列车。

（6）京广高铁

由能力适应性分析可知，京广高铁初期线路能力虽有一定富余，但近期、远期线路能力接近饱和，故利用京广高铁开行市郊列车的可能性较小。

（7）京九高铁

京九高铁远期建成，能力尚有一定富余，但其在枢纽内设站较少，与开行市郊列车的设站需求不相符，不能满足市郊客流的运输需求。另外，若利用京九高铁开行短途市郊列车，则对线路能力及运输组织影响较大。综合分析，本次研究不建议利用京九高铁开行市郊列车。

（8）京沈高铁

由能力适应性分析可知，京沈高铁近期、远期分别开行列车 110 对／日、148 对／日，能力已趋于饱和，富余的通过能力无法满足市郊旅客的出行需求。京沈高铁客车开行频率较高，且在市区范围内设有顺义西站、怀柔南站，可采取由京沈高铁部分通过客车带流的方式，承担顺义、怀柔等地的部分市郊客流任务，实现市郊列车的功能。

综合以上分析，大部分城际（高速）铁路不宜作为北京市郊列车开行的主通道，可以采用通过客车带流的方式，起到开行市郊列车辅助通道的作用，但部分车站应分布合适的线路，如京沈高铁、京张城际、京秦第二城际等，基本具备在早晚高峰规模化开行市郊列车通道能力的条件。

2. 利用普速铁路富余能力开行市郊列车的可行性分析

研究年度京通线、京承线、京原线以及黄良联络线电气化改造已完成。随着京沈、京张、京唐城际联络线等快速铁路的建成，各普速铁路的能力将得到一定程度的释放。远期百子湾至亦庄联络线、货运外环线建成，东北环线复线改造完成。

（1）京沪线北京至廊坊段

研究年度京沪线北京至廊坊段线路能力富余较大，有利于既有线路开行市郊列车。另外，京沪线在北京铁路枢纽内设有多个车站，基本可以满足市郊客流的需求。

（2）京哈线北京至双桥段

研究年度京哈线北京至双桥段线路能力富余较大，双桥至三河段线路能力尚有一定富余，可以为市郊列车的开行提供运力保障。北京至通州段为北京市郊列车 S1 线的组成部分，已于 2017 年底开通运营，沟通北京站、北京东站、通州站等重要枢纽节点，有利于利用既有客货共线铁路开行市郊列车计划的实施。

（3）京广线

京广线初期、近期线路能力富余量相对较小，可开行市郊列车 20 对/日左右，远期货运外环线建成后，枢纽内线路能力得到释放，富余量较大，可为开行市郊列车提供一定的运力保障。

（4）京九线黄村至固安段

京九线黄村至固安段线路能力尚有一定富余，可根据北京至黄村段能力利用情况并结合京沪线市郊列车开行情况，适当开行北京至固安的市郊列车，有利于加快推进京津冀实施"一线两厢"战略，促进京津冀一体化发展。

（5）京包线北京北至昌平段

京包线北京北至昌平段与京张高铁共线，经能力适应性分析，北京北至沙河段线路能力尚有较大富余；沙河至昌平段初期、近期能力尚有一定富余，远期能力紧张；昌平至延庆段考虑市郊列车 S2 线后，能力已经饱和。

（6）京原线

研究年度京原线仍为单线，线路能力富余较小，初期、近期能力富余较小，远期货运外环线建成后，线路能力得到释放，能力富余量有一定提升，可为市郊列车的开行提供一定的运力保障。

（7）京承线双桥至怀柔段

京承线双桥至怀柔段为双线铁路，经能力适应性分析，该段线路能力富余较大，有利于市郊列车的开行；怀柔至承德段为单线铁路，线路能力已经饱和，若要开行市郊列车，需采用必要的扩能措施。

（8）京通线

研究年度京通线为单线，其中昌平至怀柔北段线路能力尚有一定富余；怀柔北至古北口段线路能力已经饱和，若要开行市郊列车，需采用必要的扩能措施。

研究年度北京枢纽内北环线（星火—沙河）为单线，其线路能力已经饱和；丰沙大、西黄线（远期）线路能力已经饱和；其他各线的能力均有一定程度的富余，可为市郊列车的开行提供一定的运力服务。

（三）既有市郊铁路发展概况

北京市首条市郊铁路 S2 线于 2008 年正式开通运营。此外，为配合北京城市副中心建设而筹备建设的城市副中心线以及为支持怀柔科学城建设而建设的市郊铁路怀柔—密云线已于 2017 年 12 月 31 日开通运营。截至 2019 年底，北京市郊铁路运营线路里程总计 300 千米。

1. 北京市郊铁路 S2 线

（1）S2 线概况

S2 线（见图 1）于 2008 年 8 月开通运营。2012 年 12 月 21 日，S2 线西延后，增加了康庄和沙城两站，线路设计行车速度为北京北—南口段 100 千米/小时、南口—康庄段（三堡至八达岭"人"字形段所在线路区段）45 千米/小时。

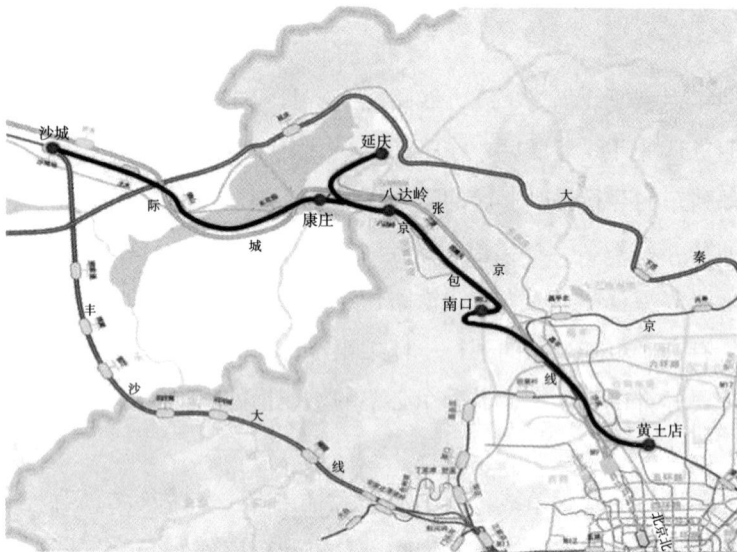

图 1　S2 线

资料来源：阿酷网，http://sites.arkoo.com/mobile/sf_CEDB1D961B5945A985B1AE09D56CAA69_277_zyn.html。

2021 年，北京推动 S2 线南段通勤化改造工程，线路全长约 31 千米，共设置 7 座车站，实施线路电气化、复线化、信号改造。该项目是市郊铁路主廊道西北与东南方向的重要线路，能够有效填补对角向轨道交通线路的空白。

（2）投融资模式、建设模式及设施规模

S2 线项目由北京市政府和国铁集团共同投资建设。在具体分工上，根据《委托运输管理协议》，北京铁路局负责线路设备维修维护、运输生产组织管理等相关业务；根据《市郊铁路 S2 线政府购买服务协议书》，北京市政府负责以政府购买服务的方式，向北京城市铁路投资发展有限公司支付购买服务费。

S2 线项目总投资 55131 万元（其中静态投资 34901 万元、机车车辆购置费 20000 万元、铺底流动资金 230 万元），京投公司代表北京市政府、北京铁路局代表原铁道部各出资 27565.5 万元。目前，运营的车辆为内燃 NDJ3 型动车组，共 4 组车底。

（3）运营情况

①列车开行情况

2008 年 8 月 6 日，北京市郊铁路 S2 线正式开通运营，采用国产新型内燃 NDJ3 型动车组，每组 9 辆（2 动 7 拖），动车组被命名为"和谐长城号"。S2 线开通运营之时，每日开行 16 对市郊列车。

2011 年 7 月 1 日，S2 线实施全新运营模式，全天图定列车开行 16 对（32 列）。2012 年 12 月 21 日之后，S2 线西延至河北怀来沙城，受只有 4 组动车组和动车组需定期维修的限制，S2 线西延开通初期于每周一、周五、周六、周日发车，即北京北站和沙城站之间周五至周一每日开行 1 对列车，周二至周四不发车；北京北站和延庆站之间周二至周四每日开行 8 对列车，周五至周一每日开行 11 对列车。2019 年 4 月 29 日至 10 月 7 日北京世界园艺博览会期间，S2 线开行"世园会专线直通车"，每周五、周六、周日、周一及节假日，由黄土店开往延庆的市郊铁路 S2 线增加运力，每日开行列车增加至 18 对，保证每隔 1 个小时左右发送一趟往返城区至延庆的市郊列车；每周二、周三、周四开行列车 14 对。至 2019 年底，该线路由于京张高铁的开通，每日开行列车减少 2 对，未来该线路的利用和运营不容乐观。

②运营管理模式

S2 线由北京铁路局代运营、维护，车站管理人员由路局派驻。运营的成本与收益问题导致路地合作的矛盾是存在的，因此需要厘清相关机制体制障碍，并进行开创性的制度设计。

③票价模式

自 2018 年 1 月 1 日起，S2 线的票价调整为轨道交通票制票价。自 2019 年 4 月 25 日起，市民可持北京市政交通一卡通、京津冀互联互通卡、实名制一卡通或二维码乘车。

车票采用双系统检票，即公交卡与国铁票均能使用。实行一卡通刷卡和纸质定额客票两种购票方式。单独印制的纸质车票主要用于不使用一卡通乘坐 S2 线的临时乘客，车票仅限于 S2 线沿线车站出售，且当日有效。车票的发售和管理由北京铁路局负责。

（4）客流分析

2011 年北京市政府会同北京铁路局，对市郊铁路 S2 线的运营模式进行调整，S2 线的运营定位从"旅游客运"调整为"通勤 + 旅游"，以满足北京市北部远郊区县市民出行公交化的需求。

根据计算分析，S2 线客流可以分为三类：旅游休闲、通勤及生活探亲。其中，旅游休闲类占比约 58%，通勤类占比约 31%，生活探亲类占比约 11%。

S2 线自 2008 年开通以来，旅客发送量逐年增长，2011 年前的旅客发送量低于 50 万人次，2011 年旅客发送量有了较大提升，达到 155.1 万人次，此后稳步增长，到 2015 年达到 309.9 万人次。自 2016 年开始旅客发送量不断减少，2019 年又有所回升，2020 年受新冠肺炎疫情影响，旅客发送量骤减至 22.0 万人次（见表 3）。

表 3　2008～2020 年 S2 线旅客发送量

单位：万人次

指标	2008 年	2009 年	2010 年	2011 年	2012 年	2013 年	2014 年
旅客发送量	29.0	44.3	47.8	155.1	185.3	228.0	242.1

指标	2015 年	2016 年	2017 年	2018 年	2019 年	2020 年
旅客发送量	309.9	280.5	185.8	146.8	198.6	22.0

注：2008 年为 8～12 月数据。

资料来源：根据公开资料整理。

S2 线改线前工作日平均客流量为 7689 人次/日，周末平均客流量为 10198 人次/日，周末平均客流量为工作日的 1.3 倍。S2 线改至黄土店始发后，客流量急剧下降，工作日平均客流量为 3967 人次/日，周末平均客流量为 6298 人次/日，分别是改线前的 51.6%、61.8%。由此可见，市郊铁路起点站的选择是影响市郊铁路客流量的重要因素。

分析 2017 年 S2 线客流量数据，以日为单位统计客流量，S2 线客流量呈现周末大于工作日的特征，而节假日（五一小长假、十一小长假等）的客流量较普通周末大。S2 线连接八达岭景区，旅游客流量占比较高，而旅游出行大多发生在节假日及周末，与 S2 线客流特征相符。2019 年，S2 线客流量有所恢复，日均客流量有所回升。

2. 城市副中心线

城市副中心线于 2017 年底先期开通运营北京西站、北京站、北京东站和通州站四站。2019 年 6 月 20 日，线路东延至乔庄东站。2020 年 6 月 30 日，线路西延至房山区良乡站（见图2）。

图2 城市副中心线

资料来源：搜狐网，https：//www. sohu. com/a/405244906_ 120209831？_ trans_ =000014_ bdss_ dklgqxj。

根据《北京市郊铁路副中心线客流预测报告》，副中心线初期（2020 年）、近期（2030 年）、远期（2040 年）客流量分别为 0.738 万人次/日、2.535 万人次/日、2.460 万人次/日，最大断面客流密度分别为 0.344 万人次/日、1.124 万人次/日、1.090 万人次/日,早高峰最大断面客流密度分别为 0.264 万人次/小时、0.334 万人次/小时、0.297 万人次/小时。近期、远期增开平峰时段车次,全天发车数量分别为 16 对、24 对。

开行初期,客流量不够理想,2019 年 6 月 20 日,线路东延至乔庄东站,日均客流量逐步突破 500 人次。

根据京投公司 2021 年 3 月发布的 2021 年重大投资项目有关情况,北京市郊铁路城市副中心线整体提升工程(西段)线路全长约 49.9 千米,共设置 8 座车站,并对长阳至良乡南关段线路实施复线化改造。

3. 怀柔—密云线

怀柔—密云线是北京市郊铁路网络的组成部分,也是国家发展改革委第一批市域(郊)铁路试点项目(见图 3)。北京市郊铁路怀柔—密云线由北京北站始至古北口站终,全长 144.6 千米,最高运行速度为 160 千米/小时。

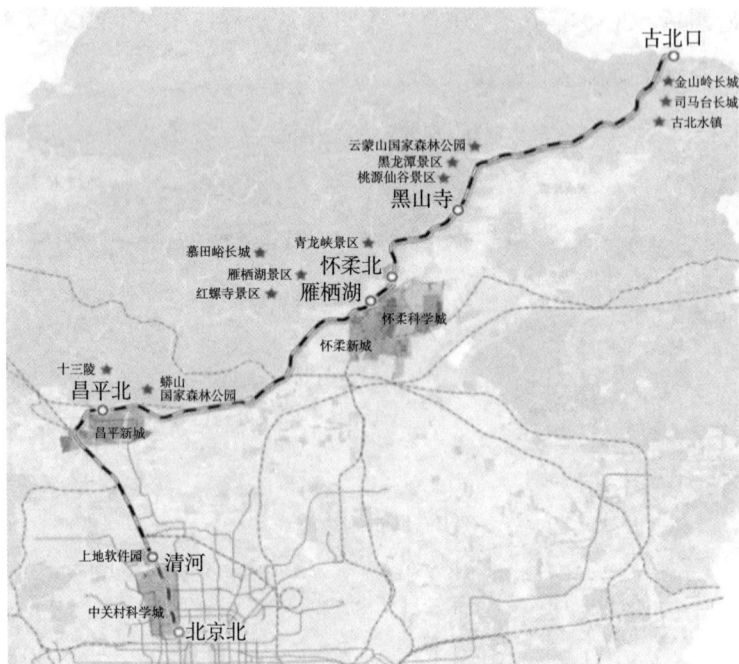

图 3　怀柔—密云线

资料来源:腾讯网,https://new.qq.com/omn/20191229/20191229A03APJ00.html。

2017年12月31日，黄土店站至怀柔北站区间正式开通运营。2019年4月30日，黄土店站至古北口站区间全线开通运营。2020年9月30日，北京北站正式开通运营。截至2020年9月30日，北京市郊铁路怀柔—密云线共设北京北站、清河站、昌平北站、雁栖湖站、怀柔北站、黑山寺站、古北口站7座车站。此外，北京东—燕郊、北京东—蓟州区等市郊列车也分别于2015年2月、7月开行。

根据《北京市郊铁路怀柔—密云线客流预测报告》，市郊铁路怀柔—密云线开通年工作日客流量为0.15万人次/日，初期（2020年）客流量为0.28万人次/日，近期（2030年）客流量为0.71万人次/日，远期（2040年）客流量增至0.97万人次/日；开通年周末客流量为0.25万人次/日，初期客流量为0.36万人次/日，近期客流量为1.09万人次/日，远期客流量增至1.63万人次/日。未来，该线路被认为是通勤客流与旅游客流同样重要的一条线路。

（四）市郊铁路发展存在的问题

1. 北京市尚未形成覆盖广泛、功能完善的市郊轨道交通体系

随着城镇化进程的不断推进，北京市居民的出行需求发生了较大改变，城市中心城区与市郊城区间的客流需求显著增大，城市交通供给严重不足，高峰小时各大市郊城区进京方向道路拥堵，相关轨道交通线路最大断面满载率超过120%，相关地铁线路长期超设计值运营。既有地铁线网仅覆盖北京市域30千米范围内的6座近郊城区，覆盖密度不高，出行效率较低，乘客在轨时间较长，而怀柔、密云、平谷等远郊城区尚未有地铁覆盖。通达远郊城区延庆的市郊铁路S2线虽运营多年，但服务水平较低，功能不够完善，难以发挥预期作用；市郊铁路城市副中心线、怀柔—密云线客流尚处于培育期。

2. 京津冀区域一体化发展使市郊客流突破行政区划边界，长距离通勤出行需求亟待满足

随着京津冀区域一体化进程的加快，周边地区与首都的交通联系进一步

加强，交通需求已经突破北京市域范围，向河北、天津的部分县市拓展。因此，需要建设市郊铁路以满足跨行政区长距离通勤出行客流需求，促进区域一体化发展。

3. 北京市郊铁路线路运营管理、制度保障不完善，可持续能力较弱

以 S2 线为例，S2 线是北京市运营的第一条市郊铁路线路，2018 年平均客流量为 6000 人次/日。S2 线自 2008 年运营至今已有 13 年时间，先后经历了"城铁公司自负盈亏""政府购买运输服务"两个运营管理阶段。

S2 线采用新的运营模式后，市郊客流量增长较快，在满足昌平、延庆地区通勤客流和旅游客流出行需求、缓解地区路面交通堵塞等方面取得了一定的成效，但是还存在一些问题，主要表现在以下几个方面。

（1）S2 线利用国铁线路，线路通过能力有限、维护难度较大

S2 线在北京北站至昌平站区间与京包、京通铁路列车共线运行，其列车的运行对国铁在运行图编排上造成一定影响。同时，昌平至南口段仍为单线，限制了线路通过能力，导致在高峰时刻无法开行更多列车。

此外，市郊 S2 线利用既有京包铁路、康延支线运行，其中南口至康庄段（含三堡至八达岭"人"字形线路区间）为詹天佑修建，部分山区线路建设年代久远，技术条件较差，线路养护、维护难度较大。

（2）与公交换乘不便，服务频率偏低

S2 线在北京市区与城市公共交通换乘较为便捷，但是延庆火车站距县城约 4 千米，乘 S2 线至县城中途需换乘两次公交，存在一定不便。晚 8 点之后，到延庆的 S2 线还有两班列车，但是公交车已经停运。

尽管 S2 线采取设置刷卡机、使用一卡通付费、增开列车至 12 对等一系列"新运营模式"，客流量实现了较大增长，但相较于市区至延庆的 919 路公交约 5 分钟的发车间隔，S2 线受线路能力的限制，服务频率远低于公交。与公交换乘不方便、服务频率偏低成为影响 S2 线客流量进一步提升的重要因素。

（3）清算机制不透明

S2 线由北京市政府与国铁集团共同合作建设，运输生产主要由北京铁

路局负责，北京市政府以政府购买的方式支付购买服务费，但在后期运营中地方政府参与度比较低，成本核算主要由北京铁路局完成。在新一轮的购买服务中，政府需要支付约1.17亿元的购买服务费，但成本核算机制的透明度尚存在不足。

（4）运营赢利困难，资金缺口大

目前S2线票价低、客运量小，且季节性波动明显，导致运输收入低；采用公交化运营以及机车、线路维修难度增大，造成运营成本上升；运营亏损严重，导致资金缺口较大。政府每年要向运营单位支付一定费用，用于运营补贴，运营亏损使得铁路部门和地方政府都承担了巨大的压力。

（5）综合开发能力缺失，市郊铁路的造血功能不足

目前S2线沿线车站土地综合开发利用仍未起步，车站周围土地的综合利用缺少明确的政策支持，市郊铁路的造血功能不足，成为影响市郊铁路可持续、健康发展的重要因素。

从S2线运营情况来看，利用铁路网资源开展市郊铁路建设除铁路自身技术条件和线路富余能力外，还受制于相应的扶持政策、各相关部门的配合协调以及公交化开行、换乘的便捷性等服务水平。

三　国际经验与发展规划

（一）国际经验借鉴

1. 日本东京

（1）东京都市圈简介

东京都市圈是指以东京都为中心，外加周边的埼玉县、千叶县、神奈川县以及茨城县西南部、群马县东南部、栃木县南部和山梨县东部地区，以都心（东京站）为圆心，半径约100千米，面积为1.35万平方千米，人口约3700万人，是世界上辐射面积最广、人口规模最大、经济最繁荣的特大城市群之一（武剑红、沈砾子，2017）。

（2）东京"五方面作战计划"

第二次世界大战后，随着日本经济的高速发展，东京的城市交通系统已无法满足不断增长的通勤和通学的交通需求，上下班高峰时期地铁等轨道交通乘客"混杂率"经常超过250%（接近我国满载率的130%）。为此，在中央政府立法和各级财政投入的大力支持下，时任日本国铁总裁石田礼助力排众议开启了以"五方面作战计划"为核心的利用国铁资源提升东京交通运输能力的大规模更新改造工程。

"五方面作战计划"是指在日本原国铁的中央线、东北线、常磐线、总武线、东海道线等"东西南北中"的五个大方向进行的提升线路及车站运输能力和效率的投资规模大、持续时间长、影响范围广的浩大工程。主要是在既有国铁进出东京都各条复线和东京枢纽联络线的基础上，通过增建双复线、三复线、高架复线，进行货转客改造，提升车站到发能力，扩大列车编组，以及不同线网互联互通等措施来成倍提升运输能力和列车的运行速度。这一工程陆续将13条国铁铁路干支线从东京城市四周引入，通过内外两条铁路环线——山手线和武藏野线将引入的铁路与城市内的几十条放射性铁路线和地铁线有机联系起来，最终形成了一个超大规模、一体化的都市圈铁路通勤网络。以该网络为依托，在距离东京核心区40～50千米范围内形成了多个大规模、功能各异的新城，从而使得东京实现了由东京市向东京都市圈的转变。同时，对"五方面作战通道"和车站推进的大规模TOD土地进行一体化开发，为建设和后期运营维护筹集了大量的资金。

经过10多年持续而艰苦的努力，"五方面作战计划"得以完成。轨道交通的运输能力以及运营速度、效率和效益都得到了较大的提升。"五方面作战计划"极大地疏解了东京市中心的人口、产业，稳定了东京市中心的房价，也为东京市中心的"留白"和"增绿"腾出了土地和空间。该计划实施后项目平均财务内部收益率达到8.2%（见表4）。

表4　东京"五方面作战计划"成效

线路	高峰输送量（万人次/小时）		财务内部收益率(%)（改造后）	改造前后高峰时"满载率"（%）（按"混杂率"折算）			改造前后区间平均旅行时间（分钟）	
	1965 年	1982 年		1960 年	1998 年	2018 年	1965 年	1995 年
中央线	7.8	14.3	8.5	140	86	70	63	58
东北线	9.5	15.5	—	154	108	93	35	29
常磐线	6.0	12.9	10.3	124	119	80	57	42
总武线	9.7	12.8	8.1	155	118	95	61	40
东海道线	12.9	18.4	5.9	—	125	96	64	54
总计(或平均)	45.9	73.9	8.2	143	111	87	56	45

资料来源：根据 1983 年近藤太郎《关于通勤五方面作战的总决算》等资料整理。

（3）东京都市圈市郊铁路网

东京都市圈轨道交通线网非常发达，各类型轨道交通里程总计 5539.3 千米。

东京都市圈市郊铁路总体上呈双环、多贯穿、多放射的线网布局，主干线深入城市核心区或贯穿市区。

市郊铁路中所有的私铁线路均通过换乘山手环线或者其他地铁线路进入市区，形成了十分明显的以山手环线为界的换乘模式（荣朝和、罗江，2020）。山手环线是东京市郊铁路网的内环线，全长 34.5 千米，1925 年开始环线运营时，东京城市化率不足 25%，山手线全线基本上处于城市的外围，而现在东京城市化率已超过 80%，东京都心（东京站）和 7 个副都心都在山手线上，最多人数乘降车站（新宿站）和最大断面客流量也都位于山手线上。

（4）东京都市圈市郊铁路网客流特征

市郊铁路网客流有两类：一类是日常客流，尤其是早高峰以工作出行为主的通勤客流；另一类是以娱乐购物出行为主的节假日客流，且其客流总量有可能超过日常客流。2013 年，东京都市圈市郊铁路客运量达到 143 亿人次。

2. 法国巴黎

（1）巴黎都市圈简介

巴黎都市圈是指大巴黎地区，即巴黎大区的行政区划范围。其中，首都圈范围内面积约 12012 平方千米，人口约 1169 万人，覆盖半径约 90 千米。都市区为巴黎周边城镇密集区，覆盖半径约 50 千米，包括首都圈 80% 以上的人口。中心城区为巴黎以及周边 3 个近郊省，覆盖半径约 15 千米，人口约 650 万人，面积约 760 平方千米。核心区包括巴黎城墙范围内的 75 个省，是巴黎的传统老街区，覆盖半径约 5 千米，人口约 217 万人，面积约 105 平方千米（见表 5）。

表 5　巴黎都市圈层次划分情况

层次	面积（平方千米）	覆盖半径（千米）	人口（万人）
首都圈	12012	90	1169
都市区	3500	50	940
中心城区	760	15	650
核心区	105	5	217

资料来源：根据公开资料整理。

（2）巴黎都市圈市郊铁路网

巴黎地铁是世界上开通最早、服务设施最完善的地铁之一。经过 100 年尤其是近 30 年的持续发展，已经形成了由 220 千米地铁、587 千米市域快速线、1048 千米市郊铁路以及 64.5 千米有轨电车构成的都市圈轨道交通线网。其中，市郊铁路与 RER（区域特快铁路）线路总长度为 1672 千米，共有 503 座车站，平均站间距为 3.3 千米，线网密度为 0.14 千米/千米^2、0.7 万人/千米，形成了"星状 + 树枝状"的布局。巴黎在规划轨道交通项目时，就非常重视与其他交通方式的衔接，远郊铁路不穿过市区中心，一般终止于巴黎市区的铁路客运站。市内的 6 座火车站分布于巴黎的 6 个方向。

（3）巴黎都市圈市郊铁路网客流特征

巴黎都市圈市郊铁路主要用于服务郊区与中心城区、郊区与郊区之间的通勤客流。其中，近郊与中心城区、近郊与近郊之间的客流较多，主要依靠RER线进行联系；远郊与中心城区的联系主要依靠远郊铁路，这部分客流可通过远郊铁路进入巴黎市区的车站，换乘地铁进入中心城区。

巴黎都市圈市郊铁路平均运距为16千米，2004年远郊铁路的载客量达到6.15亿人次，每个工作日的列车班次数量超过5700班；RER的载客量达78.29亿人次，日均客流量达270万人次。

3. 美国纽约

（1）纽约都市圈简介

纽约都市圈中心区为曼哈顿岛，面积为73平方千米，人口约150万人；纽约市区是指半径为25~30千米的范围，包括曼哈顿区、皇后区、布鲁克林区、布朗克斯区、斯塔滕岛区5个区及新泽西州的哈德逊县，面积约800平方千米，人口为827万人；纽约大都市区是指半径为50~70千米的范围，面积约1.74万平方千米，人口为2190万人。纽约都市圈城市化水平在75%以上。

（2）纽约都市圈市郊铁路网

纽约都市圈市郊铁路主要包括长岛铁路和北方铁路，线网结构由主线和支线构成，呈树状分布。其中，长岛铁路1条主线、10条支线覆盖全岛，线网规模为1100千米，拥有124座车站，是北美最繁忙的通勤铁路。北方铁路4条主线、5条支线向外辐射，线网规模为600千米，拥有120座车站。

纽约的主要综合交通枢纽分布在纽约市的曼哈顿等繁华地区。与东京类似，位于城市核心区。市内地铁与市郊铁路的衔接主要依靠在几个大的交通枢纽换乘，如曼哈顿的中央火车站、宾夕法尼亚火车站、长岛火车站等，为出入市区的通勤旅客提供快速服务。

4. 经验借鉴

（1）轨道交通网与城市空间布局相契合

综观以上三个世界大城市的空间格局可以发现，核心区面积小、高度集中，且都市圈以多中心形式布局。轨道交通线网的规划多与城市发展同步，或超前实时规划，以交通引导城市发展，枢纽与功能区紧密衔接。

（2）轨道交通线网规模大且层次分明，市郊铁路网占主导地位

从轨道交通线网规模来看，东京、纽约、巴黎的轨道交通里程分别是北京的8.4倍、3.1倍、3.0倍；从市郊铁路里程占城市轨道交通里程的比重来看，三个城市的市郊铁路里程占比均在80%以上，而北京市郊铁路仅有S2线、副中心线和怀柔—密云线，里程合计占城市轨道交通里程的比重仅为27.4%；从服务范围来看，国外三个大城市的地铁主要服务核心区，范围较小，市郊铁路服务范围最广，辐射半径约70千米。对比国外三个大城市，北京市国铁和地铁之间缺乏市郊铁路层次，且国铁主要服务于区域对外交流，市郊铁路层次网络的严重缺失，导致市郊通勤客流压力几乎全部由地铁承担。

（3）"以人为本"理念突出

东京、纽约、巴黎的城市轨道交通密度大，服务频率高，换乘次数少，实现了旅客的迅速到达、精准投放，是北京市郊铁路规划研究重点借鉴的方面。

东京的实践经验表明，一个能力强、效率高的都市圈通勤铁路网必将成为首都都市圈高质量发展的重要推动力，而利用国铁资源构筑该网络是成本最低、见效最快的现实选择。"五方面作战计划"成为充分利用和更新国铁资源发展都市圈铁路、优化城市功能布局、疏解人口与产业、稳定房价的国际典范。为解决首都北京"大城市病"的问题，通过大力更新利用首都及周边国铁资源来构筑一个以双复线或多复线为特征的高效率、低成本的都市圈通勤铁路系统是一种现实的选择，必将为北京都市圈的可持续发展和高质量发展提供重要的基础保障。

（二）北京都市圈主要交通走廊分析

1. 北京通勤都市圈

广义的北京都市圈将形成以北京市为中心，包括天津市的宝坻、武清、蓟州三区，河北省的石家庄、衡水、沧州、唐山、保定、秦皇岛、廊坊、承

德和张家口九市的区域，通常称之为"首都经济圈"。狭义的北京都市圈应该包含近郊和远郊的 11 个规划城区以及若干近京地区如河北省的涿州、廊坊等部分地区。为了更好地研究北京市郊铁路系统，结合北京自身的特点，同时与已经存在的环首都经济圈进行区分，我们通常把狭义的北京都市圈称为北京通勤都市圈。

根据北京市的城市空间特征，可以将北京通勤都市圈划分为三个交通圈层（见图4）：第一圈层为中心城区，即市中心 15 千米半径的范围，包括城市中心区域和多数边缘组团；第二圈层为近郊城区，即市中心 16～30 千米半径的范围，主要包含通州、亦庄、大兴、门头沟、昌平、顺义和房山；第三圈层为远郊城区，即市中心 31～70 千米半径的范围，主要包含延庆、密云、怀柔、平谷和近京地区的燕郊、三河、廊坊、固安、涿州等。

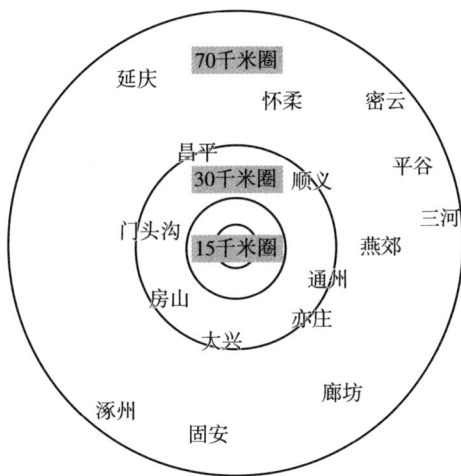

图 4　北京通勤都市圈

资料来源：根据公开资料整理。

高铁的出现使未来城市群圈层中还可能包括 100 千米的半径范围，主要包括天津市的武清、河北省的怀来等地区。

2. 主要交通走廊分析

城市交通走廊在整个城市中发挥着骨架作用，快速、便捷的交通方式及良好的可达性对大众出行路径的选择具有较强的吸引力，使得大部分交通流量由于综合运输阻抗小而向交通走廊集聚。

参考北京交通走廊既有相关研究成果，根据《北京城市总体规划（2016年—2035年）》，结合交通方式集聚簇轴及交通流量情况，将北京市交通廊道划分为东、东南、南、西南、西、西北、东北七个廊道分别进行分析。

（1）东部交通走廊

东部交通走廊位于北京正东方向，是联系北京城区与北京城市副中心，以及近京地区"北三县"（三河市、大厂回族自治县、香河县）的重要交通廊道。

①城镇简介

北京城市副中心规划范围为原通州新城规划建设区，是北京新两翼中的一翼，以行政办公、商务服务、文化旅游为主导功能。2016年常住人口为142.8万人，规划到2035年调控目标为130万人以内，就业人口规模调控目标为60万～80万人，到2035年承接中心城区40万～50万常住人口疏解。

三河处于京、津、唐三大城市构成的金三角的核心地带，总人口为54万人，规划并逐步建成了燕郊高新区、工业新区、经济开发区和农业园区，其中燕郊高新区发展速度最快。

燕郊位于环京津、环渤海经济圈核心，是全国离天安门最近的产业开发区，2010年升级为国家高新技术开发区，全镇拥有高新技术和先进制造业企业182家、高等院校9所。2016年末，辖区人口达120万人，其中常住人口为75万人。由于其优越的地理位置，有数十万人在燕郊置有房产而在北京市内工作，由此产生了与北京市区强烈的通勤交通需求。

大厂回族自治县地处环渤海经济区和京津都市圈，县政府驻地距首都北京47.9千米，隶属河北省廊坊市。全县辖区面积为176平方千米，辖5个镇（大厂镇、夏垫镇、祁各庄镇、邵府镇、陈府镇）、1个街道、2个园区（国家农业科技园区、省级高新区）、105个行政村、16个社区居委会，人口14.25万人。

香河位于北京市和天津市之间，拥有3个省级工业园区、1个省级农业高新技术园区，素有"京畿明珠"之美誉。

②交通方式结构

东部交通走廊内部涵盖干线公路、铁路、城市轨道交通三种交通方式，其中干线公路主要包括通燕高速、京哈高速和G103等，铁路主要有京哈线，城市轨道交通主要有6号线、八通线。另外，公交线路有348条，向外延伸的线路与中心城区相连接的有154条，大部分止于朝阳区。

（2）东南方向交通走廊

东南方向交通走廊主要联系北京城区与亦庄。

①城镇简介

亦庄定位为具有全球影响力的创新型产业集群和科技服务中心、首都东南部区域创新发展协同区、战略性新兴产业基地及制造业转型升级示范区。为全面支持和引导北京城市空间结构调整，真正实现疏解中心城的人口和职能、集聚新的产业目标，需加强亦庄与中心城的交通联系，实现亦庄与中心城之间更紧密的衔接。

②交通方式结构

东南方向交通走廊内部涵盖干线公路、铁路、城市轨道交通三种交通方式，其中干线公路包括京津高速、京沪高速和G103，铁路主要有京津城际，城市轨道交通为亦庄线。

（3）南部交通走廊

南部交通走廊是联系北京城区与大兴，以及近京地区固安、廊坊的重要交通走廊。

①城镇简介

大兴定位为面向京津冀的协同发展示范区。

固安地处华北平原北部，位于北京、天津、保定三市的中心，是北京南部现代制造业基地，是以生态旅游度假为特色的中等城市。

廊坊地处北京、天津两大直辖市之间。廊坊总体规划提出，廊坊需加强与京津在产业、基础设施布局等方面的协调发展，充分发挥其作为京津发展主轴重要节点城市的作用。

②交通方式结构

南部交通走廊内部涵盖干线公路、铁路、城市轨道交通三种交通方式，其中干线公路包括京开高速、京台高速，铁路主要有京沪线、京九线、京沪客专，城市轨道交通为大兴线。

（4）西南方向交通走廊

西南方向交通走廊是联系北京城区与房山，以及近京地区涿州的重要交通走廊。

①城镇简介

房山定位为京津冀区域京保石发展轴上的重要节点、科技金融创新型发展示范区。

涿州位于北京市西南部、河北省中部，是以现代制造业、旅游文化休闲产业为主导的城市。

②交通方式结构

西南方向交通走廊内部涵盖干线公路、铁路、城市轨道交通三种交通方式，其中干线公路包括京昆高速、京港澳高速和 G107，铁路主要有京原线、京广客专，城市轨道交通为房山线。

（5）西部交通走廊

西部交通走廊是联系北京城区与门头沟的重要交通廊道。

①城镇简介

门头沟地处北京西部山区，是具有悠久历史文化和优良革命传统的老区。

②交通方式结构

西部交通走廊内部涵盖干线公路、铁路、城市轨道交通三种交通方式，其中干线公路包括 G108 和 G109，铁路主要有丰沙线，城市轨道交通为磁悬浮 S1 线。

（6）西北方向交通走廊

西北方向交通走廊是联系北京城区与昌平、延庆的重要交通廊道。

①城镇简介

昌平地处京城西北部，生态环境优良。

延庆地处北京市西北部，规划为首都西北部重要生态保育区及区域生态治理协作区。

②交通方式结构

西北方向交通走廊内部涵盖干线公路、铁路、城市轨道交通三种交通方式，其中干线公路包括京新高速和京藏高速，铁路主要有京包线，城市轨道交通为昌平线。

（7）东北方向交通走廊

东北方向交通走廊是联系北京城区与顺义、密云和平谷的重要交通廊道。

①城镇简介

顺义定位为港城融合的国际航空中心核心区、中国最大的航空港（首都国际机场坐落其内）。

怀柔地处北京市东北部，是北京东部发展带上的重要节点。

平谷是北京东部发展带上的重要节点，是京津发展走廊上的重要通道之一。

②交通方式结构

东北方向交通走廊内部涵盖干线公路、铁路、城市轨道交通三种交通方式，其中干线公路包括京承高速、G101，铁路主要有京承线、京通线，城市轨道交通为 15 号线。

（三）北京都市圈市郊铁路功能定位分析

结合以上对北京市空间格局发展变化以及轨道交通发展现状与规划的分析，根据北京都市圈居民出行特征和交通走廊分布，参考国外市郊铁路规划发展经验，对北京市郊铁路的功能定位分析如下。

1. 是北京中心城区及城市副中心与首都地区重要节点间跨区域、长距离出行的骨干轨道交通方式，承担着中心城区人口疏导之重任

对于北京市这样的大城市而言，骨干公共交通只有城市轨道交通才能够

承担。在各类城市轨道交通中，市郊铁路具有速度快、服务范围广和运营方式灵活的特征，使其成为引导城市发展的最佳交通工具，能够承担首都功能疏解的重任。

2. 是城市地铁客运交通的重要补充和延伸，主要满足中心城区及城市副中心与外围城区的中长距离客流需求

北京都市圈 30～70 千米半径范围内轨道交通严重缺失。从国外市郊铁路在城市公共交通体系中的作用和定位来看，市郊铁路属于城市轨道交通中的市域快速轨道系统，最高运行速度为 120～160 千米/小时，适用于市域内中长距离的客运交通系统。北京市郊铁路的服务对象以 30～70 千米半径范围内的客流为主，且多为通勤客流，对旅行时间的要求较高，时间目标以小于 1 小时为宜，因此市郊列车的最高运行速度不宜小于 100 千米/小时，而地铁由于设站较多，最高运行速度一般为 80～100 千米/小时，难以达到 1 小时内到达的目标。同时，在北京市郊范围的各个市郊廊道内分布有多条国铁线路，各条线路除京原线外，速度目标值基本在 100 千米/小时以上（普速铁路多为 100～160 千米/小时，城际、高铁多为 250 千米/小时及以上），能够很好地满足市郊客流的时间要求。因此，北京市郊铁路作为地铁客运交通的重要补充和延伸，应利用国铁线路并采用国铁制式运营为宜。

3. 是都市圈通勤的主要交通方式

市郊铁路作为一种大运量、高速度、长距离出行的交通工具，是解决近郊、远郊地区与中心城区、城市副中心之间快速交流的主要交通方式，能够有效满足长距离通勤客流出行需求。同时，北京市旅游资源丰富，周末及节假日旅游需求旺盛，市郊铁路亦可成为旅游客流出行的良好选择。

综上所述，市郊铁路是服务于北京中心城区、城市副中心与近郊城区、远郊城区之间长距离、大运量的城市快速轨道交通，是介于城市地铁与城际铁路之间的一种轨道交通方式，是北京通勤都市圈的主要交通方式，是城市地铁客运交通的绝对补充，是以通勤客流为主、兼顾旅游的都市圈区域快线铁路。

（四）实施"一环线+七方向"更新改造计划的战略设想

根据北京都市圈职住分布及发展方向，依据通勤数据、地铁截面客流量和布局规划以及轨道交通出行约50%的分担率，建议主要沿国铁既有线路走廊实施以增加双复线和多复线（含高架）为特征的"一环线+七方向"更新改造计划（见图5）。

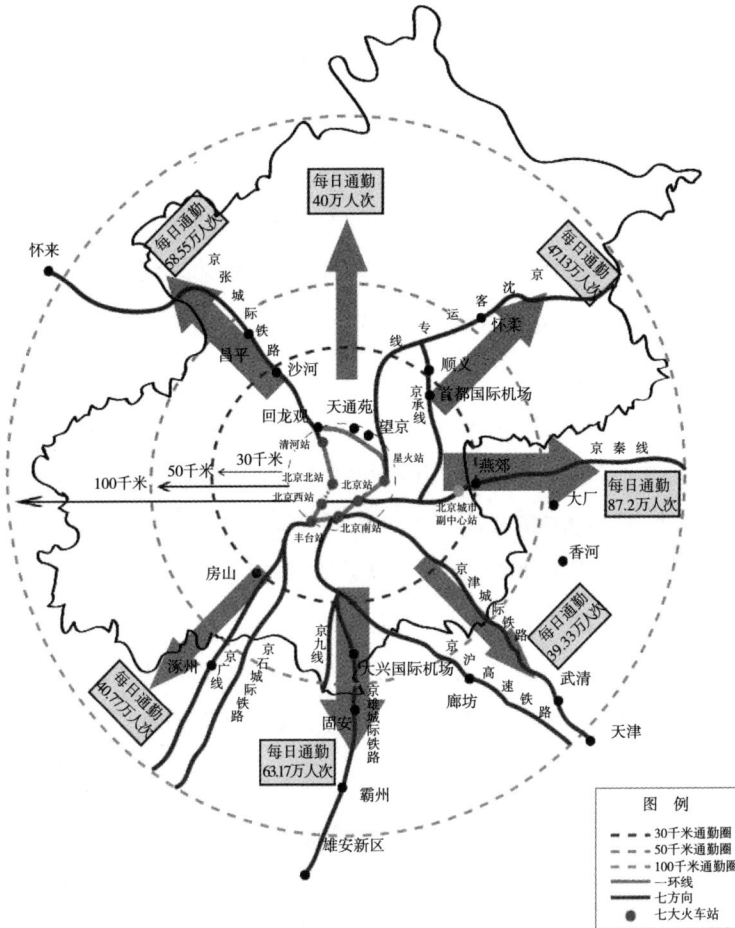

图5　"一环线+七方向"更新改造计划

资料来源：北京交通发展研究院。

1. "一环线"

"一环线"是指地下复线联络线,利用既有线路形成连接七大火车站的内环线。

2. "七方向"

"七方向"则包括以下内容。

西北方向,每日通勤58.55万人次。结合目前的昌平地铁线、13号轻轨线、地铁16号线的站点和运量,还需要利用京包线、京张高铁、东北环线增开市郊列车,沿京包线清河至昌平段进行20千米高架复线改造,解决回龙观、沙河、昌平、延庆、怀来的通勤问题。

北部方向,每日通勤40万人次。结合目前地铁5号线和规划中的地铁17号线的运量,在利用从星火站起始的京沈高铁开行市郊列车的基础上,增设北七家、未来科学城等市郊列车车站,并沿东北环线增加32千米双复线连接到星火站、北京站和CBD,解决天通苑、北七家、未来科学城、望京、顺义、怀柔等的通勤问题。

东北方向,每日通勤47.13万人次。连接星火站、北京站、北京东站,解决通州、顺义、怀柔、密云等市区和郊区组团的通勤问题。结合地铁15号线和未来17号线的运量,该方向仍然需要增加双复线。

东部方向,每日通勤87.2万人次。本方向是目前北京通勤人口最大的方向。结合目前地铁1号线、6号线和未来7号线东延、22号市域快线的运量,该方向在利用京承、京哈、京秦等线路的基础上,增加除了城市副中心之外的车站,解决通州40万人口和"北三县"40万人口的通勤问题。

东南方向,每日通勤39.33万人次。结合东南方向地铁亦庄线的运量以及在利用京津和京沪高铁城际通勤的基础上,沿沪线增加黄村至廊坊39千米双复线,增加停靠站台,解决大兴、亦庄、廊坊、武清的通勤问题。

南部方向,每日通勤63.17万人次。结合地铁8号线三期、新机场线、地铁4号线的运量,以及未来京津冀区位发展情况,解决大兴、新机场、固安的通勤问题。

西南方向，每日通勤 40.77 万人次。结合房山线和燕房支线地铁的运量，利用京广线和京广高铁的富余能力在沿线增加长阳至涿州 39 千米双复线，解决长阳、良乡以及涞水和涿州的通勤问题（王超等，2020）。

四 创新路径与机制设计

（一）建立规范的路市合作与协调机制

鉴于北京市郊铁路的规划、建设、运营涉及中央和地方的多个政府部门、国铁集团及其他利益相关者，因此需要充分借鉴国际经验，建立自上而下的合作协调机构与机制。具体来看，应建立三个层面的市郊铁路路地双方工作对接协调机制。

1. 领导层面

市政府分管领导定期与铁路总公司主管领导会谈，研究确定线网方案、合作模式、建设规划事宜。

2. 部门层面

由市政府主管副秘书长牵头，组织相关委办局定期与铁路总公司对接协商工作，各相关委办局按照职责分工，各司其职，协调调度具体工作。

3. 工作推进层面

北京铁路局、京投公司和城铁投公司按照程序开展项目建设、运营、管理工作（武剑红等，2016）。

制定促进市郊铁路发展的法律法规，重点明确发展市郊铁路的规划建设、资金来源、综合开发、合作政策、运营管理、服务监督和补亏机制等内容，在合作原则和合作模式上给予定位指导。可考虑"双管齐下"的解决方案。一方面，构建治理双方冲突的外部机制；另一方面，积极实施有利于双方合作的内部机制，根据市场化的原则确定具体的实现方式，加强自律性合作。明确各级政府、国铁集团和其他利益相关者在发展市郊铁路方面的责权利，建立合作机制和融合机制。

（二）统筹城市与市郊铁路规划

借鉴国际通行的大都市区规划组织（MPO）的经验，打破行政区划的概念，统筹北京都市圈发展规划和构建市郊铁路网的关系，处理好市郊铁路与北京都市圈的互动关系。建议明确中央、京津冀和国铁集团等在北京都市圈市郊铁路建设和运营中的责权利，为探索建立符合中国特色的市郊铁路建设、投融资和管理体制奠定基础。

（三）创新投融资模式

创新市郊铁路投融资模式的根本在于加大公共财政投入、合理举债和更好地吸引社会资本均衡发展。按照分类建设、分类投融资、一线一议的原则促进市郊铁路投融资模式的创新，针对"商业性项目""商业开发赢利项目""政策优惠赢利项目""政府补贴赢利项目""公益性项目"五类项目的不同性质来设计相应的投融资方案和支持政策。

（四）构建市郊铁路商业模式

北京市郊铁路的建设和运营将明显改善市中心至郊区沿线区域和郊区自身的交通区位，大大提高沿线的土地和不动产价值，并增加地方税收。然而，由于缺乏回馈机制，市郊铁路的正外部性往往无法被自身获得。需要结合北京市郊铁路项目的具体特点，设计一套科学的合作与利益共享机制，这样不仅可以加强铁路企业与地方政府合作，而且可以带动房地产开发商出资设站、购置机车车辆等，尝试以国有铁路、地方政府和社会资本合作（PPP）的方式实现"多赢"。

（五）创新运营管理模式

在目前"网运合一"的组织体制下，很难改变国铁委托运输中的不足，建议未来由地方政府控股的市郊铁路项目，可借鉴欧盟的"网运分离"、日本和美国的铁路开放通路权的运营模式，积极进行相应的运营管理体制机制创新。鼓励以城铁投公司为代表的非国铁经营者进入市郊铁路运营领域，通过开放市场、促进竞争，提高市郊铁路运输的服务水平。

（六）设计合理的市郊铁路业务政府采购合同

采购合同中应明确规定双方的权利和义务，包括但不限于市郊铁路补贴机制、票价机制、亏损核算和监管机制，绩效评价方法、财务清算模型、成本认定，以及TOD具体实现方式、减免税收制度、征收市郊铁路专项税等。这些权利和义务都是市郊铁路发展体系构建中不可或缺的重要组成部分。

（七）加强多网融合体制机制设计

多网融合体制机制设计包括顶层政策、法规的设计，管理机构组织层次的研究，以及各主体间的协同机制，如路地合作、跨行政区合作、社会参与、运行监督等机制的设计。多网融合的目标是实现轨道交通各网空间形态、时间格局的匹配，从而解决供需矛盾，实现可持续发展。应当建立相应的评价指标，主要包括北京都市圈范围内各制式轨道资源的网络规模、综合枢纽、跨轨道交通出行占比等。

（八）加强与其他交通方式的末端衔接

形成一体化交通系统，必须充分考虑内外交通衔接、多种交通方式衔接，以及城市区域内各等级城镇、各功能区之间的交通衔接。

总之，应在市郊铁路规划、投资、建设、管理等各个环节全面破解发展瓶颈，提高市郊铁路综合治理能力，更好地支撑北京都市圈现代化综合交通运输体系的建立（刘雪杰等，2016）。

五　结论及建议

（一）结论

本报告分析了北京都市圈市郊铁路网的发展现状，包括国铁资源现状、国铁可利用资源现状和既有市郊铁路发展概况，研究了市郊铁路发展存在的问题。在发展规划方面，介绍了国外先进的发展经验，分析了北京都市圈主要运输走廊、北京都市圈市郊铁路功能定位。基于以上研究，提出了相应的创新路径。

市郊铁路的建设、运营离不开一系列完善的配套机制，应从构建顶层设计、制定相关法规、统筹市郊铁路与城市总体规划相衔接、降低投融资成本、拓宽市郊铁路收益获得途径、创新运营管理模式、建立减亏机制等方面着手，只有提供有力的保障和良好的环境，才能促进市郊铁路健康发展。

（二）建议

一是尽快编制《北京市郊铁路线网规划》，确定北京市郊铁路发展的蓝图。

二是做好市郊铁路运输需求预测工作。

三是进一步研究在市内布设市郊铁路枢纽站的可行性。

四是做好顶层设计，制定相关法规政策，明确各方责权利关系，并自上而下形成规范的合作推进机制。

五是充分结合各区分区规划和产业规划，把市郊铁路网与地方产业规划和城市更新充分融合，寻找 TOD 开发的机会。

参考文献

刘雪杰、安志强、白同舟、王舒予：《"十三五"时期北京交通发展的特征与对策分析》，2016 年中国城市交通规划年会论文集，2016。

荣朝和、罗江：《日本铁路"东京都市圈通勤五方面作战"转型服务启示研究》，《铁道运输与经济》2020 年第 3 期。

王超、王文杉、武剑红、张冰松：《北京市利用国铁资源发展都市圈市郊铁路构想研究》，《铁道运输与经济》2020 年第 5 期。

武剑红、王璞玉、王超、周子冀:《国铁参与市域(郊)铁路发展的机遇与路地合作机制创新》,《铁道运输与经济》2016年第10期。

武剑红、沈砾子:《东京都市圈市郊铁路特点及对我国的启示》,《中国铁路》2017年第9期。

B.4
2020年北京市多种交通方式
多视角融合发展报告

摘　要：　随着我国城市化进程的加快，通勤时间增加、交通拥堵加
　　　　　剧、地铁造价攀升等"大城市病"验证了大规模单一、均质
　　　　　化的轨道交通模式无法解决都市圈的交通问题。因此，研究
　　　　　轨道交通的高质量、融合发展模式与实现路径显得尤为重
　　　　　要。本报告从构成交通的多个主体出发，结合国际经验，分别
　　　　　探究了铁路、城市轨道交通与城市融合发展，重大活动、事件
　　　　　的交通与城市融合发展，以及城市多种交通方式融合的体制机
　　　　　制创新，针对快速轨道交通、虚拟换乘、东北环线及"回天地
　　　　　区"等热点交通问题提出了相应的改进方案，同时对新冠肺炎
　　　　　疫情以及冬奥会等突发事件的应对和活动的举办提出了具有针
　　　　　对性的建议。本报告提出的多种交通方式融合的体制机制创新
　　　　　更是为北京地区交通发展提供了建设性的意见。

关键词：　虚拟换乘　碳中和　交通一体化　轨道通勤　市郊铁路

一　铁路、城市轨道交通与城市融合发展

（一）快轨交通与城市人口调控、布局

2020年全国第七次人口普查数据显示，北京人口数量比2019年北京市
抽样调查时多了35.7万人。排除抽样调查与普查的误差问题，自2016年实

施《北京城市总体规划（2016年—2035年）》以来，北京市连续三年的人口下降态势受到了挑战，中心城六区人口减量目标未达到理想值。很多国际大城市在历史发展过程中遇到了与北京同样的人口拥挤问题，人口疏解和调控成为现代城市治理的一项基本制度。

1. 快速轨道交通在人口调控分布中的功能和作用

疏解人口需要制定人口、产业、交通等整体发展策略，各种相关规划要协同配合，尤其应关注快速轨道交通发展，这是支撑都市圈人口合理布局的重要抓手。

（1）轨道与城市化发展的关系

以东京都市圈为例，东京都市圈在城市化大发展的三次进程中，无不与轨道交通的建设发展同步推进。1920～1935年，东京第一次快速城市化伴随铁路轨道的快速扩充；1955～1965年，东京第二次快速城市化得益于有轨电车向大规模地铁建设的转换；1970～1995年，东京第三次快速城市化伴随都市圈的扩大，依赖于轨道复线化和互联互通等运输能力的增强，有效实现了现有轨道骨干网络的充分融合以及运输组织的改善。尤其是自20世纪60年代开始，日本整体城市化率达到了60%，东京都市圈通过对铁路进行"五方向通勤"改造，形成了快速度、大运量、高频次的轨道交通运输体系，当前东京都市圈轨道交通日均客流量接近4000万人次，是北京市轨道交通日均客流量的3倍之多（荣朝和、罗江，2020）。

（2）轨道交通实现人口节点集散功能

随着都市圈半径的扩大，需要解决人口的分布及集疏效率问题。快速轨道交通能够准时、便捷地将人口进行高效聚集和疏散，居民可以居住在城市外围区域，居住成本与交通成本之和只要处于一个合理的可支配收入比例范围内，就能够实现人口流动与分布的调控目标。以涿州东站至北京西站62千米线路为例，二等座单程票价为28.5元，1个月若通勤22天，则往返需支出1254元，占北京居民月均可支配收入（5650元）的22%，但是该票价实质上包含了替代性居住成本，即22%的交通成本能够替代很大一部分北京市区的居住成本，涿州东站附近的平均房租是北京西站附近平均房租的

20%左右甚至更低，按照合并计算，家住涿州东站附近利用高铁通勤的"交通＋居住"支出总和只占北京人均可支配收入的29%，远低于2019年北京市居民这两类支出的占比（47.6%）。京津冀区域内的顺义、怀柔、密云、延庆、平谷、怀来、"北三县"、宝坻、武清、廊坊、固安、霸州、雄安地区、高碑店等地都具有快速轨道集散人口的成本优势，也是未来北京都市圈的主要城镇节点和微中心。

2. 快速轨道交通在人口调控分布中的发展对策

（1）构建"环线＋放射线"快速市域（郊）铁路骨干网

一是"环线"方面，要利用国铁资源，整合东北环线、京张铁路、东西直径线以及西北环线、东南环线（丰双铁路）、丰沙铁路等既有铁路线路和通道，进行环状铁路的提速、进出站、换乘接驳等适应性改造，打造北京的"山手线"和"武藏野线"。二是"放射线"方面，要利用既有普速京包、京通、京哈、京承、京沪、京九、京广等线路开展复线化、通勤化、快速化通勤改造及运营。三是通过环状与放射状线路在主要轨道枢纽车站形成节点锚固作用，最大限度地为城市外围组团潮汐客流提供运输服务。

（2）利用"三角区"时段增开城际、高铁通勤列车

铁路运营"三角区"时段是指铁路为保障大长干线运输服务，在早晚高峰时段一般都会存在始发或终到车站的车次到发空档时间范围，这个时间范围根据与始发或终到车站的距离会形成一个车辆运行排图的三角时间地带，距离大型枢纽越近，空档时间越长，高铁线路的"三角区"时段就越明显。例如，上午京沪高铁由上海进京的高速列车一般会在12点以后抵达，而京沪高铁离北京较近的较大车站是德州和济南，其进京的高铁车次一般也在9点之后，因此利用9点之前的"三角区"时间范围开行短途的城际高铁列车成为可能，如增开更多的廊坊至北京的高铁通勤列车（2021年6月25日铁路调整列车时刻表，密云站至北京朝阳站7：20的始发车次就是利用"三角区"时段进行排图）。同理，京内的延庆、顺义西、怀柔南，京外的东花园、怀来、下花园、涿州东、高碑店、固安、霸州、雄安新区、武清、天津西等车站也都能在该时段增加城际高铁频次。当然，一个重要的前

提是在尽可能保障铁路大长干线运输任务的基础上与铁路部门进行商议，实现合作共赢，甚至可以联合天津与河北，为该类早晚高峰时刻的列车提供补贴，向铁路购买运输服务。

（3）与铁路部门协商，强化通勤运营服务功能

一是激励铁路部门制定更加优惠的月票制度。参考日本铁路的定期票政策，月票平均价格是正常票价的 4～5 折，同时增加更多种类的优惠次票、回程票等，满足多种通勤、通学和商务固定出行的需求。

二是与铁路部门协商，根据客流情况设定一定比例的、价格优惠的自由席和站票，可通过灵活的座席票制提升车座利用率。在保证乘客安全、舒适、便捷的基础上实现最大化运营收益。

三是做好城市与铁路的安检互认、换乘接驳等软硬件服务，与国铁合作制订城市快速轨道交通的联程优惠方案，如实施虚拟换乘等。

四是力促长距离铁路通勤成为一种轻松的出行方式。通勤列车可增设舒适便捷的办公单元和休闲环境，也可增设酒吧和电子娱乐区，用于满足通勤乘客在列车上工作和放松身心的需求。

综上，只要有合理的快速轨道交通廊道布局与运输组织方案，相关运营补贴、票制票价、换乘接驳、四网融合等配套措施得当，北京市定能实现分区域、差异化的人口调控和减量目标，同时实现非首都功能疏解并带动京津冀协同发展。

（二）地铁与市郊铁路一体化运营服务——虚拟换乘

截至 2020 年底，北京市共有市郊铁路 4 条，包括城市副中心线、S2 线、怀柔—密云线和通州—密云线。2020 年，北京市郊铁路运营里程新增 125.6 千米，达到 400 千米，站点总数为 24 座。其中，市域内有 23 座，全市轨道交通总里程达 1127 千米。北京市交通委员会数据显示，2020 年，全市 4 条市郊铁路共发送旅客 95.9 万人次，同比减少 61.2%。可见，北京市郊线路运输效率不高，发挥作用不强，没有为北京都市圈的发展提供相应的服务。

1. 轨道交通虚拟换乘在国内外的应用及可行性

（1）虚拟换乘的意义及其在国内外的应用

虚拟换乘，是指在同名车站或者相距较近的不同名车站，刷卡出站后再刷卡进站乘坐不同交通线路的情况下，票价可连续计算的一种换乘方式。虚拟换乘的技术要求相对简单，主要是闸机和后台的数据处理，但它能够科学合理地体现一体化出行按里程计费的便捷优势，也能实现有效培养客流、提高城市连通性和便利性的目的。

国内外一些大城市在多年前已经实施了轨道交通的虚拟换乘，东京、纽约、伦敦、巴黎、上海等城市都有各自虚拟换乘的特点和经验，极大地提升了轨道交通换乘效率。东京都市圈庞大的多层次轨道交通网络中，许多枢纽车站的市郊铁路与地铁，甚至与干线铁路之间也实现了虚拟换乘（武剑红、沈砾子，2017）。上海虹桥2号航站楼、上海火车站、上海虹口足球场等诸多车站也实现了30分钟内的虚拟换乘。

（2）北京市郊铁路与地铁虚拟换乘已具备条件

由于北京市地铁车站实施的是站内一站式换乘方式，不需要刷卡出站再进站换乘，所以很少涉及虚拟换乘的需求。但是随着北京市多层次轨道交通线路的增加，尤其是越来越多市郊铁路的开行，市郊铁路与地铁的换乘需求将会大量增加。目前，北京市郊铁路与地铁的换乘需求和票制票价方式已达到实施虚拟换乘的条件。

一是需求情况。截至2020年底，在同名车站或者市郊铁路与地铁的站与站之间1千米步行距离范围内，北京市有5条市郊铁路与8条地铁线路的14座车站具备跨线虚拟换乘能力。其中，市郊铁路换乘站7座，分别是北京北站、清河火车站、黄土店站、北京西站、北京站、顺义站、通州西站；对应的地铁换乘站也有7座，分别是西直门站、清河站、霍营站、北京西站、北京站、顺义石门站、通州北苑站。而且，未来的市郊铁路与地铁换乘车站也将有更大幅度的增加。

二是票制票价。目前北京市郊铁路与地铁分别采用系统内单独计价的方式。不过市郊铁路与地铁的计价方式是相同的，都是按照"起步+里程"

的方式，即6千米内起步3元，第二个6千米增加1元，32千米内每10千米增加1元，32千米后每20千米增加1元，统一的计价方式可以确保相互之间的虚拟换乘不需要进行更为复杂的票价计算，也不会带来不同轨道系统客票收入分割的争议，还能够较为简便地让乘客明确票价支出情况。从优惠方式上看，目前地铁与市郊铁路有合并的月支出累计阶梯折扣优惠政策，这为虚拟换乘的实施提供了便捷的执行条件。

2. 市郊铁路虚拟换乘的实施方案

市郊铁路与地铁虚拟换乘在同名车站或者相近车站需要先出一次闸机，再进入另一线路的闸机，同时可以规定换乘时间。

按照市郊线路展开方案，市郊副中心线在北京西站换乘地铁7号线和9号线、在北京站换乘地铁2号线；市郊S2线在黄土店站与霍营站换乘地铁8号线和13号线；计划开通的市郊东北环线将在黄土店站与霍营站换乘地铁8号线和13号线；市郊京承线在顺义站换乘步行距离约550米的地铁15号线，在通州西站换乘步行距离约850米的地铁八通线；市郊怀柔—密云线连接北京北站后在西直门站换乘地铁2号线、4号线和13号线三条线路，在清河站换乘地铁13号线。其中，西直门枢纽与黄土店枢纽将是拥有4条城市轨道交通的虚拟换乘车站，成为北京市城市轨道交通换乘线路最多的枢纽车站。

到2035年，北京市轨道交通运营里程将达到2500千米，届时将会出现大量的多制式轨道交通换乘枢纽，通过实施虚拟换乘，再结合市郊铁路与城市交通的硬件接驳条件，未来北京市郊铁路将有更为广阔的运输服务能力提升空间，也必将高质量地融入城市交通体系之中。因此，建议将实施市郊铁路与城市交通的虚拟换乘纳入北京市"十四五"规划和交通建设发展专项规划之中。

（三）案例：东北环线与"回天地区"轨道交通的治理与展望

1. 东北环线与"回天地区"轨道交通存在的短板

虽然北京市政府与铁路部门对东北环线铁路的城市开发利用已基本形成

一致意见，初期将实施简易开行，但是如果没有坚定的信念和有效的规划实施方案，将会降低该市郊线路的使用效率，并带来时间、土地方面的机会成本损失。目前该线路的利用主要存在复线较短、设站过少、接驳较差、南北割裂、配套不足等问题。

一是"回天地区"部分区段是单线，作为市郊通勤其运输能力会大大降低。如果在单线上硬性提高市郊运输发车频次，会出现车底浪费和场站停车服务费用增加的问题。

二是东北环线31千米的距离目前只能在"回天地区"12千米的跨度上设置黄土店一站，作为东北环线市郊线路的起点站，远远不能满足"回天地区"作为两个亚洲最大居住社区的通勤需求。

三是既有的市郊铁路黄土店站与地铁13号线和8号线接驳换乘距离较长，出行换乘体验较差，与其他城市交通方式，尤其是"回天地区"的微循环公交系统一体化运输服务融合较差。

四是东北环线对"回天地区"的南北割裂问题尤为严重，平交道口较多，立体化的轨道空中廊道缺失。很多居民需要穿越地下立交系统再上行进入轨道车站，影响了区域的通达和协同发展效率。

五是TOD开发与相关生活配套缺失。黄土店站上盖一体化开发进展较慢，其他地铁轨道车站没有实现高密度开发。对私人机动车和共享单车的停放点设计及管理配套较差，场站及周边开发密度较低。

2. 利用国铁东北环线进行改造的措施及展望

东北环线在"回天地区"几乎完全与地铁13号线并行，这决定了利用与改造方案具备一定优势和可行性，能够充分发挥东北环线的通勤价值，但也需要与铁路部门进行深度合作，与土地规划部门、交通部门、环保部门和昌平区政府进行充分沟通，实现"回天地区"东北环线的良性发展。

一是建议铁路部门尽快完成该线的全程复线改造，为未来的双复线升级改造预留空间。因为东北环线未来承担着北京北站、清河站、星火站、北京站、北京南站的联络线功能，随着京张高铁的开通，未来京沈高铁也对该联络线的高效使用提出了更高的要求，同时也能满足"回天地区"通勤的高密度发车运输需求，对双方都有很大的价值和意义。全程复线改造费用由铁路部门承担，未来的市郊铁路运输按照委托协议实施，由北京市政府支付线路使用等费用。

二是针对设站过少问题，要加强与铁路部门的沟通合作，在土地规划和环评方面取得突破。本着沿既有线路进行成本节约的开发原则，结合居住区密度分布及现有轨道交通网络结构，在"回天地区"规划增加龙泽站、黄土店站（现在的货运站）、建材城东路站、立水桥站四站。其中，龙泽站、建材城东路站和立水桥站三站属于结合既有地铁13A线和13B线的车站进行场站改造，再加上现有的黄土店站，12千米的"回天地区"范围内拥有5座市郊铁路站，在高密度的居住范围内能够实现平均2千米左右的站间距。既有的黄土店站位于地铁回龙观站与霍营站之间，距地铁回龙观站约800米距离，目前有少量货运、外放车底的功能。随着北京整体货运功能的外迁，以及它对周边居民造成的污染和干扰问题，可开发其客运功能以更好地为市郊铁路服务。另外，建议将始发站改为龙泽站，串联辐射回龙观西部区域。

三是优化多种方式接驳换乘服务，缩短与既有地铁站的接驳换乘距离，实现安检互认等服务融合。经改造的车站要尽可能实现与地铁站同台换乘功能，实现龙泽站与地铁13A线接驳，立水桥站与地铁13B线、5号线接驳，黄土店站与地铁8号线和13B线接驳。优化车站与周边社区、商业服务设施的微循环公交系统，实施早晚高峰与平峰机动灵活应对的运营方案。

四是"缝合"沿线南北区域，对"回天地区"铁路平交道口进行立体化改造；建设车站跨线空中封闭廊桥通道，尤其是在龙泽站、回龙观站、黄土店站三站可增加空中封闭人行廊道，减少社区立交桥下机动车与慢行交通的交叉数量，实现"回天地区"南北区域"缝合"目的。

五是强化接驳配套，提升TOD开发速度和质量，进行微中心建设规划。车站周边应配建立体化机动车停车楼，以及双层自行车和共享单车停放区域；在有条件的车站加入商业、服务业等业态，加快黄土店站的TOD改造速度，实现该枢纽的多线融合，打造市郊铁路站点一体化、站城一体化的TOD建设标杆。

六是实施快慢车相结合、以快车为主的运营模式。与平均速度为40千米/小时的地铁13号线相比，快车须具备1.5倍甚至2倍以上的速度优势；车辆、信号及基础设施改造标准要与其他轨道交通实现直通运营，互联互通功能相融合；建议加长加大站台，全东北环线实现10节以上的车厢停靠能力规划。

二 重大活动、事件的交通与城市融合发展

（一）疫情防控常态化下首都居民出行变化及建议

1. 疫情带给北京市民的出行变化及影响

（1）居民出行总量减少，交通企业压力增大

一是出行总量明显减少。从出行数据及北京市新冠肺炎疫情出现的新情况来看，未来1~2年，在疫情防控常态化的背景下，居民出行总量将会有明显的下降趋势。二是出行距离逐步缩短。百度地图数据显示，2020年3月北京返岗复工居民的平均通勤距离为9.9千米，较2018年的13.2千米缩短了25%。三是运输企业面临压力。城市出行总量减少、出行距离缩短，导致交通运输企业，尤其是公交企业和出租车企业的收入出现断崖式下滑，再加上运输责任主体在疫情防控方面的支出增加，交通运输行业将面临持续的经营压力。

（2）公交客运量大幅降低，出行安全要求更高

一是公交出行需求减少。疫情导致的各类出行需求减少是公交客运量大幅降低的主要原因，北京公交集团数据显示，截至2020年4月，地面公交客运量仅恢复至疫情前40%的水平。二是公交运输供给减少。由于疫情防控需要，北京市公交系统采取了部分线路停运、加大发车间隔、控制满载率等措施，地铁也采取了控制满载率等措施主动降低客运密度，减少了客运

量。三是出行安全要求更高。虽然居民出行需求减少，但对出行环境的疫情防控要求越来越高，尤其是公共交通乘客近距离接触、人员流动较大，要消除乘客在疫情期间对公交出行的担忧甚至恐慌心理，需要在诸多方面采取有效措施。

（3）私人小汽车出行增多，共享单车使用量占比提高

一是私人小汽车使用强度提升。出于对自身健康的保护，居民出行更多地选择私人小汽车，而且鼓励汽车消费、增加汽车摇号指标等政策的出台，也会助推市民形成首选私人小汽车出行的惯性。二是共享单车出行强度提升。由于共享单车能够保证出行者之间的社交距离，同时也是疫情期间安全、绿色、便捷、高效出行的交通方式，从而广受居民青睐。据美团统计，2020年3月初北京共享单车平均单次骑行时间为13.5分钟，平均单次骑行距离为2.38千米，比2020年1月同期分别提升了30.7%和69%，北京成为全国平均骑行距离最远的城市之一，也是用户骑行速度最快的城市。

（4）错峰出行需求增加，高峰拥堵持续存在

为防止人员聚集带来的疫情传播风险和交通拥堵，北京市政府及一些单位鼓励员工错峰上下班，这从某种意义上缓解了高峰期的交通压力。但是对于部分有刚性出行需求的市民来说，宁可承担一定的经济成本和时间成本也会使用私人小汽车出行，其中未限号出行的2020年3月23日和限号出行的2020年6月15日早高峰，北京全路网交通指数均达到了8.0的严重拥堵级别，随着复工复产的有序推进，未来的拥堵压力将继续增大，错峰出行与道路拥堵两种情况会持续共存一段时间。

2. 疫情防控常态化下居民出行对策建议

（1）利用新技术、新方法加大公交安全防护力度

一是继续加大公交的通风消毒力度。可利用传统方式及遥控紫外线等新技术对整车、车厢、扶手、座位、安检设备、自助售票设备、闸机等进行定时通风消杀工作。二是动态调整公交运输满载率限制。通过手机短信、车站指示牌和广播等方式引导控制乘客限流比例和乘车满载率，并提醒乘客之间保持1米以上距离。三是控制地铁乘客上下车流向。限制地铁车厢开门数量，

在有条件的情况下区分车厢上车与下车开门位置。四是在公交车站和地铁站加装人像识别与体温监测一体化电子设施，避免人员聚集，提高安检效率。五是在轨道交通有条件的线路尽快实现直通运营组织方式。尽快实施包括地铁1号线与八通线在内的直通运营方案，减少换乘带来的潜在交叉感染风险。

（2）引导私人小汽车错峰出行，鼓励乘坐新能源汽车，发展共享交通

一是通过停车错峰收费等方式引导私人小汽车协调出行时间和控制出行强度，适当放宽郊区私人小汽车出行限制。二是允许"3人以上合乘"的出租车在公交车专用道上行驶，提高交通资源利用效率。三是鼓励网约车、出租车企业提供更加环保节能的新能源车辆，增设更多新能源充电装置。四是通过摇号优先、购买补贴、置换补贴等方式提高新能源汽车比例。五是奖励共享单车企业提高共享单车使用周转率，安装电子围栏，同时制定规章，处罚乱停放行为。重新研究共享助力单车和共享电动自行车的投放及运营标准。

（3）完善慢行交通系统

一是增加慢行交通道路面积。将更多的道路空间重新分配给步行和自行车慢行交通系统，增加步道和自行车道的里程和宽度。二是利用新科技保持隔离距离。通过安装弹出式柔性塑料棒、光标识等轻度隔离措施实现车道快速转换为临时自行车道，使出行者的物理间隔保持在1～2米。三是做好交通信息标识系统。对于加宽的车道，应通过交通标志将道路布局变化告知行人、骑车人和司机，有条件的区域可采用电子信息牌显示交通提示信息。四是监测评估慢行交通系统。对慢行交通系统的试用措施进行定期评估研究，使其科学化、永久化。五是加快提升慢行交通系统的舒适性。在有条件的步道及自行车道两侧规划绿荫或加装顶棚，使慢行交通系统既保持独立，又能融入城市周围的景观环境。

（4）实现大数据等数字信息的智慧交通场景应用

一是抓住疫情防控契机布局交通大数据平台，建立实名制的个人交通出行记录系统，将个人乘车二维码与各种交通系统数据实现统一接口、信息交互共享。二是借助车联网数据、人工智能等技术，实现运营智能调度，提高公交系统的运转效率。三是利用大数据平台与交通出行类App等载体进行

互联互通，实现智慧出行的场景应用，提升用户体验。四是加快构建和推广"无人配送""无接触配送"的硬件网络和模式。五是通过以上方式加强对疫情防控期间交通出行信息和交通资源信息进行智慧整合，为交通运输的精细化管理奠定基础。

（二）冬奥会绿色低碳出行、碳中和方案研究

1. 奥运会"绿色交通"国际经验比较与借鉴

从近几届奥运会的举办情况来看，绿色奥运、绿色交通在具体实施上体现了合理利用资源与环境保护相结合的特点，通过总结往届奥运会在交通出行低碳减排、碳中和方面的经验（见表1），从中学习借鉴更有针对性的办法。

表1　近几届奥运会交通出行低碳减排、碳中和措施比较

年份	名称	具体交通出行环保措施
1996	亚特兰大奥运会	建设绿色节能的智能交通系统(ITS)
1998	长野冬奥会	冬奥高铁通勤(日均6万乘客);安装道路传感器;编制优先通行车辆交通信号程序
2000	悉尼奥运会	公交一票多用;成立专门的绿色交通管理机构
2002	盐湖城冬奥会	以交通需求管理为主引导出行;使用ITS系统
2004	雅典奥运会	以轨道交通为主增加交通供给
2006	都灵冬奥会	5万吨交通碳排放;在意大利投入节能和可再生能源项目进行碳中和
2008	北京奥运会	交通需求管理;更新清洁动力公交车;优化公交体系;物联网技术与绿色智能交通相结合
2010	温哥华冬奥会	氢动力车辆;场馆无观众停车区;创立"碳抵偿合作伙伴"赞助,抵消交通碳排放总计8万吨
2012	伦敦奥运会	自行车出行;氢能公共交通工具;缆车系统
2014	索契冬奥会	碳足迹测算,补偿奥运会举办以及观众和媒体代表航空旅行产生的碳排放共计16万吨
2016	里约热内卢奥运会	108万吨交通碳排放,捐赠碳信用、购买碳排放牌照
2018	平昌冬奥会	冬奥高铁;通过捐款购买49万吨交通碳排放;国际碳排放市场购买"核证减排量"

资料来源：根据公开资料整理。

综上，奥运会期间与观众交通出行相关的碳减排和碳中和措施主要有以下几类。一是交通智能引导，绿色奥运公交优先。二是制定临时政策，控制汽车出行总量。三是以轨道交通为主、其他配套交通为辅。如长野冬奥会和平昌冬奥会建设了高铁奥运线路。四是协同绿色组织，参与碳汇市场合作。五是成立专门机构，负责绿色交通管理。

2. 冬奥会观众出行碳中和具体活动建议

（1）制定创新性、多样化的出行碳普惠、碳交易措施

为激励个人参与碳中和行动，北京市交通委员会与相关企业合作推出了基于 MaaS 平台的个人绿色交通出行碳普惠活动，既可以促使出行者看到自己的碳足迹，又可以进行碳交易。参与该活动的出行者可以利用不同出行环节所节约的碳能量余额通过平台进行汇总，并由平台企业以打包碳交易的方式在北京市碳排放权交易市场实现兑换，从而获得相应的奖励（见图 1）。活动自上线以来，市民踊跃参与，形成了践行绿色出行的良好社会氛围。截至 2021 年 9 月 4 日，绿色出行碳普惠活动已有 1442.9 万人次参与，累计减少二氧化碳排放 4.6 万吨。

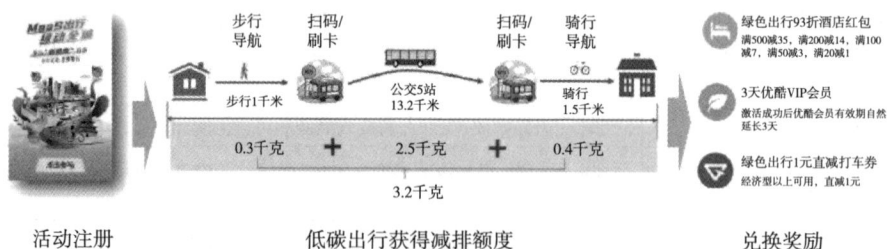

图 1　MaaS 碳普惠平台

资料来源：北京 MaaS 平台。

但该活动需要出行个体在网络企业平台进行注册，同时需要在出行环节进入"绿色出行"模块，这样导航目的地才能最终实现碳能量的计算积累。如何在冬奥会期间更好地发挥碳普惠活动的作用？这就需要简化平台手续，并优化、丰富碳交易市场中换购的奖励产品品种，增强兑

换吸引力。

（2）组织观众捐赠个性化树木的微型碳汇活动

除了官方计划的面积为 88 万亩的北京、河北生态保护绿化林的林业固碳和碳增汇工程之外，可委托企业开发基于冬奥会观众交通出行的"微型碳中和市场"系统，并将该模块植入微信、地图等软件中；也可设计并利用相关 App、微信公众号等工具发起"捐赠认领树木"的活动。活动可以在冬奥会之前开始，持续至冬奥会结束，先由组织方在以上客户终端展示可视化的树木品种及相应的捐助费用，出行者可以以个人、家庭、合伙等自愿捐款的方式单独捐款或者组合认领树木，组委会最终将这批捐赠的树木在划定的"北京冬奥会碳中和林场"进行种植养护。参与观众甚至可以对所捐赠的树木命名，增强了活动的趣味性，吸引观众踊跃参加。微型碳汇活动还可以提供其他种类丰富的环保产品供选择（见图2）。

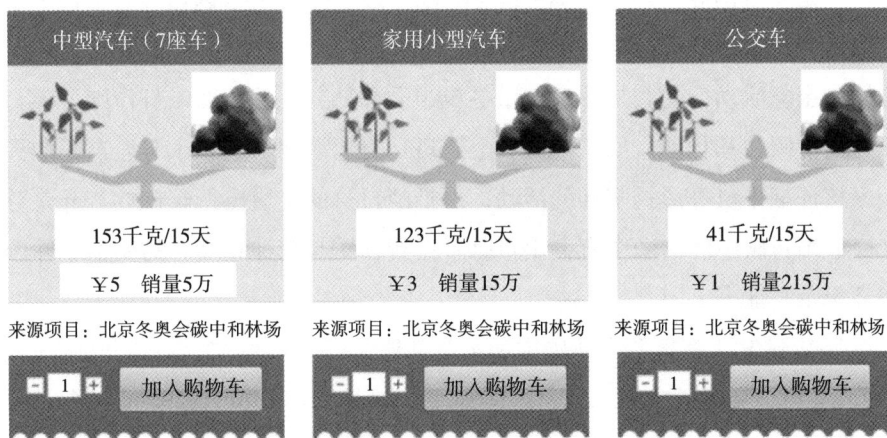

中型汽车（7座车）	家用小型汽车	公交车
153千克/15天	123千克/15天	41千克/15天
￥5　销量5万	￥3　销量15万	￥1　销量215万
来源项目：北京冬奥会碳中和林场	来源项目：北京冬奥会碳中和林场	来源项目：北京冬奥会碳中和林场
－ 1 ＋　加入购物车	－ 1 ＋　加入购物车	－ 1 ＋　加入购物车

图 2　微型碳汇活动

资料来源：北京冬奥会碳中和林场。

（3）发售"一票通"冬奥会低碳交通卡

冬奥会低碳交通卡是指专供冬奥会期间使用的、以市政交通卡为原型的一类特殊交通卡。冬奥会期间观众可凭此卡乘坐往返场馆、酒店和各景点间的公共交通工具，包括高铁、市郊铁路、地铁、公交等，并且使用此卡可以享受相应的折扣优惠。该卡在未充值情况下可定价 50~100 元，价格中包含已支付的冬奥会出行碳中和费用及额外的碳汇捐款。该卡的设计可进行编号发售，背面可供观众签名，记录绿色冬奥做出碳中和贡献的乘客名字，同时可在卡片的重要位置明示交通卡出售收入将用于冬奥会的各项碳减排和碳中和活动。此卡也具有收藏价值，可与"北京冬奥会环保形象大使签名"等活动结合发布，促进"一票通"的销售。

（4）推广绿色冬奥碳中和宣传、志愿者活动

一是主办方可以通过微信小程序等工具组织观众在出行途中和观赛前进行绿色冬奥碳中和相关知识的学习，并设置小测验和知识竞答等环节，在观赛结束后可以用答题结果换取相应的奖励。二是冬奥会观众可以接续宣传活动，如通过微信朋友圈将宣传海报等向家人、朋友普及碳中和知识，凭借宣传截图或者点赞数量等在地铁出站口和车站、赛场门口领取碳中和宣传纪念品。三是积极倡导"135"绿色低碳出行方式，即 1 千米以内步行，3 千米以内骑自行车，5 千米以内乘坐公共交通工具。四是组织引导观众进行环保志愿者服务活动，尤其是发动北京冬奥组委和部分机关干部以身作则，参与交通出行碳中和行动，如错峰公交上下班、奥运期间不开私家车、自愿购买国家核证减排量等形式多样的活动，以抵消自身的交通出行碳排放。五是对在交通出行碳中和活动中有突出贡献者进行物质与精神相结合的奖励，并颁发环保荣誉证书。

（5）建设"冬奥会交通碳中和示范基地"

"冬奥会交通碳中和示范基地"是一个对外宣传的窗口，也是一个对内展示教育的窗口。一是该基地可以有固定的场所，比如在几个主要会场内部和附近，或者在相关展览馆和公园中设置，也可以在流动的公交车辆、高铁、市郊列车和地铁上进行视频展示。二是该基地可以在国内和海外园区同步进行示范展示，尤其是在海外园区应注重"人类命运共同体"与冬奥会"碳中和"相结合的文化展示。三是可以邀请社会公众人物加入基地讲解志愿者的行列并加以宣传，扩大冬奥会碳中和工作的社会影响，提升社会各界及国际范围对低碳出行理念的接受程度。四是在部分有条件的基地组织开展

直观的碳捕获、碳封存活动，观众可以将自己的交通出行碳排放物进行压缩封存，未来可以随时通过参与绿色环保志愿者行动将自己封存的二氧化碳进行抵消。五是做好国际多种语言的基地布展与宣传方案示范，定期或不定期组织外宾及相关人士参观游览，冬奥会期间可分批次组织奥林匹克大家庭成员参观示范基地。

（6）加强国内外合作，优化交通碳中和管理职能

一是引入国际组织和第三方认证机构查验冬奥会交通出行的碳排放、碳中和规划与实施情况，积极与国际奥组委指定机构和国际公益性组织进行沟通合作。二是加强与国内企业协同合作，扶持国内绿色低碳交通企业和碳中和行业发展，鼓励相关企业向冬奥会捐赠碳排放配额、国家核证自愿减排量等。三是加强冬奥会绿色交通管理部门职能建设，尤其要强化北京、河北以及与铁路系统的协同合作关系，发挥北京市交通行业节能减排中心的积极作用，完善冬奥会碳减排与碳中和方案。四是冬奥会之后对于公众出行无法抵消的碳排放，政府应通过国际市场购买国际碳信用额度来实行兜底性碳中和，最终实现碳中和闭环。

以上计划可以组织形成专项行动方案，也可以提前进行尝试性实施与宣传引导，从而推动全市形成绿色办奥运的社会氛围，高质量完成北京冬奥会率先实现碳中和的目标。

（三）疫情防控常态化下跨区域轨道通勤应急管理——"北三县"通勤铁路应急预案建议

1. "北三县"的通勤需求及困难

（1）存续的通勤短板问题

2019年百度手机信令出行数据显示，北京市东部的通州、河北省的"北三县"方向，日常进入北京中心城区的通勤人口超过40万人，其中"北三县"跨市域通勤人口达到20万人，是目前离北京市最近且最大的市外通勤居住组团，占北京跨市域就业人口的比例在70%以上。但由于长期缺乏轨道交通规划建设，往返"北三县"的通勤人口中绝大多数需要乘坐

京冀公交汽车、网约车和私家车完成出行，途中需在京冀交界处完成进京安全检查，通勤出行的便捷性和可靠性较差，该通道方向也是北京最为拥堵的道路区段之一。

（2）疫情防控常态化下的通勤压力

疫情防控期间，除了既有的通勤不便和拥挤问题外，还需增加疫情防控检查，2020年1月第一周星期五，"北三县"进入北京中心城区的平均通勤时间为3.5小时，凌晨4点起床排队乘坐公交成为"北三县"通勤常态，极大地降低了通勤效率及出行幸福感和体验感。在2024年平谷市域快线和2022年京唐城际开通前，"北三县"通勤族仍需消耗大量的时间、体力、精力实现通勤目的，这势必继续带来该通道的拥堵和疫情防控压力。在疫情防控常态化背景下，面对未来不确定的疫情突发等相关事件，需要制订应急运输预案，防止出现过度聚集、交通事故、舆论舆情等意想不到的紧急性群体事件。

2. 制订"北三县"至北京的应急轨道通勤预案

（1）轨道通勤可选方案

据与铁路部门合作研究获悉，随着京沈高铁的开通，既有京哈铁路平图能力能够释放出20多对车次，其中北京连接"北三县"的京哈铁路平图能力能够释放出10对以上车次，为北京东部方向的运输通道腾出了一定空间。在此基础上，提前将未来规划的市郊副中心线东延方案进行部分实施，利用既有京哈铁路的燕郊站、大厂回族自治县站、三河市站作为应急运输通道的主要节点，每天可开行5～10对通勤班车。

（2）运营组织服务措施

运营组织方面有多种选择。一是早高峰可从三河市站和北京站发车，贯通市郊副中心线运营，可采取开行快慢车相结合方式，"北三县"三站全部停靠，快车直达北京站和北京西站，慢车站站停靠。二是开行区间车，根据客流情况，分别从"北三县"三站始发市郊列车，尤其要开行燕郊进入北京东站和北京站后折返列车。晚高峰可根据客流情况从北京西站和北京站发车，进入"北三县"后依次停靠三站。三是宜采用"不记名、不对座、有站票"等公交化运输组织方式,简化安检流程,检票时间应至少压缩到2分钟,可实施优惠周票、月票、季票等通勤票制。四是要做好应急通勤运输的接驳换乘预案,针对通勤防疫特点,在"北三县"车站与主要居住区之间规划好区间公交等多种接驳方式,增强出行"门到门"的通达性和吸引力。

(3)通勤运输防疫措施

轨道运输中的疫情防控主要通过进入车站的防疫检查措施来完成。每个车站设置防疫检查通道,通过电子测温、健康宝、身份证、居住证、工作证明、核酸检测报告电子化识别等快速化的检查方案来实现通勤运输服务的防疫需求。进入车站实施安检和疫情防控检查后,沿途及抵达目的地车站不再进行其他检查。

(4)体制机制协调方案

由北京市政府与河北省等地方政府出面,会商铁路部门,发挥京津冀交通一体化协同机构作用。可由京津冀交通一体化统筹协调小组负责,亦可由北京市郊专班统筹负责,京投集团、北京市交通委员会、疫情防控管理部门、"北三县"地方政府与北京铁路局沟通,京冀两地合作,租用铁路车底,签订委托运营服务协议,制订轨道通勤应急方案,尽快启动"北三县"通勤路地合作服务模式,制订应急管理方案,划分应急事件等级,保证特殊时期通勤通道畅通及疫情防控目标实现。

三 城市多种交通方式融合的体制机制创新

(一)京津冀交通一体化体制机制经验借鉴——日本、美国

1. 京津冀交通一体化发展成果及存在的体制机制问题

(1)管理机构职能薄弱

为了统筹协调京津冀交通一体化发展,我国已从中央到京津冀各地组成了四层级协调管理机构,并在执行层面建立了一套京津冀交通一体化联席会

议机制和互派工作人员的机制，轮流在三地开展京津冀交通一体化统筹协调小组联席会。

然而，具体开展工作的交通一体化协同机构层级较低，大部分挂靠在交通委（厅）的处室，缺乏足够的专职编制和三地合作的长效合作机制。管辖职能方面也不具备全面的管控能力，对交通全产业领域的协调管理功能，尤其是在铁路、航空和港口的协同决策方面不具有管理权限，更不能发挥主导职能。

（2）协同机制尚不完善

目前缺乏纵向层级和横向跨区域的有效沟通、管理、协作及监督机制，也缺乏铁路部门、社会资本等多主体之间合作共赢的激励机制。在交通一体化发展过程中，容易出现多主体各自为政的情况，主要体现在规划层面，可能出现土地与交通规划分离、铁路与城市规划分离、城市（省）与辖区规划分离等情况。为确保京津冀交通一体化的顺利推进，需要从机制角度对一体化发展模式进行改革创新。

2. 国外城市群、都市圈交通一体化发展的经验及启示

（1）日本东京都市圈：统筹协调交通与土地、城市与交通融合发展

作为全球区域交通一体化发展的典范，东京都市圈建造了世界上最发达的轨道交通网络，依托一系列体制机制，实现了城市与铁路等轨道交通网络的融合发展，为首都圈的一体化繁荣发展注入了源源不断的动力。

一是相关法律法规为东京都市圈的发展提供了保障。在二战前后的东京都市圈扩展时期，日本围绕都市圈国土资源和交通融合发展制定了多部法规，如《城市规划法》《土地区划整理法》《都市再生特别措施法》《宅铁法》《都市铁道便利化增进法》《首都圈整备法》等。这些顶层法律设计极大地保障了区域土地与交通的一体化开发效率，为区域日后的可持续和高质量发展提供了重要的保障。

二是由强有力的主管部门统筹管理。日本国土交通省在都市圈交通一体化发展过程中起到了重要的作用。日本国土交通省于2001年创立，由原来的运输省、建设省、国土厅及北海道开发厅四大行政机构合并而来，负责统

筹管理全国交通运输、国土整治开发利用等事宜。日本国土交通省下辖都市局、铁道局、国土开发厅等机构，都市局和铁道局合作协调，对土地开发建设、铁道建设等进行协同规划，共同参与（见图3）。日本国土交通省的职能实现了执行层面都市圈土地和交通的统一规划与协调，从而在顶层管理职能层面实现了外部协商成本的内部化。

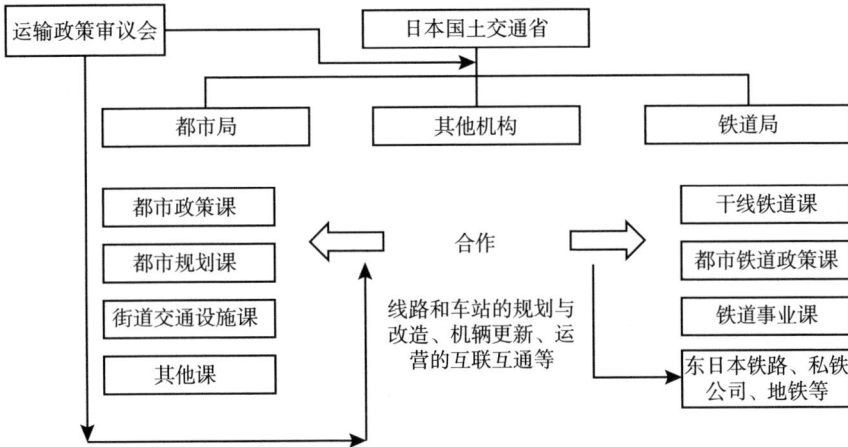

图3 日本交通运输管理体制

资料来源：根据公开资料整理。

三是拥有多层级、多主体组织结构的决策机构。日本于1955年设立运输省都市交通审议会，经过多年的发展变迁，20世纪70年代之后相关职能由运输政策审议会执行，负责决策都市圈和城市群的交通发展思路、方向与规划。审议会内部成员涉及主体范围广泛，该机构下设部门从上到下依次为专业分科会、部会、工作组及小委员会等，职能层次清晰。审议会通过构建多方面相关利益主体集思广益、沟通协调的平台，实现了政、商、学、民等各方利害平衡，有利于进行更加科学合理的决策，以及在后续的执行中更容易得到各方的支持与配合。其中，东京及周边地区都市铁道专门委员会于2014年专门设立，为东京首都圈铁路规划建设和发展提供了重要的体制机制保障。

（2）美国华盛顿大都市区：以首都都市区（圈）为单位的一体化区域治理

早在 1924 年，经美国国会批准，美国成立了联邦政府直属的国家首都规划委员会（NCPC），作为联邦和特区政府的中央规划机构。随后区域合作协同机构不断成立和发展，1960 年国会批准成立国家首都运输办事处（NCTA），1967 年根据《WMATA 州际协约法》转变为华盛顿大都市区交通运输管理局（WMATA）。

另外，主要的交通管理机构还有华盛顿大都市政府委员会（MWCOG）下属的国家首都区域交通规划委员会（TPB），MWCOG 成立于 1957 年，负责协调首都地区政府间的关系，委员会成员包括首都及附近地区的 24 个地方政府以及联邦政府官员和众参两院议员代表。MWCOG 下辖 4 个主要机构，其中一个就是主要负责区域交通协调和顾问相关工作的国家首都区域交通规划委员会。

①华盛顿大都市区交通运输管理局

华盛顿大都市区交通运输管理局是经美国国会批准的区域交通协同组织机构，属于政治团体和独立法人机构，同时具备公共管理职能与市场主体职能，是一个公私合营机构。该机构负责最大限度地利用各种交通方式为首都都市区服务，包括华盛顿大都市区的综合公共交通规划、建设和运营管理，同时也负责并主导该区域交通相关的开发、建设、融资和经营任务，它是华盛顿大都市区交通一体化发展管理职能和建设运营服务职能范围最大的机构。

华盛顿大都市区交通运输管理局的决策及管理层级清晰，各部门各司其职。其最高决策机关是董事会，董事由华盛顿哥伦比亚特区、马里兰州、弗吉尼亚州及联邦政府各任命 2 名正式董事和 2 名候补董事，满编共 16 人。董事一般由在各地担任交通、法律及社会发展相关部门主要职务的人员兼职担任，但不能从该机构领取薪资。董事会通过投票决定一些相关事项，而当涉及重大民生项目（如主要交通规划、票价调整等）时，则需要进行社会听证会与公示。华盛顿大都市区交通运输管理局下设总经理、其他官员、专项委员会以及各分委会。专项委员会主要包括执行委员会、财务与资产委员会、安全与运营委员会，内部职位可由董事交叉担任；分委会包括技术分委会、乘客咨询分委会、无障碍咨询分委会、审计调查分委会、基建规划和房产分委会、客户服务分委会等，主要由兼职的官员、学者、市民等组成（见图4）。

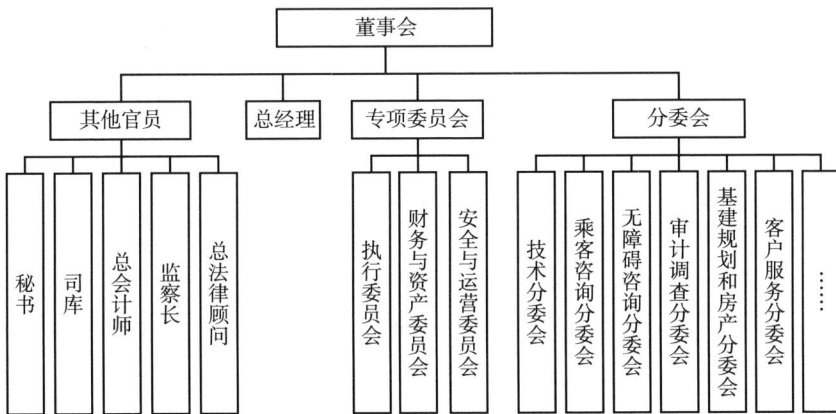

图 4 美国 WMATA 组织构成

资料来源：根据公开资料整理。

②国家首都区域交通规划委员会

国家首都区域交通规划委员会是联邦政府指定的华盛顿大都市区规划组织，隶属于华盛顿大都市区政府，属于政府公共咨询和法律技术服务机构。其主要职能是协调地方、州、地区和联邦之间的合作，提供区域交通政策框架协调机制并为交通决策提供一定的法律、数据和技术支持，更多地属于联络和顾问职能。

通过对日本东京都市圈和美国华盛顿大都市区交通一体化发展实践的简单梳理，可以从中找到一些共同点并得到可借鉴的经验。第一，顶层法规提供依据和保障。美国华盛顿大都市区交通一体化机构是通过国会法案批准设立的高级别机构，为这些机构履行对应职责、分工合作等提供了明确的依据，这些机构的日常运行都在一系列协议法案的规则下展开；日本东京都市圈以成熟的土地与交通一体化开发著称，当然也离不开大量相关法律法规的支持，在一体化开发管理机制方面同样也给予了制度上的充分保障。第二，管理机构职能稳定、层次分明。常设化的区域发展管理协调机构职能稳定，决策机构、各类事务管理机构层次分明，有利于突破地区间的行政壁垒，有计划地真正从区域一体化角度考虑问题，其中各机构的决策层一般是委员会或者董事会，但是都会常设一般的工作机构工作人员进行日常的运行管理。第三，注重多方协调合作。虽然各国、各区域管理体制形式多样，但都存在综合多方主体的协调合作机构和机制，参与者包括区域内各地政府、交通运输部门及企业、学术研究者和社会团体及民众等，综合各主体意见，兼顾多方利益，实现共赢，尤其是各地政府分别派出代表来行使议事和决策权。

3. 体制机制视角下京津冀一体化发展模式的构建

综合我国区域交通一体化现状及国际经验，从体制机制角度对京津冀交通一体化发展模式进行探索。

第一，制定顶层法律法规作为依据。目前京津冀交通一体化发展依据的多为指导性政策文件，缺乏专门的法律法规作为顶层制度和保障。京津冀协同发展需要从国家法治层面制定更有效力的法律法规。除了国家层面，地区层面也需要在国家相关法律法规的框架下建立区域性协同发展法规制度，使一体化发展有更明确的依据，并对相关协同发展主体进行分层次的赋权。

完善有效的顶层法律法规将在跨行政区域合作和社会多方合作中起到指导、约束、协调等正面作用，有助于解决目前遇到的大量难题，为京津冀交通一体化顺利发展打下坚实基础。

第二，设置以首都为核心的创新性管理机构。进一步完善相关管理协调机构体制，突出以首都为核心，学习日本东京和美国华盛顿的管理经验，确定首都的核心地位，并以"一核双翼"发挥跨区域、多方主体参与和协调的作用，将交通一体化的决策和执行落到实处。

京津冀地区可以成立类似华盛顿大都市区交通运输管理局的区域级交通规划、建设、运营管理的公私合营机构。该机构可以隶属于交通运输部，并由自然资源部协管，内部成员包括一定比例的官员、学者、民众和企业家，通过决策机构投票及社会听证会等形式进行决策，下设各类专项委员会和分委会，负责各方面具体政策的决策和执行，达到协同一致。该机构具有市场法人主体地位，可以进行充分的市场参与工作，也可以通过给第三方颁发公益事业从业证书或者特许经营等方式实现市场主体的参与行为。

同时，还可以学习日本设立类似运输政策审议会的机构，或学习美国成立类似国家首都区域交通规划委员会的机构。该机构可以直属于自然资源部或者交通运输部，内部成员同样包括社会多方主体。在机构内部形成有效的方案讨论和决议机制，为京津冀交通一体化战略规划和策略实施提供咨询和决策服务；理顺中央与地方、地方与地方、市场与社会、国家资本与民营资本等多主体、多领域之间的关系，从而达到自下而上推动、自上而下管理、各主体相互协商的目的。除此之外，可设置相关部门提供法律、信息、研究等方面的支持，助力决策更加科学可靠。

第三，建立多方协同合作机制。城市群交通一体化是一个需要多方协同合作、共同出力的过程，在一体化过程中不可避免地涉及多方利益协调。除了相关组织机构可以吸纳各方代表作为成员外，还需要有合适的激励、监督、评估等机制激发各方参与的主动性。

（二）创新组建北京主导的市（域）郊、城际铁路运营公司

可联合铁路部门并发挥京津冀交通一体化协同组织机构的作用，围绕以下方案，按照分阶段推进的办法，进行运营公司组织框架的搭建及功能设计。

1. 运营公司性质及股本构成建议

鉴于目前北京具有全国枢纽地位的特殊情况以及路市合作基础，即将成立的"北京市域轨道交通投资公司"作为投资平台公司应以投资规划建设职能为主，建议另行组建多主体合资的地方控股的铁路运营公司。原因如下：一是另行组建运营公司有利于激发主体活力、独立自主经营，可简化决策过程及评价机制，并能够采取市场化运营管理模式，更为重要的是未来能够灵活应对津冀及其他主体参与的股改工作；二是多主体

合资可以尽量保证投资平台公司的合作延续，激发关联正效应，保障投资、建设、运营一体化实施，多主体互惠互利，共同担责、合作共赢；三是未来能够拓展管辖范围外的铁路轨道交通运营市场，能够轻装上阵，顺利"走出去"，对其他地方的铁路运输进行市场化运营。在初期应当以中国铁路北京局集团有限公司与北京市的路地合资为主，可加入一定比例的民间资本、外资等，未来若涉及跨域城际线路，再进行融资股改为京津冀铁路运营公司。关键是政府要具有控股能力，北京市占股应至少为51%，整个公司总注册资本可以控制在 2 亿 ~ 5 亿元，北京市出资部分可由京投公司完成。

2. 自主运营职能及运营资质

公司组建后应陆续开展管理组织工作，可借鉴广东城际铁路运营公司自主招聘司乘人员、培育运营组织体系的经验，当前也可以整建制从国铁系统外包运营班组和管理人员等，运营公司职能还应当包括铁路运输通信服务、铁路调度、铁路运输管理服务、轨道交通设备维修养护服务、铁路旅客运输经营、铁路旅客运输站经营、铁路货物运输经营、城市配送运输服务等。在运营资质方面，应逐步申请铁路运营相关资质，如浙江轨道交通运营管理集团有限公司已申请并获得普通铁路运营资质，广东城际铁路运营公司已获得城际铁路运营资质。运营公司应首先申请普速铁路的运营组织管理资质，以对既有几条市郊铁路运营管理实现覆盖，同时加强公司职能建设，申请城际铁路和高速铁路运营资格。

3. 运营线路及分类运营规划

采用不同线路的分类运营管理模式。一是具备富余能力且线网独立性较强的非干线铁路运营应当尽早实现自主运营，如包括旅游功能在内的门大线和京门线实施运营工作。另外，良陈线与黄良线也可以作为该类线路的储备项目。二是针对以城市通勤功能为主的线路，包括 S2 线南段和东北环线，在实施通勤化改造后，仍需保留部分国铁运输任务，尤其是东北环线涉及市郊和国铁动车共用东星联络线及十字疏解区的情况，应当与国铁商议开行方案，运营公司可支付给 S2 线和东北环线项目公司一定的资源使用费。另外，针对跨城市郊列车，需要与津冀及铁路部门协调列车运营班次和补贴方案，做到因线施策、合理自主运营。三是其他目前不具备自主运营决策能力的线路，主要包括干线铁路，可在保证大长干线功能的基础上与铁路部门协商自主运营北京都市圈和京津冀范围内的区间列车，如京张高铁至张家口、延庆，京沪高铁、京九高铁至廊坊，京广高铁至涿州，京津城际至武清，京沈城际至怀柔、顺义、密云、兴隆西，以及京雄城际、京唐城际等区间线路。

（三）推动国铁部门积极主动为城市发展提供市郊铁路服务

利用国铁系统既有资源为我国城市交通提供市郊运输服务，是深化铁路供给侧结构性改革、形成国民经济新发展格局的重要途径。通过发挥国铁系统主动性，构建通勤化、大运量、快速度的轨道交通系统是我国新型城镇化高质量发展的迫切要求，也是完成国家综合立体交通网、实现交通强国发展目标的必要举措和途径。然而，目前国铁系统为城市市郊运输功能服务存在被动应对的现状，不能有效满足城市发展的需要。

1. 我国城镇化当前发展阶段需要市郊铁路的支撑

进入 21 世纪，我国城市空间半径逐步拓展，单一的地铁模式已不能满足半径在 30 千米以上的城市发展需求。另外，由于地方债等资金压力问题，耗资巨大的新建城市轨道项目会带来更多的财政风险。随着高速铁路的快速发展，我国部分城市铁路网出现了一定程度的运输富余能力，铁路系统完全可以利用部分闲置资源盘活国有资产，为城市乃至国家的经济社会发展做出一定的贡献，这对于铁路部门与城市双方来说，是一种双赢的结果。21 世纪以来，我国利用国铁系统资源运营市郊铁路为城市服务并不多见，其中北京 S2 线和上海金山线较为典型。2008 年为北京奥运会服务的北京 S2 线，旅客发送量在 2015 年达到最高的 309.9 万人次（见表 2），被誉为"开往春天的列车"。上海金山线利用既有铁路，通过在部分路段增建复线等措施，日均开行列车 36 对，2017 年日均游客发送量达 3 万人次。2020 年 7 月，上海又与国铁集团达成了关于市域铁路与既有铁路线路场站功能提升为城市交通服务的合作意向。

表2　2015~2020年北京市郊铁路运营状况

单位：万人次

指标	2015年	2016年	2017年	2018年	2019年	2020年
旅客发送量	309.9	280.5	185.9	165.4	246.9	95.9
其中:S2(延庆线)	309.9	280.5	185.8	146.8	198.6	22.0
S5(怀柔—密云线)	—	—	0.03	1.9	8.5	22.5
S1(城市副中心线)	—	—	0.07	16.7	39.8	46.0
通州—密云线						5.4
日均发送量	0.8	0.8	0.6	0.5	0.6	0.3
其中:S2(延庆线)	0.8	0.8	0.5	0.4	0.5	0.06
S5(怀柔—密云线)	—	—	0.03	0.005	0.02	0.07
S1(城市副中心线)	—	—	0.07	0.04	0.1	0.1
通州—密云线	—	—	—	—	—	0.03

资料来源：北京市交通委员会。

2. 国外利用国铁资源服务城市交通应用广泛

东京、巴黎、伦敦、纽约四大国际城市的市郊铁路客运量占整个城市轨道交通客运量的比重分别达到80%、44%、35%、11%。东京在20世纪70年代完成通勤"五方面作战计划"后，东京都市圈市郊铁路运营里程约2400千米，目前日均客流量达到3000万人次左右，五个方向的主要铁路公司内部平均盈利率在20世纪末已经超过8%，其中最著名的国铁山手线，联络东京都心和若干副都心，成为最赚钱的东京轨道之一。巴黎包括区域特快铁路（RER）及普通市郊铁路在内的总里程为1800千米左右，共有503座车站，其中巴黎都市区内平均站间距为3.3千米，形成"星状＋树枝状"的布局形态。伦敦市郊铁路里程更是达到3000千米，2015年伦敦仅市郊铁路的客运量就达9.35亿人次，占全国铁路客运总量的55%。纽约市郊铁路总长1632千米，其中市中心167千米、郊区1465千米，主要服务于近郊区80千米以内的都市圈。

3. 建立顶层体制机制，推动铁路部门与城市协同发展

加强铁路部门与城市协同发展的顶层设计，变铁路部门配合参与为主动探索。一是建议在交通运输部内成立运输政策审议会，赋予该第三方机构履

行市郊铁路服务城市交通的规划、评审职能；二是建议国铁部门主动制订地方城市的铁路既有线改造利用计划，并与城市部门协商为城市交通服务，由双方逐级上报省、国家交通管理部门审议；三是国家层面应尽快修订《铁路法》，制定并颁布类似日本的《土地区划整理法》《宅铁法》《都市铁道便利化增进法》等相关法律法规，为利用国铁服务城市减少阻力、提供便利；四是建议学习西班牙经验，由国铁集团发改部在地方派驻专门人员负责协调国铁与城市运输合作的市郊铁路发展事宜，参与制定地方市郊铁路发展规划并实施。

4. 强化市郊铁路城市服务功能，促进"四网融合"

部分城市铁路可进行简单的利旧改造，但是对于北京、上海等超大城市来说，需要攻坚克难，进行大规模的市郊铁路通勤化升级改造。一是增建复线、多复线。复线运能是单线运能的 4 倍左右，城市高密度功能区可考虑采用高架复线方案。二是增加支线、配线、越行线。扩大市郊铁路覆盖面积并完善主线功能，实现真正的大站快停和快慢车运营组织方式。三是增建及改造车站、缩短场站咽喉区，实施列控信号改造，提升发车频次和车底利用效率，压缩列车追踪时间，提高通勤服务能力。四是积极优化市郊铁路与城市轨道、铁路干线、城际铁路"四网融合"布局发展，实现"一张网、一张票、一串城"的"四网融合"目标，并为未来市郊铁路与城市轨道交通的跨线运营、直通运营等互联互通模式进行设计改造预留。

5. 鼓励市郊铁路实施多元化合作建设、经营模式

一是城市可通过购买国铁服务、作价入股及资产买断等网运分离方式积极推动与铁路部门进行多模式合作。铁路部门可与城市合股成立区域范围的市郊铁路运营管理公司，由多方共同合作来建设运营市郊铁路。二是做好与城市功能的融合。铁路部门主动接洽城市部门，优化市郊铁路沿线产业布局，改善站点环境，完善站点区域内的城市规划与配套功能实施方案，做好与城市交通在时间和空间上的接驳。三是调动各主体创新投融资模式。鼓励包括外资在内的各省市、区县、企业等资本参与市郊铁路的合作开发建设及运营管理工作，形成国铁、地方、民营资本共同参与的投融资合作机制，并

研究设立专项基金。

　　总之，发挥国铁部门主动性，首先要从国家层面出台法律法规、政策等约束规范，也要从地方层面建立与国铁部门的合作共赢体制机制，还要从社会层面形成多方共识，引导多主体共同参与国铁部门为城市市郊运输服务的全新格局。通过以上措施，变国铁部门被动应对为主动出击，全面高效地推动国铁部门投入我国都市圈和城市群发展的大时代中。

参考文献

　　荣朝和、罗江：《日本铁路"东京都市圈通勤五方面作战"转型服务启示研究》，《铁道运输与经济》2020 年第 3 期。
　　武剑红、沈砾子：《东京都市圈市郊铁路特点及对我国的启示》，《中国铁路》2017年第 9 期。

B.5
2020年北京市共享单车治理
与发展研究报告

摘　要：　随着共享经济的兴起和大数据时代的到来，共享单车成为城市公共交通系统的重要组成部分，但共享单车在更好地解决出行"最后一公里"，满足城市居民绿色出行需求的同时也带来了车辆乱停乱放、企业无序竞争和信息安全风险等负外部性问题，为解决这些问题，需要政府联合共享单车企业及社会公众联合治理，本报告对北京市共享单车的发展现状及存在问题进行分析，介绍了北京市共享单车治理情况，并提出促进共享单车治理的政策与路径。

关键词：　共享单车　绿色出行　交通治理

一　北京市共享单车的运营服务现状
及存在问题

（一）北京市共享单车运营服务现状

1. 共享单车市场投放运营服务情况

2016年初，随着摩拜、ofo等共享单车企业开始投放单车，北京进入共享单车时代，到2016年下半年，行业规模开始爆发式增长，各企业纷纷疯狂投放单车以获取市场份额，使得北京市共享单车数量供大于求，带来许多问题。北京市对共享单车的使用情况进行监测，监测结果显示共享单车月活跃度不到 50%，将近一半的共享单车未被使用。因此，政府应当联合企业协同治理，以促进共享单车使用效益最大化。为减轻共享单车超负荷压力，2018 年 8 月，北京市交通委发布了共享单车减量调控方案，开始规范北京市共享单车投放（见图 1）。

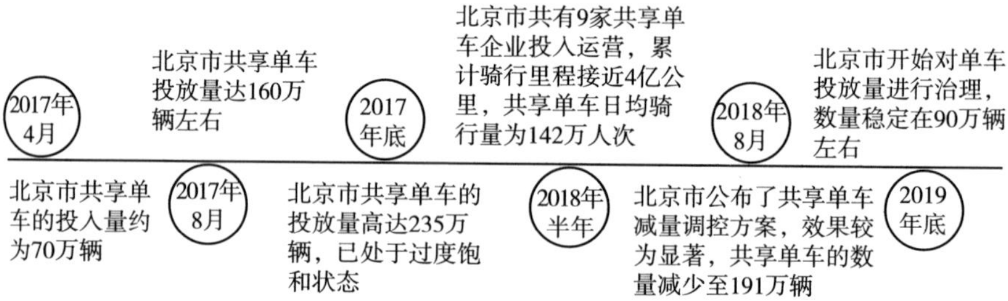

图 1 北京市共享单车发展规模时间轴

资料来源：此图由作者自行绘制，参考《北京市交通委关于互联网租赁自行车行业 2019 年下半年运营管理监督情况的公示》，北京市交通委员会网站，2020 年 2 月 24 日，http://jtw. beijing. gov. cn/xxgk/jttj/202002/t20200224_ 1667007. html。

到 2019 年下半年，北京市的共享单车企业共有 6 家，其中，北京梦想蜂连锁商业有限公司（便利蜂单车）、东峡大通（北京）管理咨询有限公司（ofo 单车）、北京摩拜科技有限公司（摩拜单车）、上海钧丰网络科技有限公司（哈啰单车）、杭州青奇科技有限公司（青桔单车）的车辆运营情况收录在北京市互联网租赁自行车监管与服务平台（以下简称平台），受各监督管理部门的考核与监督。

北京市依据《北京市非机动车管理条例》（以下简称《条例》）等相关规定，对 2019 年下半年共享单车行业的运营情况进行了公示，结果显示北京市共享单车日均骑行量为 127.2 万次，其中摩拜单车在日均骑行量和日均周转率方面均占据了较大的市场，摩拜、青桔和哈啰分别位列前三名（见表 1）。

表1　北京市共享单车 TOP5 日均骑行量及日均周转率

企业	日均骑行量(万次)	日均周转率(次/辆)
摩拜单车	83.9	2.4
青桔单车	34.8	2.0
哈啰单车	3.0	1.6
ofo 单车	5.4	0.2
便利蜂单车	0.1	0.1

资料来源：《北京市交通委关于互联网租赁自行车行业 2019 年下半年运营管理监督情况的公示》，北京市交通委员会网站，2020 年 2 月 24 日，http：//jtw. beijing. gov. cn/xxgk/jttj/202002/t20200224_ 1667007. html。

2. 共享单车市场投放服务区域情况

北京市交通拥堵情况严重，绝大多数上班族通常会选择"共享单车＋地铁"的出行方式，共享单车以短距离出行尤其是 2 千米以内的出行为主，并且多在地铁周边使用，从共享单车出行距离分布来看，500 ~ 800 米所占比例最高。

工作日 7：00 ~ 9：00 为早高峰，订单约占全天订单量的 22%，通行区域集中在海淀区、朝阳区等企业坐落较多的地区，且在地铁周边使用数量较多；晚高峰为 17：00 ~ 19：00，订单约占全天订单量的 19%，低于早高峰时段订单比例，通行区域却比早高峰时更加集中，主要集中在海淀区、朝阳区等区域的产业园区以及商业聚集区（见图2）。

3. 共享单车投放资金收取管理情况

2016 年共享单车刚兴起之时，共享单车企业如东峡大通（北京）管理咨询有限公司（ofo 单车）等均收取押金后用户才可以使用单车，用户的资金安全无法得到保护。因此，北京市交通委发布《交通运输新业态用户资金管理办法（试行）》，要求共享单车企业依法在工商注册地设立资金专用账户，鼓励免押金骑行方式。2019 年 11 月，北京市摩拜单车完成了资金专用账户的开设，到 2019 年 12 月，所有北京的用户均可免押金骑行。

4. 共享单车相关政策管理服务情况

针对当前共享单车在投放运营中及投放后维修出现的种种问题，政府出台了一系列政策维护市场稳定和共享单车的有序运营，不仅为企业主体营造

早高峰	晚高峰
集中分布在海淀区、朝阳区等主要居住地和工作地附近，且呈现明显的近地铁线路特征，如13号线上地—西二旗附近、10号线中关村—学院路附近、5号线大屯路东—和平西桥段、地铁1号线西段、地铁6号线东段、西直门周边和金融街周边	主要分布在海淀区、朝阳区、西城区的产业园区或商业聚集区，如泛CBD区域、金融街、上地软件园、中关村、学院路、公主坟周边等

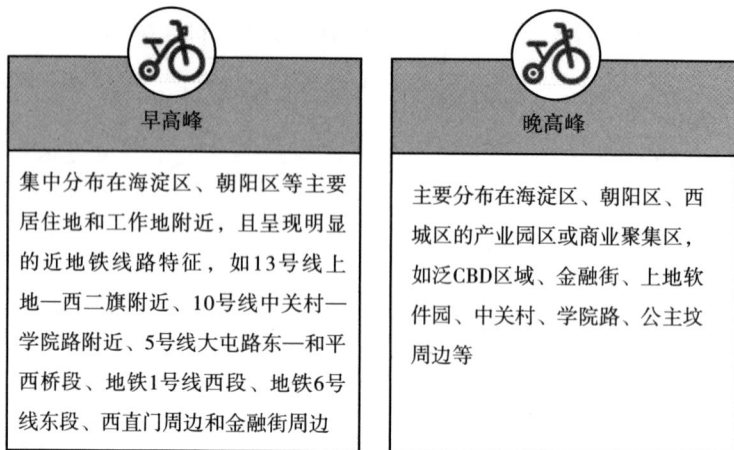

图2　北京市早晚高峰共享单车使用情况

资料来源：根据相关资料绘制。

了良好的市场氛围，也让城市居民在单车骑行中享受更多的便利。为规范共享单车企业的发展，2017年北京市出台了《北京市鼓励规范发展共享自行车的指导意见（试行）》，认为共享单车需要参与公共交通运输，促进公共交通发展（见图3）。

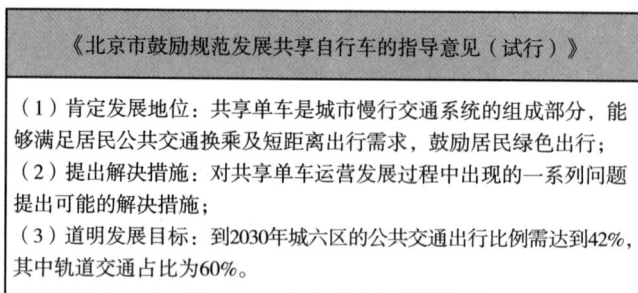

《北京市鼓励规范发展共享自行车的指导意见（试行）》
（1）肯定发展地位：共享单车是城市慢行交通系统的组成部分，能够满足居民公共交通换乘及短距离出行需求，鼓励居民绿色出行； （2）提出解决措施：对共享单车运营发展过程中出现的一系列问题提出可能的解决措施； （3）道明发展目标：到2030年城六区的公共交通出行比例需达到42%，其中轨道交通占比为60%。

图3　共享单车政策图示

（二）北京市共享单车存在的问题

1.政府部门

（1）规范缺位

目前北京市共享单车行业车辆运营规模大，车辆市场投放多，但活跃车辆较少，且单车乱停乱放、回收不及时等问题较多，影响了北京市的城市交通秩序。这些问题在行业发展初期并没有得到政府部门的关注，致使共享单车乱摆乱放现象突出，说明政府在共享单车规范管理方面存在缺位。

（2）机制不全

长期以来，市场中共享单车企业服务能力参差不齐，行业中过多的企业加剧了不良竞争，各企业疯狂融资扩张，却忽视了服务质量，政府没有建立相应的准入机制和评价体系，造成"企业进入门槛低、无序竞争问题大、运营服务能力低"这种恶性循环。

（3）监管不当

共享单车行业自 2016 年起飞速发展，这种企业主动提供公共服务和产品的方式没有先例，政府的监管政策跟不上共享单车行业的发展速度，且政府多采取保守策略，监督力度较小，助长了共享单车行业的不良风气。

2. 运营公司

（1）运营维护能力差

共享单车企业市场投放量大，但并没有设置足够的运维岗位，配备的共享单车维修护理人员较少，大大降低了单车的使用年限和使用效率。此外，共享单车维修不及时、不到位，存在许多安全隐患，致使交通事故频发，损害了用户利益。

（2）无视市场客观需求

共享单车企业为了扩大市场份额，采取恶意竞争的行为，缺乏对市场和用户的精准分析，导致部分地区单车过多投放于同一区域，这种"扭曲性供给"在地铁站和学校周边相当普遍，造成了资源的浪费。

（3）企业投资风险大

共享单车企业通过疯狂融资来扩大市场份额，以获取品牌的垄断能力，投入资本较多，单车的购买加工以及运营维修过程都花费较大，稍有不慎，共享单车企业就会面临破产威胁，同时也会给用户带来损失，造成行业市场混乱。

（4）用户监管程度低

用户在使用单车时，仅需扫码即可使用，随用随停，并没有标准判断用户的基本素养，有时也会造成单车设备损坏。目前没有对用户使用的过程进行监管，也无法对造成损坏的用户进行追责。

二 北京市共享单车治理

（一）政府在共享单车治理中的责任

以市场为主导的共享单车，是共享经济的典型代表，具有"准公共物品"属性。共享单车依托技术创新优势，削减了交易成本，但也存在着显著的负外部性，并带来严重的社会与城市交通问题，具体体现为无序投放停放、押金监管缺位、集中停放区车位紧缺、用户道德风险等问题。

规范共享单车运营管理的参与者主要有政府、企业和公众等多个利益相关者，其中，政府是规范共享单车企业运营的主体，身负引导、服务、监管三大责任，需要引导企业和公众参与到协同治理的框架中，并优化共享单车出行基础设施，为共享单车提供保障和治理措施（见表2）。

表2 政府在共享单车治理中的三方面主导责任

类别	责任内涵	政策方向
引导责任	多个主体与城市共享单车的运营息息相关，作为管理者的政府应发挥引导作用	鼓励企业和公众参与到协同治理框架构建中
服务责任	作为城市短途出行以及解决换乘接驳的重要补充形式，共享单车对道路资源配置与空间规划布局方面提出了更高要求	优化自行车出行的道路资源配置、完善站点停放区的空间布局
监管责任	共享单车所暴露出来的"公地危机"问题，单靠企业自身是无法解决的，还需要政府的介入和干预	政府管理部门应制定适合城市共享单车长期发展的管理细则，为城市自行车短途出行提供规章制度保障

资料来源：金晶、卞思佳：《基于利益相关者视角的城市共享单车协同治理路径选择——以江苏省南京市为例》，《城市发展研究》2018年第2期。

（二）北京市共享单车治理原则

自 2016 年 8 月 ofo 单车不再满足于校园而转向城市运营，到 2017 年 9 月摩拜单车进入北京，短时间内该行业飞速扩张，北京市内共计有 16 家企业运营，共计有 235 万辆单车被投放进市场。[①] 与此同时，共享自行车企业无序竞争、粗放经营、承租人乱停乱放等问题也逐步暴露出来，扰乱城市交通秩序，危害交通出行安全。对此，北京市交通委于 2017 年 9 月发布并实施《北京市鼓励规范发展共享自行车的指导意见（试行）》（以下简称《指导意见》），明确了北京市针对共享单车行业治理的原则，即"市级统筹、属地监管、行业自律、企业主责、承租人守法、多方共治、规范有序"的原则，并及时实施了一系列治理措施。

1. 市级统筹、属地监管

市级管理部门负责统筹协调，指导各区开展工作。各区政府结合属地实际，负责对共享自行车企业的监管工作。

在规划方面，制定共享单车发展规划，明确停放区和非停放区，建立监管与服务信息化平台，督促企业做好车辆信息接入；在设施建设方面，加强公共场所停放区设置和道路设施建设，完善城市慢行系统建设，改善自行车骑行环境；在计费押金方面，保障公民缴纳的押金安全，严格监管共享单车的计费标准与押金；在监督管理方面，对企业投放车辆质量不过关、威胁消费者个人信息安全、过量投放无序竞争等及时约谈查处，保障公民信息安全，维护城市交通秩序，确保行业良性有效竞争；在宣传引导方面，加大面向社会公众的宣传力度，倡导文明骑行，遵守规章，有序摆放。

2. 行业自律、企业主责

共享自行车运营企业承担投放车辆经营与管理的主体责任。

各企业应基于自身规模，在现有的经营能力允许的范围内，合理化、动

---

① 《我市上半年"共享单车"运行情况》，北京市交通委员会网站，2019 年 7 月 31 日，http：//jtw. beijing. gov. cn/xxgk/xwfbh/201912/t20191209_ 1007634. html。

态化地进行车辆投放，依据信息平台数据明确各区域车辆投放数量；制订经营维护计划，经营使用的车辆应符合安全标准，投放区域符合政府部门规章，应定期对共享单车进行专项质量检查和维护修理，及时清退质量不合规车辆，加强车辆停放秩序管理和运营调度管理。

在信息安全方面，积极协助完成监管与服务平台建设，做好车辆遵守国家网络和信息安全相关规定，落实和建立网络信息安全保障机制，完善网络安全防范措施，依法依规采集、使用和保护用户信息。

在资金信用方面，严格遵守政府要求，采取不收取押金的方式提供服务，或收取押金并开设专门账户做准备金，避免承租人退租时发生"挤兑"现象。

在退出机制方面，企业应建立完善合规的行业退出机制，对社会公众做好企业退出的公示，退还押金并回收车辆。

3. 承租人守法、多方共治、规范有序

《指导意见》指出，共享单车承租人应不破坏共享单车及停放设施，做到文明用车，不故意侵占毁损、安全骑行不打闹占道、有序停放不乱放，自觉维护环境秩序。

（三）北京市共享单车治理政策梳理

通过对北京市共享单车治理政策的梳理，大致可以将治理过程划分为两个阶段：萌芽阶段的鼓励发展政策和发展阶段的规范管理政策。

1. 共享单车萌芽阶段——鼓励发展

2016 年，市政府在对《北京市关于深化改革推进出租汽车行业健康发展的实施意见》等政策文件进行解读时明确表示要鼓励共享单车行业发展，进一步优化出行结构，提高出行服务水平（曹磊，2017）。

2017 年发布的《关于 2018 年小客车指标总量和配置比例的通告》指出，北京市为充分利用现有公共交通基础设施，发挥现有已建成地铁的网络化优势以及共享单车灵活机动的特性，与传统的地面公交结合起来，打造"地铁＋地面公交、共享单车、步行"多种方式相结合的绿色出行环境，不断加大公共交通供给，提高服务水平，优化地面公交线网，构建完善便捷的综合换乘体系。

由此可见，共享单车作为共享经济的重要组成方式，在北京市绿色公共交通体系的建立中发挥了不可或缺的作用，在萌芽阶段政府积极引导推动共享单车的发展，完善出行结构，丰富人民短途出行方式，提升公共出行服务水平。

2. 共享单车发展阶段——规范管理

（1）出台系列规范性文件

自 2017 年 9 月，北京市交通委为规范共享单车市场，出台了《共享自行车系统技术与服务规范》（以下简称《规范》）、《自行车停放区设置技术导则》（以下简称《导则》）、《北京市鼓励规范发展共享自行车的指导意见（试行）》等文件，随后又下发了《关于北京市暂不发展共享电动自行车的通知》和《关于暂停共享自行车新增投放的通知》，综合考虑城市实际情况，明确实施总量调整控制，且出于交通安全考虑，暂不发展电动自行车。此后又陆续下发了《共享自行车停放秩序管理标准（试行）》《关于进一步加强共享自行车停放秩序管理工作的通知》《关于加强本市共享自行车清理整治的通知》，进一步强化秩序管理（钮铂涵，2019）。

2018 年 9 月 28 日，为限制共享单车企业投放车辆总量，《北京市非机动车管理条例》明确提出单车投放具体数量需要符合交通行政主管部门的要求，接入平台的车辆信息需要具备实时性、完整性和准确性，另外，建立承租人信用管理制度，并明确违规行为对应的处罚措施，为政府履行监管职责提供法律依据。

2019 年，北京市交通委编制修订了《北京市互联网租赁自行车行业管理与考核办法（试行）》，适当调整企业运营服务质量信用考核指标，从运营服务、停放秩序、调度水平、服务投诉等方面进行综合评价，并将企业投放车辆的动、静态运营数据接入平台情况作为考核是否达标的一票否决项，对各共享自行车企业依考核等次进行排名，将之与企业投放共享单车规模挂钩（杨鹏，2020）。

此外，北京市交通委依据《交通运输新业态用户资金管理办法（试行）》相关规定，要求在京运营企业依法在工商注册所在地开立资金专用账户，鼓励实施免押金骑行,规范了押金、预付金管理。一系列文件的出台,为鼓励共享单车健康发展提供了全面的政策保障和规范引导,有力地推动了行业有序发展。

(2)限制增量、减量调控

为控制共享单车投放数量,2017年北京市西城区政府与两家共享单车企业进行约谈,明确要求企业在海淀区、西城区、石景山区等城区增加单车停放区的施划,禁止在长安街沿线的10条大街投放车辆(规范停放区会被标注在App地图中),开启禁停区设置的序幕。2017年5月,北京市城市管理委员会及北京市交通委员会就停车标识设置提出保证行人通行需求、不得擅自设置标识划设标线、未经审批不得设置垂直标识三点要求,联合约谈摩拜、ofo等10家共享单车企业。2017年9月,北京市交通委对市内正常运营的共享单车企业建立并完善了单车投放报告制度,将对共享单车的总量调控落到实处。截至2019年底,北京市共享单车总量逐步稳定在90万辆,相比于2017年9月的235万辆下降超六成,减量调控效果显著。

此后,北京在原有基础上,一方面进行增量限制,严格控制单车的投放,不允许企业以任何形式投放车辆;另一方面实行减量调控,对企业运营的服务水平进行定期的考核,并将考核结果与企业投放配额挂钩(王昊男,2018)。

(3)建设监管与服务平台

2017年7月3日,为便于政府对共享单车投放数量管理、调控,朝阳区试点首个共享单车公共电子围栏,并采用信用处罚方式进行管理,采用用户停车不规范则无法上锁、停止计费等措施,管控、规范用户停车行为(见图4)。

2018年9月28日,《北京市非机动车管理条例》明确提出限制共享单车企业向各区投放车辆的总量,具体投放数量需要符合交通行政主管部门的要求,并且要求企业接入北京市互联网租赁自行车监管与服务平台的车辆信息需要具备实时性、完整性和准确性,另外,建立承租人信用管理制度,并明确违规行为对应的处罚措施,为政府履行监管职责提供法律依据。

图4　共享单车电子围栏

资料来源：田艳军：《北京经开区服务业态"上新"，精准时空体系让城市"分毫不差"》，搜狐网，2021年5月26日，https://www.sohu.com/a/468680478_121106842。

2018年12月，平台建设完成并投入使用，平台囊括了采集车辆运行及动态位置信息、核查违规投放车辆、监测车辆停放秩序等功能。其中，运行监测子系统可以实时显示车辆位置分布、开关锁状态，在监控承租人停车行为的同时对企业的单车投放及使用效率进行有效分析。在停放管理方面，系统可以实现停放点位的可视化，监测停放区域的车辆数量以及入栏率，及时预警通知企业进行各区车辆的调度，保证车辆供求的动态平衡。在投放管理方面，通过检测跟踪车辆使用频次，将车辆情况汇总统计，为各区车辆投放提供数据支持以达到有效调控管理。

根据2019年8月发布的《关于互联网租赁自行车行业2019年上半年运营管理监督情况的公示》，平台监管数据为运营互联网租赁自行车的企业规范化经营提供重要数据支持。截至2019年6月底，北京市9家运营互联网租赁自行车的企业中，北京智享出行科技发展有限公司（智享出行）、上海趄趄智慧数据科技服务有限公司（趄趄单车）、北京骑骑智享科技发展有限公司（智享单车）和潮牌科技（北京）有限公司（潮牌单车）这4家企业的车辆不满足技术服务相关文件要求。经约谈前两者主动退出北京市场运营；潮牌单车在小范围区域作为游艺设施使用，不再上路运营；智享单车承诺整改以达到技术要求。而剩余 5 家企业，即北京摩拜科技有限公司（摩拜单车）、上海钧丰网络科技有限公司（哈啰单车）、杭州青奇科技有限公司（托管小蓝单车）、东峡大通（北京）管理咨询有限公司（ofo 单车）和北京梦想蜂连锁商业有限公司（便利蜂单车），其运营车辆均纳入平台受监督管理（北京市交通委员会，2019）。

此外，北京市各区进一步配置优化自行车出行所需的公共基础设施，结合慢行系统建设，合理推进公共电子围栏试点，为政府部门和共享单车企业提供区域内车辆运营的情况，方便各共享单车运营商了解这一区域的单车总体情况，避免出现大量共享单车集聚的现象。另外，按照《北京市互联网租赁自行车行业管理与考核办法（试行）》，北京市交通委员会会同各相关部门，依据企业接入平台的车辆信息和各区现场巡视核查情况进行考核，自2020 年起按月公示，进一步加强投放行为的治理。

（4）重点地区开展专项治理

2017 年 8 月，针对常营地区多个地铁站周边的共享单车拥堵现象，朝阳区城管执法局联合多个相关部门开展共享单车专项整治行动，清理整顿违规停放、废弃破损单车 400 多辆。

2019 年 5 月 13 日，北京市交通委员会对城市空间的公共区域开展更大规模的专项治理行动，针对违规投放、违规停放车辆和未及时回收的破损、废弃车辆进行整治，重点针对市中心如长安街及其延长线等城市交通主干道、二至四环城市环路及其辅路，三里屯、上地软件园重点景区商圈，轨道交通车站、公交车站、交通枢纽等交通场站及其周边等骑行量较大且问题较集中的区域，确保交通环境安全有序、市容环境干净整洁（裴剑飞，2019）。

此次车辆清理工作以企业自查为主，重点是回收清理不合规车辆，如在非停区域如行道、绿化带、桥下空间停放的车辆，占用城市公共空间资源的破损、废弃车辆，以及退市企业遗留未清退车辆。此外以各区相关部门现场巡查为辅，将问题点反馈给企业，对未回应清理行动的企业进行约谈并责令其尽快整改，对逾期不整改或整改效果不显著的企业采取通报批评以及减少投放配额的方式给予惩罚，严格整治违规单车过量投放和乱投放的行为。

在此次行动中，各共享单车运营企业平均每日派出2000名运营维护人员，500辆运营维护调度车辆，累计出动巡查人员达1500人次，整改问题点位1200余个，调度车辆近17万辆，回收破损、废弃车辆2万多辆，代清理车辆超过3万辆，取得了初步的治理成效。与此同时，北京市交通委会同相关部门约谈了滴滴出行等4家共享单车运营企业，责令企业限期整改，收回违规投放车辆，此外市交通执法总队依法对"哈啰出行"开出针对共享单车运营企业的首张罚单。

（5）加强宣传，引导公众有序停车

2017年4月，北京展览馆广场举行绿色骑行活动，活动中展览路街道发布了辖区80个共享单车停放点，标画彩色车道、张贴倡导标语，与共享单车企业如摩拜单车联合开展文明骑行相关活动，宣传倡导安全出行、文明出行。2017年5月，为确保未成年人也能安全正确地使用共享单车，东城区教委、东城区人民检察院、东城区交通委联合共享单车企业联合发起"共享单车文明使用"倡议书，宣传示范效应较好。

北京市街道城市管理部门也与多家停车管理公司合作，针对人流密集、车辆集中的重点区域，设置专职管理员，加大巡视及疏导力度，引导车辆停放并对乱停放的车辆及时整理。

（四）北京市共享单车治理特点及效果

1.北京市共享单车发展政策工具分析

在国内外专家学者对于政策工具的理论研究基础上，结合北京市共享单车发展历程中政府所使用的具体政策措施可将北京市鼓励和规范共享单车发展的政策工具划分为四类（见图5）。

（1）约束性政策工具方面

北京出台的《北京市鼓励规范发展共享自行车的指导意见（试行）》

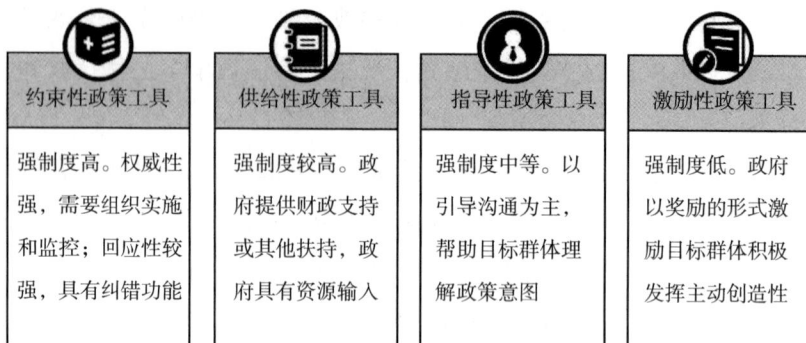

约束性政策工具	供给性政策工具	指导性政策工具	激励性政策工具
强制度高。权威性强，需要组织实施和监控；回应性较强，具有纠错功能	强制度较高。政府提供财政支持或其他扶持，政府具有资源输入	强制度中等。以引导沟通为主，帮助目标群体理解政策意图	强制度低。政府以奖励的形式激励目标群体积极发挥主动创造性

图5　政策工具类型一览

资料来源：根据相关资料绘制。

（以下简称《意见》）、《共享自行车系统技术与服务规范》（以下简称《规范》）和《自行车停放区设置技术导则》（以下简称《导则》）都充分体现了政策的约束作用。在共享单车投放总量控制、企业竞争以及车辆合规等方面都提出了相比于其他城市更严格的要求，如《意见》对车辆的监控做了严格的要求，要求企业向相关部门报备；《规范》从车辆卫星定位精准度和车辆质量合规上做了更加精细的规定，要求车辆卫星定位系统精度误差不能大于15米，以及5%以下的车辆损毁率；此外，基于种种因素，北京市明确不发展电动共享单车。

（2）供给性政策工具方面

北京市对共享单车发展秉持市场调节为主、政府干预为辅的方针，前期共享单车行业有宽松的发展环境，政府会给予财政支持，发展后期共享单车出现问题后，政府则会投入资源促进共享单车基础设施建设，具体包括独立自行车道的铺设、自行车停放区的配建以及维护保障配套设施建设的专项投资等。

（3）指导性政策工具方面

一方面，针对行业竞争，《意见》明确提出共享单车行业应增强行业自律管理水平，推动达成行业共识，形成行业公约，积极促成服务水平规范化，企业竞争公平化，避免恶性竞争；另一方面，政府提倡市民通过投诉举报违法行为等方式对共享单车进行"共治",倡导共享单车企业配合政府部门共同宣传文明使用、安全骑行、规范用车。

（4）激励性政策工具方面

除去考核评分的量化结果公示,北京市充分发挥特有的首都功能,针对出色完成社会服务保障工作的共享单车运营企业进行额外表彰嘉奖,有利于帮助企业扩大社会影响力,树立良好的企业形象。

这一系列政策对共享单车发展进入相对成熟阶段的大城市具有一定的借鉴性。

2. 北京市共享单车治理效果

为保证共享单车的正常运营秩序,北京采取了"多方共治"的方式,不断加强监管力度,一方面及时更新相关政策规范;另一方面对违反法律法规的行为进行惩处。企业严格落实各项政策,服从管理,加强自身运营服务能力。用户自觉遵守用车、骑行规则,保证自身安全。在政府主导下,实现以共享单车企业为主体的多方治理模式。

通过以上模式,北京共享单车治理取得了一定的成效,具体有以下三点。

（1）共享单车停车区从无到有

共享单车尚未出现时,北京仅在地铁口、公交车站等人口流通量大的地方建设机动车停车区,并未对共享单车设置专门的停放区域,在共享单车开始发展并出现停放问题后,政府在交通枢纽附近设置了供共享单车使用的停车区,规整了共享单车的停放。

（2）共享单车企业减少投放量

在共享单车发展初期,各企业为争夺市场份额,纷纷过度投放单车,导致大量公共土地资源被占用,交通枢纽附近尤其严重,因此北京严格限制了共享单车的投放量,北京共享单车数量由2017年的235万辆减少到2020年初的90万辆,共享单车投放量大幅减少。

（3）枢纽路口乱停放现象得到改善

共享单车刚兴起时,由于管制较差,随处可见乱停乱放的车辆,政府注意到此问题后，在下班高峰期加派了协管员，协管员会引导用户将车辆停入停车区并有序摆放。此外，相关部门还设立了专职管理员，巡查乱停乱放车辆并定期开展联合清理行动，及时清理"僵尸车"，改变交通枢纽路口乱停乱放的现象。

（五）北京市共享单车治理中的问题

1. 政策性文件不够细化

虽然北京市制定了《意见》、《规范》和《导则》三个政策性文件，并审议通过了《北京市互联网租赁自行车行业管理与考核办法》（以下简称《办法》）来规范共享单车的停放，但这些措施都过于笼统，不利于具体落实执行。拿路权问题来说，政策对这一问题缺乏详细的规定，有些非机动车道与公交车站点重合，且车道狭窄，政策并未对这些问题提供解决办法，导致共享单车行驶不便。

2. 缺乏专门的治理部门

针对共享单车的停放问题，北京并没有设立专门的监管部门进行治理，需要多部门交叉管理，例如，共享单车的停车设施规划需要由交通行政部门制定，审核需要通过住房城乡建设部门，实际停放需要由城市和交通管理部门进行指导，很容易出现职责边界模糊、相互推诿责任的现象，在监管的过程中易出现矛盾，致使监管效率低下，不利于共享单车的有效治理。

3. 基础设施资金投入不足

对基础设施资金投入不足主要体现在停车位数量建设不足、分布不合理上。许多交通枢纽附近未规划共享单车停车位，使得用户找不到停车位，将单车在路边随处停放，随意占用公共土地资源，造成人车交织的现象，容易引发交通堵塞。此外，还存在停车位分布不合理的现象，可能停车位离交通枢纽较远，或者仅在道路一侧设置停车位，这都会影响用户的使用体验。

4.单车投放布局监管不力

目前政府对单车投放区域的监管力度小，而企业以营利为目的，导致有些交通枢纽附近单车投放过多，比如地铁口，虽然这些地方人口流通量大，但单车的投放量远高于人口流通所需的车辆，马路一侧停满了单车，浪费了大量资源，而周转的单车停在最外面，有些会占用车道，影响车辆通行，引发交通堵塞。有些区域单车投放量过少，比如离街道较远的小区，自新冠肺炎疫情出现以来小区内不允许停放共享单车，致使居民使用单车时需走很远，即便小区门口有规划的停车区，也很少会有共享单车停放，因为企业并不会在这些人口流通量小的地方投放单车。

（六）小结

本部分针对北京市共享单车的治理分五点进行了详细介绍。

（1）明确政府治理责任。提出政府在共享单车治理中需要承担引导、服务、监管三方面的责任，并对各方面的政策方向进行总结。

（2）治理原则。北京市在对共享单车的治理过程中始终秉承着"市级统筹、属地监管、行业自律、企业主责、承租人守法、多方共治、规范有序"的原则。

（3）治理政策梳理。北京市对共享单车的治理分为初期鼓励与后期规范两个阶段，在规范治理中，采用了出台系列政策、总量调控、建设监管与服务平台、专项治理、宣传引导等措施。

（4）治理特点及效果。将北京市对共享单车的治理手段分为约束、供给、指导、激励四种工具详细分析，目前已取得了停车区增加、投放企业得到控制、停放秩序得到改善等显著效果。

（5）治理中仍存在的问题。虽然一系列政策措施取得了不错的成效，但目前仍存在政策性文件不够细化、缺乏专门的治理负责部门、基础设施资金投入不足等问题。

对共享单车的治理任重而道远，针对当前存在的问题，北京仍需广纳社会各界意见，多措并举。

三 加强治理，提高共享单车运营服务 效率的政策与路径

（一）约束用户行为，加强承租管理

用户是共享单车骑行的主体，如果单车的实际承租人规范自身行为，能够文明使用共享单车、骑行中遵守城市交通管理法规、结束骑行时规范停车，那么共享单车带来的负外部性问题将大大减少。个人的理性选择会导致集体的非理性选择，并且用户追求效用最大化，这就造成了没有监管时越来越多的个体用户出现无序停放、上锁私用、故意损毁等行为，使得共享单车损坏概率变大，影响市内交通和市容市貌。所以需要对用户行为进行有效约束，加强对用户行为的管理。

1. 实名信息认证，追溯用户责任

2017 年 8 月 2 日，交通运输部等 10 部门联合出台了《关于鼓励和规范互联网租赁自行车发展的指导意见》，要求用户注册使用实行实名制管理并签订服务协议。《北京市鼓励规范发展共享自行车的指导意见（试行）》中明确了政府、企业和承租人的责任，要求承租人做到文明用车、安全骑行、有序停放，自觉维护环境秩序。实名信息认证方便对用户进行管理，让承租人承担起相应责任。北京市已经在实名认证的路上迈出一步，但是在追溯用户责任方面仍有待提高。只有明确区分出承担责任的收益和不承担责任的损失时，用户才会选择积极承担文明用车责任。

2. 设立奖惩机制，加大对违规行为的惩处力度

共享单车的使用存在很多问题，与违规成本太低、监管不力、惩处力度不大有着密切关系，各部门应该设立统一奖惩机制，并且加大对违规行为的惩处力度。对于违规行为，首先，相关部门可以对其处以高额罚金。荷兰、美国和法国在共享单车出现的早期，也存在各种问题，荷兰政府对非法停车罚款 26 欧元，美国对共享单车的偷盗行为最高处以 1200 美元罚款，法国则

对偷盗和损毁共享单车的行为处以刑事处罚。高额的罚金和严厉的处罚措施使用户面临较高的违规成本，用户就会规范自己的行为。其次，可以参考对机动车违规行为的管理措施，建立共享单车用户信用评分体系，比如满分6分，违规停车扣2分，骑行过程中意外损坏扣1分，上锁私用扣3分，被其他用户举报扣2分等。如果信用评分小于0，则不能再作为承租人使用共享单车；相关部门提供信用修复机会，需要依法纠正其失信行为、消除不利影响的，信用评分过低的用户可以去相关部门缴费，以高额罚金或义务劳动等形式换取信用评分；如果一年内换取次数超过3次，则永久取消共享单车承租权利。政府对良好的承租共享单车行为进行鼓励，可以设立专门账户对用户进行补贴，对于规范使用共享单车、积极承担相应责任的承租人，累计3次规范用车、遵守秩序，可获取一个信用评分，或者可获得一次免费骑行抵扣券或可提现小额红包等。同时对长时间维持良好运营秩序的企业进行补贴奖励，这样可以鼓励企业规范共享单车的运营管理，加大对不文明行为的监督力度，充分调动企业的积极性，使企业为共享单车规范发展献计献策，避免无序竞争。

3. 加强宣传教育引导，提升公众自觉规范使用共享单车意识

政府应指导和监督企业加大各种宣传力度。一是积极推动线下宣传，在交通干道、城市繁华地区、社区的大型投影设备上播放宣传广告，招募志愿者发放传单进行宣传；交通部门可以联合共享单车企业进行案例宣讲、现场普法讲座等活动。二是充分利用媒体资源进行线上宣传，通过微博、公众号等自媒体平台推出共享单车承租规范专题纪录片、专题访谈等，提升公众自觉规范使用共享单车意识。三是开展舆论监督工作，加大对不文明行为的曝光力度，按"属地监管"原则分区治理，引导公众行为。

（二）强化行业监督，促进平台建设

在共享单车的治理中，政府可以利用现代化技术和资源，建立信息共享平台，解决各企业间、企业与政府间用户数据信息不互通的问题。具体

来说，政府可以人民银行征信系统平台为基础，构建分享经济征信的子系统，建立征信信息共享平台、管理信息共享平台和支付共享平台。政府采取强制性准入措施使各个企业加入信息共享平台，征信信息共享平台可以使各企业间共享信用数据，加强对用户的软约束。管理信息共享平台首先可以实现共享单车企业间的技术交流、知识更新，利用大数据进行统计分析，准确便捷地掌握用户的出行数据；其次可以让政府更好地了解市场情况，便于政府针对共享单车进行合理布局及投放总量控制，避免企业出现过量投放行为；最后也可以发挥全社会的监督效应，使各个主体都能够参与其中进行监督。政府还可以打造一个与城市内公共交通相连接的支付共享平台，促进城市内部公共交通的融合发展，为解决"最后一公里"问题提供便利条件。

1. 促进征信信息共享平台建设

国内信用体系不健全、信用数据碎片化、各类行政管理征信难以与平台企业实现有效对接，在很大程度上制约了共享单车等共享经济的发展。2014年6月14日，《社会信用体系建设规划纲要（2014—2020年)》正式发布实施，提出建立行业信用信息数据库，加快推进行业间信用信息互联互通。目前共享单车各企业有自己一套独立的信用系统，比如摩拜单车的摩范分，还有芝麻信用在哈啰单车上的应用，但是目前征信体系并不完善，信用数据是独立的，未能实现共享。在征信信息共享平台中，所有用户的信用信息将被上传，每个共享单车企业都可以掌握用户的信用情况，上述提到的参考机动车扣分管理规定的信用体系将可以由企业内部扩展到行业间，形成行业间统一的规范和标准。用户的违规信息将被同步，一旦用户在某个共享单车品牌信用体系评分为0，即意味着在整个平台中该用户的信用评分为0，该用户在进行信用修复之前将无法使用任何品牌的共享单车。美国的共享单车注册是与用户个人实名信用卡绑定的，该信用体系的覆盖程度不限于共享单车行业，还涉及生活消费中的方方面面。北京也可以更进一步拓展征信平台的应用范围，与购物、借贷等日常行为相关联，推动形成社会信用大格局，促使用户形成良好的用车习惯。

2. 促进管理信息共享平台建设

第一，管理信息共享平台中公布用户的骑行行为与运动轨迹的大数据，以及各共享单车公司的运营维护人员数量和地点。通过用户骑行行为的数据，企业和政府可以对用户进行奖励或惩处，信息管理平台也保存了违规记录，这也是对用户不文明承租行为的有力约束。根据运动轨迹分析共享单车的出行特点，政府可以规划共享单车的空间布局，并且可以联合地铁和公交线路规划城市交通网络。通过平台上共享各公司的运营维护人员情况，企业或政府可以提高协作效率，避免一处人员冗杂，另一处无人管理和维护的情况发生。第二，政府公布共享单车管制政策，并接受市民监督。第三，该平台可以专门设立公众留言区，公众可以在此区畅所欲言，可以发表骑行体验和道路信息，也可以为治理共享单车和实现更好的交通规划提出自己的建议和看法。公众发布骑行体验既有利于共享单车企业内部自查，也有利于借鉴学习其他企业的优点，改进服务。每个人都有机会对共享单车治理提出建议，集百家之言，听各种声音，制定出普惠大众的政策及指导意见。

3. 完善支付共享平台建设

目前北京市交通系统支付方式日趋多样化，乘坐公交车可以使用支付宝扫码支付，地铁站内可以购买一次性地铁卡，同时还有预付卡体系方便人们长期使用，"北京市政交通一卡通"是一种智能卡片，连接了北京市地铁和公交的支付，刷卡便可实现乘坐地铁或公交出行的需求。参考日本的 FeliCa 智能卡与手机钱包共用的管理体系，政府可以积极推进"北京市政交通一卡通"升级为公共交通支付共享平台，使一卡通的预存不仅可以用于公交和地铁出行，也可以用于对承租共享单车进行支付。首先转变为实名注册制，老用户完成实名认证，新用户须实名以后方可注册。其次，加强一卡通与共享单车企业的合作。2018 年 5 月 21 日，"北京市政交通一卡通"与 ofo 小黄车达成战略合作，ofo 小黄车支持一卡通的 NFC 智能锁。ofo 小黄车虽然现在已退出共享单车市场，但其在促进城市交通一体化方面迈出了重要一步，政府可以鼓励一卡通与共享单车行业达成合作，学习 ofo 经验，在原来的基础上加以改进，支持各个品牌共享单车加入支付共享平台，实现将一卡通放置在共享单车的感应识别区，即可实现开锁，骑行结束后直接从一卡通的预付钱包中扣除掉本次骑行费用。对于企业来说，因为是实名信息认证，本次骑行信息将被上传到征信信息平台，完成一次完整的信息追溯。对于用户来说，打造一个互联互通的支付平台，此平台中预付账款应用的范围覆盖面越广，用户的出行就越便捷。对政府来说，通过此平台有利于实现交通一体化，完善城市建设。

（三）政府联合企业，规范行业秩序

截至 2019 年 8 月，在京运营的共享单车企业共有 9 家，其中常见的有青桔单车、摩拜单车以及哈啰单车，智享单车承诺于 2019 年 8 月 15 日前完成整改，潮牌单车承诺不再上路运营，仅在在昌平区东小口森林公园、怀柔区鹅和鸭农庄内作游艺设施，智享出行、赳赳单车两家企业 2019 年 8 月主动退出市场运营。很多自身条件达不到要求的共享单车企业在北京的运营只是昙花一现，当前北京市共享单车运营现状的改善必须依靠企业运营理念的改变，因此针对北京市共享单车存在的治理问题及难点，我们对共享单车运营企业提出以下建议。

1. 按需精准投放共享单车，明确共享单车停放标准

当前北京市共享单车区域内投放数量与用户需求严重不匹配，北京市交通委发布的数据显示，2019 年上半年，北京全市共享单车日均骑行量为 160.4 万次，每天使用次数平均仅为 1.1 次，车辆投放总量严重过剩。以海淀区学院南路中央财经大学周边为例，学校距离最近的地铁站——大钟寺地铁站约 1.3 千米，是对步行来说相对较远、乘坐公共巴士相对较近的一段距离，此时如有共享单车即可发挥其解决"最后一公里"问题的功效，但周边共享单车投放数量有限，经常是"一车难求"，这凸显了共享单车的投放问题，共享单车企业应当充分利用大数据技术，摸清市场上单车使用情况，精准迎合市场需求，设定个性化的服务。地铁换乘站西直门及其周边作为重要的交通枢纽和重点商圈，人流量巨大，路边停放的车辆冗杂，包括有桩、

无桩共享单车，私人自行车、电动车以及少量三轮车等，这些车辆的无序堆积给在地铁西直门公交车站下车需要过马路转乘地铁的乘客带来了不少的麻烦，尽管2017年就已经划定1.5米共享单车文明停车线，但此类问题并没有得到解决，而且此类现象在其他交通枢纽站点也很常见，对此政府应积极引导宣传，设定共享单车专门停放场所，与企业奖惩平台对接，倡导不占道、不违停等文明有序停放车辆行为；同时，在很多沿街商家门前也存在严重的共享单车乱停乱放现象，对此可以推出商家"门前三包"制度，推进运营企业与商家合作，企业根据自身掌握的共享单车出行数据，与商家地理位置进行拟合，将用户行为习惯信息提供给商家，同时商家负责治理自家门前共享单车无序停放问题，达到互利共赢。

2. 提高清理效率，有效接驳公共交通

面对北京城市交通拥堵问题，很多出行市民会选择身形灵巧的共享单车作为短途出行工具，这就导致早晚高峰期间大量共享单车堆放在地铁口、天桥口等通道入口，严重阻碍公共交通，而目前的清理效率远跟不上地铁站巨大的客流量带来的车辆堆积，因此有关单车企业应加大高峰期车辆清理力度，提高单车使用效率。2019年9月北京市交通委发布的共享单车新政配套文件——《共享自行车系统技术与服务规范》中就已经明确为保障共享自行车停放秩序及调度需求，应满足相应的人员配置要求，包括共享自行车运营企业应配置车辆维护人员、维修人员和调度人员，并指出为解决大客流地铁站因为潮汐现象带来的车辆淤积问题，交通枢纽等重点区域应采用电子围栏与人工管理相结合方式。因此运营企业可在工作日早晚高峰期定点增派调度人员加速车辆清理调度，采用效仿日本模式的升降式单车自动清理设备，用户只需要停放在清理区域，机器即可自动清理至地下然后由工作人员统一调度。同时，企业可以利用价格杠杆对此类现象进行调节，利用共享单车精准的GPS定位系统，在高峰时段内停车地点离地铁口越近，收费则越高，从而达到减轻地铁口拥挤压力的目的。

3. 设立维修服务站点，推动废旧单车循环再利用

2017年9月，北京市交通委提出共享单车使用周期为3年，投放使用3

年应更新或报废。共享单车由于常年在路面上为公众提供服务，并且受风吹、日晒、雨淋等天气环境影响，加上用户对公共物品不爱惜及暴力清理等因素，大量的共享单车演变为问题车辆而无人问津，久而久之这些"僵尸车"沦为城市垃圾，不仅造成资源浪费，也严重影响市容市貌。针对此类问题，对于轻微问题车辆，鼓励企业自主设立维修服务站点，及时修复，加长单车使用寿命，减缓共享单车报废速度，从而减少共享单车企业投放数量，减低成本。具体措施如下：一是鼓励企业设立固定维修场所，并在社会上招募共享单车专门维修技术工人，帮助企业解决后期维护问题；二是可以设立流动车辆维修站点，用户发现问题后可以在维修点修理或在 App 报修，对于及时报修且核实为真实情况的用户给予一定的补贴奖励，鼓励用户参与。对于已经无法继续使用即将报废的车辆可采用如下方式。

（1）分类处理，循环再生

此前 ofo 就已经与北京万科、中国循环经济协会、北京市城市再生资源服务中心达成"城市存量自行车循环共享计划"战略合作，回收再利用废弃车辆，对于可回收的零部件返厂二次利用，落实生产者责任制，尽管 ofo 在后期由于资金链问题破产清算，但不得不承认其在废旧车辆处理问题上，起到了表率作用，政府应当鼓励共享单车运营企业向其学习。

（2）跨界合作，变废为宝

此前摩拜就与德国柏林的 YUUE 产品设计工作室共同合作，将报废车辆零件改装成茶几、花架等各种家具。并且与生产厂家合作，使得废弃轮胎摇身一变成为学校的操场跑道，这种企业之间的合作不仅为自身带来收益，并且提高了社会收益。同时政府部门应出台明确具体的单车质量检验标准，每年定期对存量车进行复检，及时召回不合格车辆，保障用户骑行安全的同时最大程度减少企业损失。

（四）切实发挥共享单车解决"最后一公里"问题的作用

在走访调研中发现，目前北京市许多小区的物业公司明确禁止共享单车进入，但这似乎违背了共享单车出现的初衷——解决日常出行的"最初一公里"以及"最后一公里"难题,这使得很多人失去了骑行共享单车的意义,针对此现象,提出两点可行的建议:第一,共享单车不应该被禁止进入小区,而且共享单车进入小区产生的停放费用也不应该由运营企业承担,运营企业可以与小区物业达成协议,设置属于居民居住区的特殊电子围栏,如果用户将共享单车驶入居民居住区,系统自动监测,则其需要支付更高的骑行费用,这样可以对驶入小区的共享单车数量有一定的限制,一定程度上避免了乱停乱放现象;第二,效仿现行的停车场实时更新空位模式,小区内部设置共享单车专门停放区域,安装智能停车空位检测系统,并在小区门口设置显示屏,实时更新小区内停车场情况,一旦进入小区但没有停放在指定位置,即会在平台上产生惩罚金,如果小区内已无空位则不再允许共享单车入内。

参考文献

《我市多措并举保障共享自行车行业持续健康发展》,搜狐网,2018 年 8 月 3 日,https://www.sohu.com/a/245014391_745330。

《北京市交通委关于互联网租赁自行车行业 2019 年下半年运营管理监督情况的公示》,北京市交通委员会网站,2020 年 2 月 24 日,http://jtw.beijing.gov.cn/xxgk/jttj/202002/t20200224_1667007.html。

《北京市交通委员会关于互联网租赁自行车行业 2019 年上半年运营管理监督情况的公示》,北京市交通委员会网站,2019 年 7 月 31 日,http://jtw.beijing.gov.cn/xxgk/tzgg/201907/t20190731_1279822.html。

《关于印发〈北京市鼓励规范发展共享自行车的指导意见(试行)〉的通知》,北京市人民政府网站,2017 年 9 月 15 日,http://www.beijing.gov.cn/zhengce/zhengcefagui/201905/t20190522_60570.html。

《235 万辆!北京共享单车能停满 11 个鸟巢》,搜狐网,2017 年 9 月 8 日,https://www.sohu.com/a/190620563_391265。

《我市上半年"共享单车"运行情况》,北京市交通委员会网站,2019 年 7 月 31 日,http://jtw.beijing.gov.cn/xxgk/xwfbh/201912/t20191209_1007634.html。

曹磊:《十部委共推〈关于鼓励和规范互联网租赁自行车发展的指导意见〉》,《计算机与网络》2017 年第 17 期。

钮铂涵：《对共享单车的行政监管探究》，《全国流通经济》2019年第7期。

裴剑飞：《未备案共享单车核查后将及时清理》，《新京报》2019年5月15日。

王昊男：《北京将建共享自行车监管服务平台》，《人民日报》2018年8月7日。

杨鹏：《共享单车回归理性》，《投资北京》2020年第4期。

中国梦登山队：《"珍爱共享单车"文明使用和停放共享单车公益骑行活动》，北京海淀文明网，2017年4月5日，http：//bj. wenming. cn/hd/hdtpxw/201704/t20170405_4160873. shtml。

专 题 报 告
Sepical Reports

B.6

新冠肺炎疫情对首都交通运输
行业的影响研究

摘　要：　新冠肺炎疫情对人类社会各个方面产生了深远的影响，由于
交通运输过程中人员的接触性强，疫情对交通运输行业的影
响尤为明显。北京市作为现代化特大城市，其交通运输业受
到的影响尤为严重。本报告对疫情发生后首都交通运输业受
到的冲击进行数据方面的分析，对首都交通行业采取的政策
进行解读。此外，本报告从疫情初发期、疫情回落期两个阶
段对交通运输行业在疫情防控方面暴露出的问题进行详细论
证，并提出对策性建议。

关键词：　城市交通运输　交通应急管理　交通公共卫生

一　引言

新冠肺炎疫情是目前全世界共同面临的难题，也是中国需要面对的一次严峻的考验。此次疫情的传播范围、速度和防疫难度在世界范围内都是屈指可数的。现在全国的疫情防控进入常态化阶段，这也对城市现代交通公共卫生安全体系提出了更高的要求。

在新冠肺炎疫情下，出行者也正在重新评估健康的重要性。麦肯锡未来交通中心最近的一项研究发现，在移动出行领域，出行者更加倾向于更安全、更健康的出行方式。从长远来看，此次疫情将对旅游行业产生持久的影响，导致宏观经济环境、监管趋势、技术和消费者行为发生变化。出行者更加关注出行环境的健康、安全和可靠性。以往成本和便利性一直是消费者出行选择的关键影响因素，现在降低感染风险已成为出行者的首要任务。在全球疫情的影响下，服务于个人和小团体的出行模式受到更多关注。在这个时代，无论是城市还是城市交通都面临着巨大的考验。如何提高城市抗疫能力和城市交通综合管理能力，是需要我们深入思考的重要问题。从疫情防控的过程中，我们可以看到，面对突发公共卫生事件，政府、企业和公众对城市交通有了新的认识，积累了宝贵的经验。

与交通事故不同，疫情持续时间较长，影响范围较大，涉及人群较广，危害程度和强度也会发生变化。重大疫情对交通管制工作提出了更高的要求。特别是一些重点地区的检疫检查和车辆管控措施更加严格，容易造成省检查站、高速公路服务区和出口的拥堵，使道路交通管理任务更加艰巨和繁重。疫情防控处于特殊敏感时期，从公安交通管理的角度，必须做到通盘考虑，树立"红线"意识，落实各项交通保障措施，在疫情应急运输畅通上牢牢守住"底线"，扎实做好骨干道路畅通安全有序的城市道路畅通工作，这些也给交通管理提出了新的要求。

二 新冠肺炎疫情对首都交通运输行业的影响分析

(一)新冠肺炎疫情对首都交通运输客运量的影响分析

2020 年初，新冠肺炎疫情突袭而至并对国民经济的各行业，尤其交通运输领域产生了巨大而深远的影响。数据显示，随着春节期间疫情加剧，防控要求逐渐严格，2020 年 1 月 24 日至 2 月 1 日，进出京客流 348.70 万人次，较 2019 年同期下降 61.76%。由于减少不必要的出行，市内客运受影响更大。北京市 2020 年 1~11 月的客运量较上年同期比例见图 1，疫情初期地面公交、轨道交通、出租车的客运量均迅速下降，其中春节期间轨道交通运量 735.56 万人次，地面公交客运量 1498.02 万人次，与上年同期相比，分别下降 83.93%、64.6%。随着疫情缓解和节后返京复工，客运量逐步恢复，但仍低于上年同期水平。

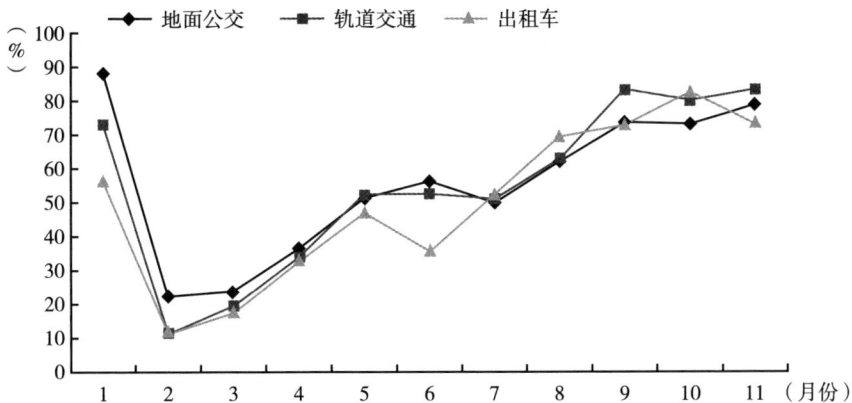

图 1 2020 年 1~11 月较上年同期客运量比例

资料来源：北京市交通委员会。

疫情期间，相关活动和政策也进行了非常态的调整。如为避免人员聚集，延迟(暂停)出租汽车驾驶员、经营性道路旅客运输驾驶员等从业资格约考、考试工作；延长部分小客车指标的使用期限，避免疫情期间指标超过使用期限导致司机的权益受损；停征本市中小微企业城市道路占道费，减轻疫情对中小微企业生产经营影响，帮助企业共渡难关；延长部分道路运输从业人员从业资格证有效期限，解决部分道路运输从业人员因疫情原因办理换证手续困难的问题。

（二）新冠肺炎疫情期间首都交通运输行业采取的防控措施

交通运输作为遏制病毒传播的重要环节，在保障居民通勤等刚性需求的同时降低交叉感染的风险，北京市采取了多项措施。在疫情防控的最关键时期，交通部门和全市交通行业坚持综合施策，落实分级分类管理、因时因地制宜的防控措施，紧紧把控"严守进京通道、内防扩散反弹、防止从业人员感染"三个防疫关键。

1. 严守通道，筑牢输入屏障

受此次疫情影响，民航客运航班架次与进出港旅客大幅下跌。截至2020年1月31日9时，首都机场进出港航班为221架次，其中进港航班89架次，出港航班132架次；进出港旅客2.02万人次，较2019年同期（7.45万人次）下降72.89%，其中进港旅客1.03万人次，出港旅客0.99万人次。

虽然进港旅客较2019年减少很多，但相关疫情防控工作未有丝毫懈怠。为严防疫情境外输入，保障入境进京人员的交通服务，在加强人员车辆配备、强化防疫标准的同时，优化运输服务，转运流程形成完整闭环，且转运服务全面周到。除了与相关部门合作，对入境旅客进行初步新冠肺炎排查之外，还应该精准化掌握转运信息，为入境乘客提供24小时不间断的转运服务；转运过程中更是严格按照要求隔座运输、控制车辆满载率（不高于50%）。诸多措施为遏制人员在境内转运过程中通过交通运输工具交叉感染风险提供了强有力的保障。

为配合疫情防控工作，长途车、跨省公交停运，部分无运营资质车辆"趁虚而入"，搭载乘客进京，卫生条件无法保证，存在较大隐患。相关部门围绕黑车易发地点，如机场、火车站、省际客运站、进出京和城市主要环路周边，开展专项整治行动，高压严打跨省载客黑车非法运营行为。

以上措施筑起北京的输入防疫屏障，有效阻断了疫情的进京传播路径。

2. 因时因地，内防扩散反弹

为防止疫情通过公共交通扩散传播，政府的城市交通管理政策、公交等企业的运营方法均相应做出应急调整，同时公众的出行行为也发生了转变。

（1）疫情初期的北京城市交通应急管理与政策，尤其在整个社会对新冠肺炎疫情认识不足的时期，发挥了巨大的作用

为应对疫情，管理部门有针对性地制定了一系列应急政策。如为减少通勤交通形成人员聚集引发交叉感染、严防疫情通过公共交通工具扩散，2020年2月2日起陆续实施了取消疫情期间小客车尾号限行措施；2月17日起北京市域内所有收费公路对依法通行收费公路的所有车辆免收车辆通行费，包括允许摩托车在普通收费公路行驶；通过鼓励做好个人防护和车辆消毒的出租车司机在防控要求下积极出车满足市民的个性出行需求；控制地面公交和轨道交通车厢满载率、加大对地铁入口人流量和密度控制、对公交人群热点进行信息化发布等。

相关政策有效地阻断了病毒在公共交通环境中的传播，对我国其他城市起到了良好的示范作用。

（2）公交、出租等交通运营企业开启疫情模式，对站乘空间进行多角度防控管理

各公交、出租企业对交通部门的政策进行细化落实，开展了车厢通风消毒、乘客测量体温、要求佩戴口罩、降低人群密集度等一系列环境防控管理，并对公共交通车厢满载率进行严格把控，并随疫情防控形势及时调整（见表1）。

表1 北京市公共交通满载率控制指标

单位：%

	疫情发生初期	2020年4月30日起	2020年5月18日起	2020年6月1日起	2020年6月18日起	2020年7月29日起
地面公交	50	75	90	100	90	100
轨道交通	50	65	80	100	80	100

资料来源：根据公开资料整理。

①轨道交通

北京地铁的疫情防控措施（见表2）根据车站、列车的不同情况进行有针对性的区分，消毒频率又依据所在区域的公共接触程度而有所不同。非配合式热成像测温仪、人体红外热成像仪的应用有效缩短测温时间，加快乘客进站速度，降低排队人群密集度。

表2 北京地铁疫情防控措施

措施	车站	列车
测温	常规大客流车站使用非配合式热成像测温仪。非大客流车站对乘客进行手持式测温仪测温；为了在遇有大客流时加速疏散，启动抽测模式进行测温	—
隔离	设置隔离区，及时引导体温异常乘客进行隔离或就医	车厢内设"分散落座"标识，提醒广大乘客分开落座
消毒	要求对车站公共区域进行定时消毒，每小时消毒一次乘客经常接触的部位，其他运营设备设施、卫生间等每天进行五次消毒	列车出库前进行5次彻底消毒；车厢内部在列车折返时进行喷洒消毒
通风	100%新风模式每天运转22小时以上	车辆运行时保持最大通风量换气
宣传	利用电视广播等方式进行宣传，提醒乘客做好防护并且全程佩戴口罩，对于不佩戴口罩的乘客进行劝返	

资料来源：根据公开资料整理。

在疫情发生初期，为控制车厢满载率，同时满足广大乘客的出行需求，北京轨道交通运营企业不仅增加了车辆的投放数量，针对部分轨道交通路线，还启用了超强运行图，开行多交路套跑和大站快车，缩短站停时间，行车间隔达到全国最小，与之前基本采取的全线"站站停"的单一交路模式相比，有效提升了线路运营效率。作为第一批使用超常超强运行线路，昌平线多措并举，通过在特定时段采取大中小多种交路套跑运行方式、加密车次，在客流量较小区段开行大站快车，最小行车间隔缩至 2 分钟，较原来的最小行车间隔缩短了 1 分 20 秒，满载率下降 45 个百分点。截至 2020 年 4 月 20 日，根据不同线路的客流特征和乘客出行需求，灵活组合多交路套跑、区间车、大站快车等多种运行方式，分五批次陆续完成对 13 条线路采取超常超强措施，实现多条线路跑进 2 分钟间隔。其中，1 号线、5 号线、9 号线、10号线 4 条线路最小运行间隔达到 1 分 45 秒；亦庄线运力提升最为明显，工作日晚高峰达到 66.7%。表 3 总结了北京地铁超常举措。

表 3　北京地铁超常超强举措效果

批次	线路		最小行车间隔		效果
			调整前	调整后	
第一批 2020 年 3 月 24 日	昌平线		3 分 40 秒	2 分钟	满载率下降 45 个百分点
	八通线		2 分 50 秒	1 分 58 秒	满载率下降 30 个百分点
第二批 2020 年 3 月 31 日	5 号线		2 分钟	1 分 45 秒	运力提升 14%
	6 号线		2 分 30 秒	2 分钟	运力提升 25%
	13 号线		2 分 30 秒	2 分钟	运力提升 25%
	15 号线		3 分 40 秒	2 分 35 秒	运力提升 42%
第三批 2020 年 4 月 8 日	8 号线（北段）	工作日早高峰	2 分 32 秒	2 分钟	运力提升 26.7%
		工作日晚高峰	3 分钟	2 分 26 秒	运力提升 23.3%
	9 号线	工作日早高峰	2 分钟	1 分 45 秒	运力提升 21.4%
		工作日晚高峰	2 分 16 秒	2 分钟	运力提升 13.3%
	亦庄线	工作日早高峰	4 分钟	3 分钟	运力提升 33.3%
		工作日晚高峰	5 分钟		运力提升 66.7%
	房山线	工作日早高峰	2 分 37 秒	2 分 4 秒	运力提升 26.6%
		工作日晚高峰	3 分钟	2 分 15 秒	运力提升 45.2%
第四批 2020 年 4 月 15 日	1 号线（工作日早高峰）		2 分钟	1 分 45 秒	运力提升 14.3%
	7 号线	工作日早高峰	3 分 30 秒	3 分钟	运力提升 16.7%
		工作日晚高峰	4 分钟		运力提升 33.3%
第五批 2020 年 4 月 22 日	10 号线（工作日早高峰）		2 分钟	1 分 45 秒	运力提升 14.3%

随着北京市进入全面复工复产阶段，北京地铁客运流量水平开始回升。在这个时期，北京地铁从两个方面着手以适应疫情防控的要求。第一，在提升运力方面实行了超常规、超强力的保障措施，以提高地铁乘车出行的安全性。第二，北京地铁采取了新的客流组织形式，比如预约进站等。预约进站减少乘客在车站的聚集的同时缩短乘客在车站的等待时间，从而提升乘客出行的便捷性。北京在此期间新推出了地铁预约进站服务，这项服务可以精确调控客流、追溯乘客信息。自2020年3月起，北京地铁在5号线天通苑等三大客流车站进行了地铁预约乘车的试点，三个车站在2020年9月8日前累计进站43万人次，预约兑现率76%。根据数据显示，使用预约服务的乘客可以节省3~5分钟的行程时间，有效减少了排队等候和人群在车站的聚集，受到了乘客的广泛认可。

针对使用实体票卡和现场购买地铁乘车票的乘客，2020年6月30日，北京轨道交通推出了电子单程票业务，服务范围涵盖北京城市轨道交通23条运营线路。这是在现有的网络化票务的基础上推出的新型服务，可以方便短期客票需求旅客以及来京乘客的出行。二维码乘车、线上购票线下取票是北京轨道交通互联网票务服务之前就推出过的创新服务，电子单程票是在这些形式的基础上推出的新型电子单程票。其主要特点是不需要线下购票或者在移动设备上下载应用，而是使用第三方小程序进行乘车，是一种更为便捷、简单的购票程序，能够在满足乘客购票需求的同时，减少人群聚集以及实物接触。

②地面公交

北京市公交车场站和车辆需要定时定点消毒，每天消毒次数不少于两次，客流繁忙的线路消毒次数更多；车辆运行时需要开窗通风，需要根据实际天气、人员聚集度等情况增加开窗次数。

在疫情防控严峻期间，临时停驶跨京冀公交线路。其他公交线路基于疫情状况采取绕行甩站、停运、区间运营等交通管制措施，对沿途公众的出行造成了不同程度的影响。

针对返校复课和恢复机动车尾号限行，公交集团密切关注学校附近拥堵路段以及学生聚集的重点区域，通过专人值岗等办法进行客流的随时监控，掌握客流变化，使用多准备车辆、线路中间加入车辆、避开拥堵路段的方式进行调度。更加注意监测道路条件，进一步对发车间隔和行车速度进行规划和调整，确保学校复课阶段公交车运行平稳有序。

为了减少乘客排队买票、刷卡过闸机时的排队聚集，对北京城区和郊区范围内的1500多条公交线以及两条市郊铁路线，北京公交将北京公交App、亿通行App和北京一卡通App进行联合，乘客进入闸机时，可以使用任意一种二维码刷码乘车，实现了"一码通行"。在提供乘客支付服务时，刷码乘车同样享受优惠政策，并且推出了与云闪付合作的新服务进行购票补票，增加了非现金支付渠道。

③定制公交

疫情期间，北京公交提供线上预约、一人一座、快速直达的定制公交通勤服务，根据乘客需求，在线上征集定制公交线路，受到北京广大市民的极大关注和支持。服务上线的第一天就有1万余个人申请以及300余份企业申请，服务的专属线路征集微信群也收到了4200余人的主动加入申请。推出月卡、次卡等多种购票方式，方便广大用户按需购票，为广大复工企业员工提供高质量、低价格的公共通勤出行保障。此外车辆在线选座、严格的实名制为人员追溯提供了途径，比常规公交更有利于疫情防控。

自2020年2月27日"北京定制公交升级版"正式开通运营以来，截至2020年5月10日，注册用户接近8万人，日运送乘客数量超出历史同期最高水平。服务对象从疫情初期的广大市民和企事业单位转向后期区域内没有定制公交线路的社区居民，力求解决社区居民开车限号、停车难，通勤路程长、没有座，周边出行困难、单趟通勤出行换乘多种交通工具等诸多交通问题。

④出租车（含巡游车、网约车、顺风车等）

为保障市民在疫情期间的个性化出行需求，鼓励出租车驾驶员在保障防疫安全的前提下多出车。要求司机必须全程佩戴口罩，部分出租车公司主动为运营的出租车免费安装"安全舱"，为乘客和驾驶员分别建立了安全的环境，有效减少驾驶员与乘客的直接接触，保障了驾驶员和乘客的安全。

疫情形势严峻期间，暂停出租车（含巡游车、网约车）、顺风车出京运营业务，阻断疫情通过出租车（含巡游车、网约车）、顺风车传播，并组织线上执法力量，通过北京市网络预约出租车监管服务系统，加强出租车、顺风车线上执法检查，核查疑似出京车辆订单，约谈相关负责人，要求企业切实履行疫情防控主体责任，严格执行交通行政主管部门协调营运业务措施。

为有效应对新冠肺炎疫情对出租汽车行业的影响，降低出租汽车驾驶员运营成本，鼓励出车运营，北京市交通委员会、北京市财政局联合发布出租汽车行业的支持政策。自2020年1月24日至4月30日，北京市出租汽车企业对承包经营的驾驶员给予减收承包金等支持措施。

上述方法降低了通过交通工具尤其是公共交通传播疫情的风险，同时也有效提升了首都公交系统的公共健康水平。

（3）公众出行行为对疫情发展形势较敏感，绿色出行还未完全恢复；市民倾向个体化出行，骑车成为疫情期间出行"新风尚"

北京居民的出行结构也在疫情期发生了不同程度的转变。在疫情发生初期，公共交通客流量跌至不足往年同期的10%，据相关统计，截至2020年1月31日9时，轨道路网进出站量约为16万人次，较上年同期下降92.40%。疫情初期，比起轨道交通，市民更愿选择地面公交出行（见图2）。随着疫情缓解和相关防控措施的落实，客流量持续增长，公交出行分担比例逐渐回升，且轨道交通的客流比例逐步恢复并趋于稳定。目前，部分轨道交通的满载率已超过100%，但公交总体的分担比例依然低于往年同期水平。

疫情发生初期，小客车的分担比例一直持续较高的水平。据有关报道，2020年3月30日全天上路小汽车总量达到293万辆，为2019年同期的74%，平均交通指数达到5.3，为2019年同期的81%。在疫情得到有效控制后，小客车的分担比例逐渐回落，但依然保持一个相对较高的水平，尤其在通学交通中，小客车的出行量始终较高。近期，公众的出行结构已大体上接近往年同期水平，但部分出行者对公交出行依然存在一定的心里戒备，造成小客车的使用率相对较高。

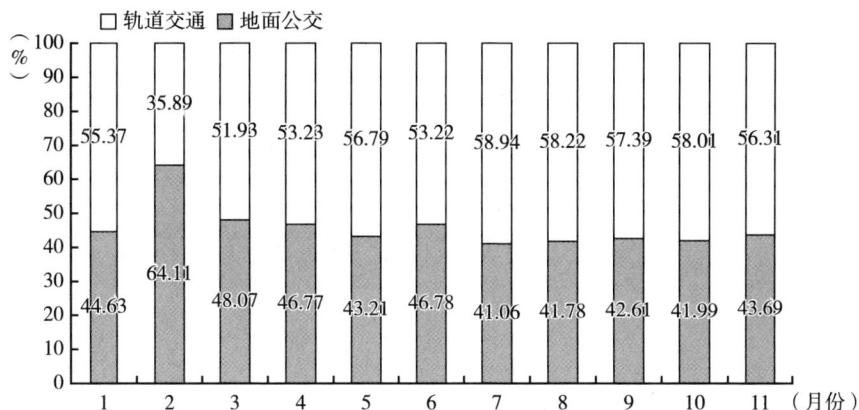

图 2　2020 年 1~11 月公交客运量构成

资料来源：中华人民共和国交通运输部。

近年来，共享单车为城市居民的出行提供了更多便利，在此次疫情中，更成为市民出行的"新风尚"。昌平回龙观至海淀上地自行车专用路作为北京市第一条自行车专用路，疫情期间的使用量较大。根据上地软件园的数据，使用自行车专用路的通勤人群的比例从 17% 提高到了 20%，这部分增加的使用者主要是之前的地铁或者公交车客流。与 2019 年 10 月的早高峰数据 1589 辆相比，2020 年 3 月的自行车专用路使用量回升至原来的 80%，2020 年 5 月中下旬达到了 2000 辆。

为适应疫情防控进入常态化阶段和全面复产复工的新形势，鼓励更多市民选择骑行方式出行，北京面向全市的所有用户推出了共享单车免费骑行的激励措施，每日惠及超过 60 万人次。疫情期间多次举办"云骑行 +"活动，坚持"不比速度、不比距离，纯线上、零接触"的原则，充分贯彻"慢行优先、公交优先、绿色优先"的交通发展理念，获得积极响应并受到多方认可。

"公交优先"是缓解交通拥堵的必由之路，随着相关政策的推行，2019年轨道交通和地面公交在首都的城市客运中占比近 90%。疫情的波动反弹，对交通管控提出了更高要求。为此，北京市有针对性地采取了一系列措施，

151

如适时调整车厢满载率指标等，事实证明这些措施是有效的。如今新冠肺炎疫情进入常态化防控阶段，对疫情发生初期和回落期的交通特征进行归纳总结，对相应的交通应急和管理方法进行反思，及时加强交通系统的薄弱环节，可为首都及其他城市后疫情时期的交通发展提供借鉴。

三　疫情发生初期城市交通应急管理措施

城市公共交通空间是人群大量聚集接触的环境之一，应作为重点区域进行防控管理。在新冠肺炎疫情蔓延后，北京在第一时间对地铁、公交、机场采取防控措施，提出延长地铁通风时间等具体要求，对控制疫情的早期传播起到了及时关键的作用。具体举措建议如下。

（一）适当鼓励私家车出行，弱化尾号限行的约束

相对于公交系统，私家车出行能避免大规模的人群接触。非常时期，建议适当鼓励私家车出行。根据具体情况，可缩小尾号限行的区域，甚至临时取消尾号限行政策，并可取消部分公交专用道的限制，减少路面交通压力，以弥补公交系统管控所带来的运力不足等问题。

（二）对公交热点进行信息化发布并向乘客提供相应的出行引导方案

建议实时发布各大公交站点的等待乘客数量以及轨道交通站内乘客数量，并针对人群拥堵线路，对乘客提供相应的绕行方案建议。提倡组合出行，配合步行、共享单车、出租车和网约车等低接触交通方式，鼓励出行者避开大站和枢纽站。

（三）针对公交系统，限制站乘空间的乘客量

针对地面公交，建议严格限制乘载率，对于出行需求较大的线路，可增加发车频率来进行补偿。针对轨道交通的大站和枢纽站，建议设置导流设

施，综合考虑站台的乘客密度和车辆的乘载率，对入口进行流量和密度控制。

（四）针对出租车和网约车，采取严格的病毒防护服务流程，进行适当的经济激励

出租车和网约车除了作为私家车的有力补充外，还是疫情期诱导出行中的重要一环。建议针对出租车和网约车执行严格的病毒防护服务流程，车内应统一配备基本的消毒物品，每次服务前要求乘客佩戴口罩，有条件的可配备测温枪，每次服务后应对车内空间进行消毒处理。同时，可适当对出租车的承包费进行减免，对网约车采用更灵活的定价机制。

（五）倡导交通健康文明行为，提升首都公共交通环境水平

在疫情期，建议制定"乘坐公交需佩戴口罩，公交场站区域禁止交谈，车厢内部禁止接打电话"等规定，以限制病毒的空气传播，并倡导人们增加自我保护的意识和习惯，如在使用共享单车前自行消毒。疫情后可在此基础上建立管理模式，形成首都公共交通健康文明行为公约。

（六）疫情发生初期关于停车管理方面的建议

北京停车位短缺情况较为突出，而疫情期的通勤停车又具有"量大、时长、刚需"的显著特点，因此应杜绝"一刀切"式停车费用减免政策，而是利用多样化的价格机制，在提供优惠的同时，保障通勤停车。有以下具体建议。

1. 针对停车收费，实行多样化的惠民措施

针对占道停车位、公共停车场、公共设施配套停车场，建议实施多样化的收费优惠方案。一是将白天（7：00～19：00）停车收费计时单位由15分钟改为1个小时，普通小客车不足1个计时单位的不收取费用，出租车和网约车不足2个计时单位的不收取费用。二是下调白天的停车费率，建议统一为每小时2元。三是通过停车起止时间等标准对通勤类停车进行识别并执

行全日打包价格优惠，建议统一为每日10元，如在上午7：30～9：30进入车位，下午4：30～6：30离开车位即可识别为通勤停车。

疫情期商业配建停车场、部分经营性停车场存在的大量闲置车位参考上述方案制定相应的停车优惠措施。针对宾馆、饭店等场所，建议其开放自有停车位，对停车资源进行优化利用，为疫情期间出行提供保障。

建议各单位主动为员工解决通勤停车问题，停车位不足的单位可与附近各类停车场进行商谈，形成一对一的单位定点停车场。

2. 考虑疫情期间居民停车困难，开展人性化停车执法

建议充分考虑疫情因素，适当弱化停车执法力度，可降低现行罚款额度，建议为每次20元，对于不妨碍其他车辆、行人通行的轻微停车违法行为，以警告处罚代替。针对各类被隔离以及居家防疫人群、抗击疫情一线的医护及各行业保障人员等，建议视实际情况对发生的停车违法处罚予以撤销，可开通互联网行政复议通道进行相关处理。

3. 提供全方位停车诱导信息，设置可预约电子收费停车位

建议利用北京交通App向出行者提供全方位的停车信息，针对停车位紧缺路段，为出行者提供附近可用停车位情况和诱导方案，并鼓励结合共享单车开展组合出行。针对特定区域，建议设置可预约电子收费停车位，在通勤时段开放车位预约功能。可预约车位是城市智慧停车的重要体现，在疫情结束后该类车位可继续保留并施以常态化管理。

4. 合理优化道路空间，设置通勤保障停车区域

针对CBD等通勤停车需求较大的区域，建议结合周边次支路的实际空间利用情况，通过设置路侧斜向停车位等方式，对现有停车位进行扩容，并充分利用待建用地，设置临时通勤保障停车场。

四　疫情回落期复工复产综合交通管理方法

在疫情发生早期，通过上文提到的有效手段，控制疫情蔓延，如果进展顺利，很快就会进入到疫情回落期，复工复产迫在眉睫，城市交通系统所面

临的交通需求回升压力将日益显著。针对疫情回落期复工复产综合交通管理的方法尤为重要。

（一）疫情回落期首都城市交通系统特征分析

疫情得到控制之后，企业复工复产导致公共交通出行需求增大，交通运输服务企业需恢复公共交通运行频率，适当提升公共交通载具的满载率，但与此同时，不能放松防控手段。此时的首都交通系统运行具有以下特征。

1. 物流需求持续增长但配送服务欠佳

北京各小区多采取封闭式防控管理措施，禁止物流配送人员车辆进入小区，要求居民在小区门口指定地点领取商品。随着物流需求持续增长，小区门口集中取货排长队现象愈加明显，这样会增加人群聚集度，又会造成路侧交通管理混乱和居民生活不便。

2. 出行需求逐渐回升但尚未达到饱和

伴随返城、复工等社会活动逐步恢复，北京的城市交通需求会日益增加，但尚不足以达到常态交通水平。此外，由于境外人员回流量加大，给疫情防控工作带来了新挑战，频繁的人群接触及难以追踪的出行轨迹都增加了疫情倒灌传播风险。

3. 公交供给陆续恢复但资源分配不均

随着居民通勤出行需求回升，公共交通线路和发车频次逐步恢复、增加，但由于错峰复工，城市交通供需关系与常态相比发生了很大变化，从而导致某些线路载客量极低，而一些重点通勤线路过于拥挤的公交资源分配不均衡现象。

（二）疫情回落期首都交通管理措施提升建议

针对以上城市交通在复工复产期间的突出特征，本报告建议以"强化物流防疫过程管理、减少公交环境人群接触、加强出行个体信息管理"等为原则，重点采取以下四项交通管理措施提升疫情综合应对能力。

1. 强化物流防疫过程管理，优化小区物流配送服务

建议制定物流企业疫情防控信用评级体系，加强对物流企业货物仓储、分拣、配送等各环节的防疫检查与监督；倡导"无接触式物流"，允许防疫操作规范的物流企业配送车辆和人员进入小区送货，以居民楼为服务单位设立临时配送站，提倡物流配送"到楼不到户"，减少配送人员污染居民楼电梯和楼梯间等潜在风险；建议利用公共交通富余运力增加物流投送，在有条件车站设置隔离物流区域，投放智能物流柜，且疫情后可在此基础上建立以公共交通跨区域大流转为主、小区域投递员微循环为辅的"公共交通＋末端配送"的城市智慧物流体系。

2. 建立实名制大公交系统，链通跨方式全过程轨迹

建议建立公共交通上线实名制乘车系统，"一车一码"，自动记录乘客出行信息，尤其针对境外返京人员，在机场、火车站、汽车站等对外枢纽率先实施，逐步推行实名制公交卡，并由信息化部门将民航、铁路、城轨、地面公交、约车平台等各交通方式数据与手机数据链通，形成跨方式交通轨迹追踪大数据系统。在此基础上，不断完善个体出行追踪平台的信息化建设水平，对提升城市交通智慧治理能力及未来应对公共安全事件有着重要意义。

3. 准确把握公交需求特征，动态优化公交资源配置

建议在严格限制车辆满载率的基础上，合理调整公交运行线路及发车频率，通过公交刷卡数据，实时分析并预测公交出行需求，对于出行需求较大的线路，灵活增加发车频率，对需求较低的线路，可采取合并线路或降低发车频率的方式以减少公交资源的浪费与对道路资源的占用。

4. 倡导邻近社区拼车出行，延长取消尾号限行政策

建议在交通需求未恢复到常态水平之前，倡导出行者尽量采取低密度交通方式。一方面，鼓励在低风险感染人群的熟人之间利用微信、电话等通信方式，自主完成拼车出行；另一方面，鼓励网约车平台利用技术手段，为出行者提供邻近社区与单位的拼车出行服务，并尽可能采用固定人员匹配的运营模式，从而减少拼车人员的流动。同时，应鼓励居民利用私

家车出行，并继续执行临时取消尾号限行政策，直至城市道路交通量恢复
至常态水平，从而有效降低人群交叉感染的风险，避免在交通环节出现超
级传播者。

五　总结

新冠肺炎疫情对国民经济的各行业产生了巨大而深远的影响，尤其是在
交通运输领域，为了应对疫情，政府的城市交通管理政策、公交企业的运营
方式均做出了调整，同时公众的出行行为也发生了转变。具体来说，在疫情
初期，大众对新冠肺炎病毒认识不足，北京出台的一系列城市交通应急管理
措施对防止病毒迅速扩散发挥了巨大的作用；公交运营企业开启疫情模式，
对站乘空间进行多角度防控管理；公众出行行为对疫情发展形势较敏感，绿
色出行还未完全恢复。

2020～2021年新冠肺炎疫情的反复，说明偶发的零星病例极易对稳
定的城市生活产生扰动，也暴露了超大城市公共卫生安全体系的"脆
性"特征。虽然疫情发生初期相关管理方能够快速响应，但主要是"应
急驱动"，且管理成本高、对社会影响大。在"城市出行、区域通勤、
国际交往"正常化的迫切要求下，应推动城市交通疫情防控向"能力驱
动"转变，通过提升交通系统对疫情防控的"韧性"，规避不确定的风
险因素。2021年10月，北京市委办公厅、北京市政府办公厅印发了
《关于加快推进韧性城市建设的指导意见》，强调了公共卫生领域"韧
性"的重要性。本报告认为，这里的"韧性"包含两层含义：一是指在
疫情发生前，通过体系自身的管理减少出行者之间接触的机会，降低传
播风险；二是指在疫情发生后，系统具备对关联病例"快速、精准、全
面"的追溯能力。通过这两方面"韧性"的提升，降低个体病例对整体
系统的冲击。

参考文献

常海青、冯其云：《疫情常态化防控下我国高速铁路运营策略研究》，《铁道运输与经济》2020 年第 11 期。

冯旭杰、王洋、刘书浩、贾文峥、杨新征：《新冠肺炎疫情对城市轨道交通运营的影响》，《交通运输研究》2020 年第 1 期。

付逸飞：《重大疫情类公共卫生突发事件下城市轨道交通公安机关应对策略研究》，《上海公安学院学报》2020 年第 1 期。

焦蕴平：《统筹做好常态化疫情防控和经济社会发展交通运输工作》，《中国水运报》2020 年 10 月 30 日，第 1 版。

李春艳、郭继孚、孔昊、刘常平、梁晓红、赵浙汐：《疫情期间首都交通运行特征及启示建议》，交通治理与空间重塑——2020 年中国城市交通规划年会论文集，2020。

李开国、赵雪峰、罗清玄：《新冠疫情对机场陆侧交通影响分析》，《交通与运输》2020 年第 5 期。

唐瑾、黎明：《新冠疫情下推动交通基础设施高质量发展的建议》，《综合运输》2020 年第 12 期。

王付宇、王骏：《突发事件情景下地铁站人员应急疏散问题综述》，《计算机应用研究》2018 年 10 期。

叶红霞：《突发事件下城市轨道交通网络客流重分布预测方法研究与应用》，《城市轨道交通研究》2018 年第 8 期。

杨蓉、宋敏华：《新型冠状病毒肺炎疫情下城市轨道交通企业的应对策略》，《城市轨道交通研究》2020 年第 11 期。

战国会、耿彦斌：《新冠疫情对综合交通运输长期性影响与对策》，《综合运输》2020 年第 12 期。

张改平、李红昌、萧赓、王超：《新冠肺炎疫情下对我国应急交通运输体系的思考及建议》，《交通运输研究》2020 年第 1 期。

赵凌：《地铁站突发事件预警与先期控制模型研究》，《机床与液压》2019 年第 12 期。

张艺凡、陈文瑛：《地铁运营突发事件应急响应模式的马尔科夫链分析》，《中国安全科学学报》2015 年第 2 期。

B.7
与自动驾驶相适应的道路交通法规
和运营监管政策研究

摘　要：　自动驾驶作为一项新兴技术，其高速发展对现行的法律法规
　　　　　及产业政策产生了前所未有的冲击与挑战。世界各国都在争
　　　　　先抢夺相关标准规范制定的话语权，美国、欧盟、日本、中
　　　　　国也都在加快自动驾驶的布局与发展，而其也离不开与之相
　　　　　适应的法律法规及监管政策的保驾护航。鉴于此，本报告梳
　　　　　理了世界典型国家和地区的相关法律法规及自动驾驶产业政
　　　　　策，同时结合北京地区相关产业政策法规发展现状，提出对
　　　　　策性建议。

关键词：　自动驾驶　道路交通法规　产业政策

一　引言

汽车产业逐渐朝着智能化和网联化的方向变革发展，作为引领产业转型
升级和结构优化调整的突破口，自动驾驶汽车的出现提供了更安全、环保的
出行方式。自动驾驶汽车在加强车辆行驶过程的安全性、减轻驾驶员负担等
方面具有重要作用，加之其节能环保与高效率的特性，不仅促进了汽车产业
更加健康可持续地发展，也对未来城市交通产生巨大的影响。按照国际自动
机工程师学会提出的《标准道路机动车驾驶自动化系统分类与定义》，自动
驾驶分为驾驶辅助（DA）、部分自动化（PA）、有条件自动化（CA）、高度
自动化（HA）和完全自动化（FA）组成由低到高的 L1～L5 级（ITS 智能

交通，2019）。

国外的自动驾驶技术发展较早，相关制度建设相对完善。在测试场的申请流程上，为加快自动驾驶汽车技术升级与应用，国外测试场申请流程手续简洁、审批速度快，申请过程包括考试、递交相关材料或上交简单的测试计划即可。虽然申请流程简单，但国外对测试车辆的要求较高，除基本的保险、安全标准、安全检查等，还包括针对自动驾驶特征制定的信息安全、紧急情况警报、测试数据记录、防入侵等准则，确保测试数据的可参考性及测试路段的安全。测试道路几乎涵盖了全部道路类型，但是需要在特定的路段展开测试。车辆需要按照要求安装数据记录装置，且装置对测试过程进行全程监控，最终全部的数据需要上传到相关管理机构。自动驾驶汽车测试过程中，不可或缺的重要一项就是载人测试。国外对载人测试的要求较低，大部分国家都没有在载人测试方面提出特殊规定，其中，美国允许开展无人驾驶出租车的示范运营。

与美、欧等发达国家相比，中国在智能网联汽车方面的研究起步稍晚，1988年开始加入这一产业的研发，直至1992年，国防科技大学才成功研制出中国第一辆真正意义上的无人驾驶汽车（雷锋网，2018）。但近年来中国在新能源汽车制造、通信与信息以及道路设施建设等方面的技术发展迅猛，5G等产业为新基建提供产业支撑，为国内发展自动驾驶技术提供了极大的便利，中国在快速发展道路中已经具备一定的能力和实力来参与国际竞争。就企业层面来说，目前国内外各企业均已在自动驾驶汽车产业链的上中下游的各个环节积极布局。我国以百度、华为为代表的互联网企业及初创企业（包括自动驾驶和新能源汽车初创企业）通常直接对高等级自动驾驶（L4及以上）进行研究，传统汽车厂商及部分有整车销售业务或实力雄厚的企业主要涉及L2与L3级别自动驾驶，可以说这些互联网及高科技企业、汽车厂商及零部件提供商和相关初创企业是当前我国自动驾驶汽车产业发展的主力军（刘颖琦，2021）。

在相关的法规政策方面，德国、日本、韩国等均是在已有的道路交通法上进行条款的修订，而美国试图为自动驾驶开辟新的立法，虽然没有取得实际成效，但是其意义还是十分重大的。除此之外，许多发达国家与国际组织近年来陆续发布了关于自动驾驶的发展规划，表明对自动驾驶汽车测试及正式应用推广的支持力度。由此可见，我国强化国家的科技竞争实力，在汽车产业发展的制高点抢占一席之位，就必须在国家级规划中明确自动驾驶汽车的发展规划并完善相关法律条例，以此大力扶持自动驾驶汽车产业规范化发展，在全球汽车产业转型的关键时刻抢占发展先机。

事实上，自动驾驶汽车已处于技术快速发展阶段，其研发、制造与产品形态已经超出当前产品监管体系的管理范畴，其社会复杂性与创新程度超出现有的法规范畴，自动驾驶的合法身份、运行基础法规、安全保障法律体系等都催促着现行法律法规体系的创新，而制定与自动驾驶相适应的道路交通法规和相关运营监管政策具有较高的复杂性，因此，本报告将从法律规制的角度出发，明确为什么要对自动驾驶汽车进行法律规制。系统梳理美国、欧盟、德国、英国、法国、日本等世界典型国家和地区的相关法律法规及自动驾驶产业政策，从市场准入与路权、交通事故责任与保险、自动驾驶伦理问题、道路测试、隐私保护与网络安全、安全监管、战略与规划、投资与财税、配套产业政策等多个方面分析其中的关联，并与国内进行对比分析，为我国相关政策法律体系的建设与完善提供借鉴与参考，同时结合北京地区相关产业政策法规发展现状，提出具有实际可操作价值的对策建议（见图1）。

二　法律法规对比

自动驾驶时代的到来对各国现行的以道路交通法为代表的相关法律法规提出了相应的挑战。法律是否能满足且适应自动驾驶汽车的飞速发展，一定

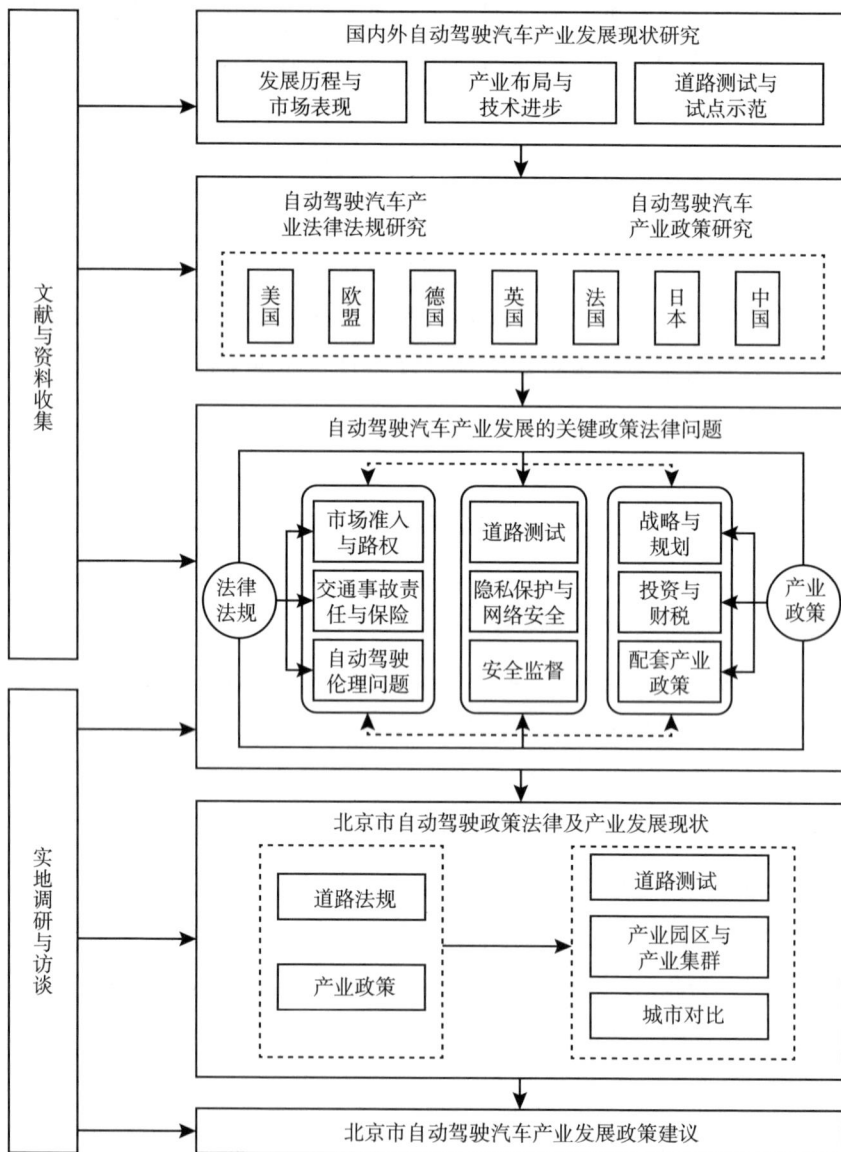

图1 技术路线图

资料来源：根据相关资料整理。

程度上决定着各国自动驾驶汽车未来能走多远，能走多快。尤其是自动驾驶作为一项全新的技术，不同于以往传统的认知，原本法律规定的驾驶人应当承担的责任在自动驾驶这一情境中应当由谁来承担，这也成为自动驾驶法律体系建立中必不可少的一部分。

本章节收集梳理在自动驾驶汽车立法上走在前沿的美、日、欧洲等国家和地区的自动驾驶汽车立法现状及经验，并与中国当前的立法现状做对比，为我国的自动驾驶汽车法律法规体系建设提供借鉴。

（一）美国

美国的自动驾驶法律体系中，美国国家公路交通安全管理局 NHTSA 作为主管汽车安全的最高级别的政府部门，与 33 个州的立法委员会共同对美国自动驾驶汽车进行法律层面的监管，上下两级的规定从宏观到微观规范着自动驾驶汽车的发展。其中，安全的发展理念、鼓励和支持自动驾驶技术发展的灵活政策、联邦和州在自动驾驶汽车法律和管理权方面的职责划分、州立法对自动驾驶汽车管理的详细规定、众议院和参议院的自动驾驶法案都将有所涉及（刘会春，2020）。

美国针对自动驾驶汽车的法律法规最先是由州发布的，而后联邦层面才开始进行立法及指导（见表 1）。《AB511 法案》是美国历史上第一部对自动驾驶汽车道路测试进行规定的法案，其由内华达州的立法委员会于 2011年发布。此后，美国至少有 41 个州以及华盛顿特区都对自动驾驶相关方案的完善和修改进行提议。截至 2020 年 2 月，自动驾驶方面有 29 个州和哥伦比亚特区颁布了立法，11 个州颁布了州长行政命令，5 个州同时颁布了行政命令和立法（中国信通院政策与经济研究所，2020）。立法内容则主要涉及自动驾驶汽车的概念、功能、技术条件、测试管理方式、基本法律责任及事故报告制度等（中国电动汽车百人会，2019）。事实上汽车厂商就相当于自动驾驶汽车的操控者，其对汽车硬件和软件的绝对控制使其负最高谨慎义务，厂商应按照产品责任原则和严格责任原则承担赔偿责任（Levalley，2013）。

表 1 美国自动驾驶立法文件

时间	文件名	发文单位
2011 年 3 月	《AB511 法案》	内华达州
2012 年 7 月	《自动驾驶汽车法案》(交通管理法第 316 章和第 319 章)	佛罗里达州
2012 年 9 月	《SB1298 法案》	加利福尼亚州
2013 年 1 月	《自动驾驶汽车法案》(B19－0931)	华盛顿特区
2013 年 5 月	《关于自动驾驶汽车法规的意见》	美国国家公路交通安全委员会
2016 年 8 月	《218 号法案》	路易斯安那州
2017 年 9 月	《自动驾驶法案(H. R. 3388)》(H. R. 3388－SELF DRIVE Act)	美国众议院
2017 年 11 月	《自动驾驶法案(S. 1885)》(1885－AV START Act)	美国参议院

资料来源：根据相关资料整理。

2017 年 9 月，美国第一部联邦层面的关于自动驾驶汽车的法律才正式发布，也就是美国众议院通过的《自动驾驶法案（H. R. 3388）》（H. R. 3388－SELF DRIVE Act）。该法案不仅明确了统一的监管主体，还规定了自动驾驶汽车豁免权，并提出了通过建立自动驾驶汽车顾问委员会来对自动驾驶汽车的发展提供建议（赵亮，2019）。该法案为自动驾驶汽车的监管创建了基本的联邦框架，明确了联邦和州在自动驾驶立法上的职权和分工，避免各州和各政府部门多头管理的局面。

总体上说，美国关于自动驾驶的立法是由州首先发布，此后联邦层面提出统一指导意见，在联邦统筹下，自动驾驶汽车州立法具有极大的灵活自由度，这在一定程度上推动了美国自动驾驶技术的整体发展。但也正是因为各州的立法具备一定灵活性，从这一角度来讲，保持州法律与联邦的法律法规相符，避免彼此间产生相互冲突也就显得尤为重要。

（二）欧洲地区

欧洲在发展自动驾驶汽车方面形成了欧盟与其成员国相互配合的局面。构建统一市场，提供支持和指导是欧盟的主要职责。具体而言，欧盟对欧洲各国的自动驾驶发展提供的指导主要在于法律法规及政策的整体框架，并为各国关于自动驾驶的基础研究提供支持，此外欧盟还负责增进成员国之间以及与其他国家和地区的合作。

为推动成员国的规则更适应自动驾驶汽车发展，欧盟委员会联合各成员国共同制定了《欧盟自动驾驶车辆许可豁免流程指南》（以下简称《指南》）。《指南》于 2018 年 5 月 17 日提出，计划于 2020 年中开始实施。《指南》包含两个部分：推广智能辅助系统的应用与支持智能网联技术发展。《指南》豁免重点为 L3 级和 L4 级的自动驾驶车辆，以及做过测试并即将在 2020 年量产的车型。《指南》旨在协调欧盟境内各国对自动驾驶汽车的临时安全评估及相关许可，试图简化各国对智能网联汽车的评估和测试程序，实现互认（赛迪研究院政策法规研究所，2020）。当前，欧洲允许在开放道路测试自动驾驶的国家有奥地利、比利时、德国、荷兰、西班牙、瑞典。

德国的自动驾驶技术发展非常迅猛，作为联合国《维也纳道路交通公约》的缔约国，德国的自动驾驶受到公约的束缚。2016 年 3 月联合国对公约第 8 条进行了修正，只要自动驾驶技术"可以被驾驶员权限覆盖或接管"，将驾驶车辆的职责交给自动驾驶技术即为被允许的。同时，德国还对其《道路交通法》进行了修订，修订案允许自动驾驶车辆（测试及量产车辆）上路。此外，世界上第一部针对自动驾驶的伦理准则《自动化和网联化车辆交通伦理准则》也是由德国率先发布的。该准则的推出为自动驾驶汽车的进一步立法提供了基于伦理道德方面的方向和依据，对自动驾驶汽车真正实现商业落地具有重大意义。

英国的道路交通法虽未直接规定自动驾驶汽车相关内容，但根据解释，公开道路测试是被允许的，前提是必须有一名对车辆的安全运行负责的测试驾驶员在场，并保证车辆遵守既有道路交通法的要求。为规范测试行为，英国交通部于 2015~2016 年陆续发布了一系列与"无人驾驶汽车之路"相关的文件。英国下议院 2017 年提出的《自动化与电动汽车法案》于 2018 年正式通过，在法律层面对自动驾驶汽车发展所面临的多项问题加以规制（见表 2）。

表2　欧洲主要国家自动驾驶立法文件

国家	时间	文件名	发文单位
德国	2017 年 5 月	《道路交通法第八修订案》	德国联邦参议院
	2017 年 6 月	《自动化和网联化车辆交通伦理准则》	德国联邦交通与数字基础设施部
	2018 年 5 月	《自动驾驶技术伦理道德标准》	德国联邦交通与数字基础设施部
英国	2015 年 2 月	《无人驾驶汽车之路:对自动驾驶汽车技术法规的详细审查》	英国交通部
	2015 年 7 月	《无人驾驶汽车之路:道路测试指南》	英国交通部
	2016 年 7 月	《无人驾驶汽车之路:支持先进的驾驶员辅助系统和自动驾驶技术的建议》	英国交通部
	2017 年 2 月	《汽车技术和航空法案》	英国下议院
	2017 年 8 月	《联网和自动驾驶汽车网络安全关键原则》	英国运输部和国家基础设施保护中心
	2018 年 7 月	《自动化与电动汽车法案》	英国下议院
	2019 年 2 月	《实践准则:自动驾驶汽车的实践》	英国交通部

资料来源：根据相关资料整理。

2016 年，法国自动驾驶汽车道路测试相关法令规定，相关车辆在公共道路的实验性行驶需要事先获得自动驾驶测试许可证，以确保实验进展的安全。2018 年的法令明确了自动驾驶车辆的法定定义，并对实验许可证发放的情形、实验开展的条件以及违规时可能招致的刑事处罚做出规定。2019年底，法国出台的《出行指导法》（《LOM 法》）授权政府在该法公布后的两年内，通过行政法令的形式采取属于该法领域的任何措施，以使法国公路法典适应自动驾驶陆上载具的公共道路行驶情况。2019 年 2 月，法国总统马克龙在国际汽车制造商组织的一次演讲中重申，法国计划在 2021 年之前启动基于自动驾驶的交通服务运营，法国议会于 2019 年 5 月和 11 月通过了两项法律，以助力实现这一目标（中国信通院政策与经济研究所，2020）。

（三）日本

近年来，日本为在东京奥运会提供自动驾驶出租车等服务，进而展示本国科技实力，其在自动驾驶汽车相关法律法规的修订工作上按下了加速键（见表3）。

表3　日本自动驾驶立法文件

时间	文件名	发文单位
2016 年 4 月	《公路自动驾驶实证实验准则》草案	日本警察厅
2019 年 5 月	《道路运输车辆法》修正案	日本政府
2019 年 5 月	《道路交通法》修正案	日本警察厅

资料来源：根据相关资料整理。

在无人驾驶车辆实证方面，日本是较早进行无人驾驶技术公路实证实验的国家。在日本，只要是符合安全标准的车辆，在进行自动驾驶技术路测时不需要办理更多特别的手续。在道路测试方面，2016 年 4 月日本发布《公路自动驾驶实证实验准则》草案，明确各项公路实验规定，2017 年 9 月至 2019 年 3 月在日本国内部分高速公路、专用测试道路上可以进行自动驾驶路测（李亚男，2019）。

2019 年，《道路运输车辆法》修正案正式通过。在修正案中正式制定了自动驾驶实用化的安全标准。日本的新《道路交通法》于 2020 年 4 月 1 日正式实施。该修正案中关于自动驾驶涉及的主要是 L3 级别的自动驾驶汽车。该修正案从法律角度定义了"自动驾驶系统"（自动运行装置），明确自动驾驶系统的功能属性，为界定此类系统的合规性提供了法律依据。根据规定，在日本范围内的自动驾驶汽车的驾驶员可以在车辆的自动驾驶功能运行时使用手机或吃东西，但是不能睡觉、喝酒。通过"硬件＋软件"的形式对自动驾驶系统具象化描述，明确了车辆控制和运行监管的基本要求。此外，该修正案还对一些特殊情况下发生的交通事故责任进行了相关说明，规定了驾驶员应当在什么情况下承担责任。

2020 年 4 月 1 日，日本已允许 L3 级的智能网联汽车合法上路，计划在 2022 年前后，提供固定区域远程监控的自动驾驶服务，并在 2025 年将这种服务扩大到 40 个区域。

（四）中国

在法律法规方面，中国针对自动驾驶汽车相关的立法目前还暂处于空白状态，尚未从国家层面启动自动驾驶的立法程序。基于自动驾驶汽车在驾驶主体认定、网络安全、数据跨境传输等方面与现行法律法规存在冲突，需要在规制上突破。

现有相关法律法规一定程度上限制了自动驾驶的整体发展。如在驾驶主体认定方面，根据我国《道路交通安全法》及相关条例，我国现行法律并未明确规定在控制汽车于道路上行驶方面自动驾驶系统可以代替人类驾驶员。因此，当前在我国，自动驾驶技术的合法地位存疑。此外，根据《公路法》以及《道路交通安全法实施条例》，公路是不能够作为测试机动车性能的场地的，尽管相关部门及部分地方政府已出台的相关规范性文件对自动驾驶上路测试进行了相应规定，但是由于上位法的规定并未根据现如今技术发展的现状进行相应修订，这也使得自动驾驶的路测的处境比较尴尬。

但同时，国家和地方也陆续出台了一些监管细则，规范自动驾驶汽车产业发展。北京、上海、重庆三个地区政府率先试点进行地方性制度试验，一些企业也在监管细则出台后相继获得了测试牌照（刘骏，2019）。此外，工信部也出台了相应的测试规范，且目前国内出台的相关监管规范也和国外主流制度框架基本一致。

总体来看，当前工信部出台的相关规范与各地方政府出台的相关规范大同小异。在规范自动驾驶汽车道路测试方面，从测试主体、测试驾驶、测试车辆三个方面规定了自动驾驶汽车上路的条件。在安全监管方面，根据《道路机动车辆生产企业和产品准入管理规定》，其管理对象已经将自动驾驶汽车纳入其中。在事故责任与保险方面，我国法律尚未做出明确规定。

此外，《对十三届全国人大二次会议第 1622 号建议的答复》（工信建议〔2019〕157 号）等材料中提到关于《道路交通安全法》的修订工作，在修改建议稿中，增加了具有自动驾驶功能的汽车开展道路测试的条件、程序等原则规定，明确了自动驾驶汽车上道路通行的相关要求，以及交通违法和事故责任分担等内容。这段答复表明，立法机关和有关部门在《道路交通安全法》修订中将对具有自动驾驶功能的智能网联汽车进行专门规定，很可能是以原则性规定为主，即采用授权立法的模式，对道路测试、上路权、法律责任等问题提出原则要求，由专门立法进行细化规定。

总体来看，我国目前尚未启动自动驾驶汽车的相关立法工作，但工信办及部分地方政府已经出台了相关的规范性文件，同时，针对《道路交通安全法》的修订工作正在加快推进，关于自动驾驶汽车发展的法律法规环境需加速建立。

（五）总结

总的来看，世界各国立法情况各有异同，通过综合对比各国自动驾驶汽车相关法律法规内容，得出以下相同点与不同点。

1. 相同点

目前来看，世界各国均赋予了自动驾驶汽车合法的地位，如美国、德国、法国、英国、日本等国家，均出台了其相应的自动驾驶汽车法案，其在一定程度上为自动驾驶汽车的发展扫清了法律上的首要障碍。中国也同样赋予了自动驾驶汽车行驶的权利，在部分地区允许自动驾驶汽车上路测试。各国在赋予自动驾驶汽车行驶权利的同时，也都对准入条件做出了严格限制，对相关标准进行统一规范，如美国众议院的《自动驾驶法案》提出对于留存的数据应该采取各种方式来防止其泄露。再比如德国在《道路交通法》的修订案中关于自动驾驶数据收集做出了相当明确的规定，要求六个月后删除相关数据，除非涉及特别事故的，可以三年后删除。

整体来看，在自动驾驶汽车法律法规方面，世界各国在整体指导原则上趋同，法律法规涉及的内容也基本相似，重点包括对象的明确、路测的规定、自动驾驶汽车的监管、关于数据隐私的保护、事故责任的认定等方面。在整体趋同的大形势下，谁最先出台相关法律法规，必将掌握在未来自动驾驶法律法规标准上的话语权，也将成为之后各国建立法律法规的参考（徐金旭，2019）。更多国家会通过对原有道路交通相关法律重新修订修正的方式，添加自动驾驶汽车的内容，循序渐进地建立本国自动驾驶相关法律法规体系。

2. 不同点

综观世界各国关于自动驾驶汽车的立法工作，美国和德国分别展现了针对自动驾驶汽车这样的新兴技术立法的两种不同风格与思路。美国在自动驾驶的立法上显得较为开放，其认为不能让法律阻碍了新技术的发展，所以致力于消除法律层面的障碍，整体来说关于民事责任的方面涉及相对较少。而德国在相关立法上则是保守派的代表，更多从安全问题、伦理问题方面出发，如对汽车侵权责任进行规定等。

此外，在保险及赔偿方面，各国也做出了相应的规定。如美国内华达州的法案提出，自动驾驶汽车在进行测试许可申请时，要强制缴纳 500 万美元保证金；而欧盟则是设立专项基金用于事故责任的赔偿；德国则规定由车辆所有人来承担保险金的责任，提高赔偿责任额度。

相较于上述国家和地区，中国在测试场的相关规定上与之相差较少，中国对测试车辆要求更全面，测试要在特定路段展开，且测试数据需要上传至统一管理平台。测试流程方面，中国的测试流程相对国外来说更为复杂，对自动驾驶汽车企业的道路测试造成了一定的负担。此外，在立法问题上，中国尚未有国家层面的法律法规来对自动驾驶汽车进行规范限制。无论是开放还是保守，各国现有的自动驾驶法律体系建设都为我国未来相关法律法规的出台提供了良好的实践经验。如自动驾驶汽车安全技术标准是道路测试许可准入的重要条件，美国在设置安全技术标准的同时也设置了特定豁免条件（张婷，2020）。

三 产业政策篇对比

随着科技的创新、技术的进步、国家的重视，自动驾驶产业也在此过程中逐渐繁荣发展，以美国、欧盟、日本、中国为代表的全球主要国家和地区的自动驾驶相关政策也逐步颁布并更新，各个国家和地区纷纷加快自动驾驶产业布局，制定发展战略与规划，并在投资、财税激励等各方面给予政策支持。以下分别对美国、欧盟（欧盟及欧洲主要国家）、日本、中国的自动驾驶产业政策进行梳理分析。

（一）美国

2010 年美国交通运输部提出了《智能交通系统战略计划 2010—2014》，第一次从国家战略层级提出大力发展网联（V2X）技术及汽车应用，并从联网汽车应用、技术、政策等方面提出了相应的研究方向，自此，美国智能交通系统正式进入新的发展阶段。随后的 10 年时间里，华盛顿特区及 21 个州相继通过相应法案，允许自动驾驶进行路测（见表 4）。

表 4　美国自动驾驶产业政策

时间	文件名	发文单位
2009 年	《智能交通系统战略规划 2010—2014》	美国交通运输部 ITS 联合办公室
2014 年	《智能交通系统战略规划 2015—2019》	美国交通运输部 ITS 联合办公室
2016 年 9 月	《美国自动驾驶汽车政策指南》	美国交通运输部
2017 年 9 月	《自动驾驶系统 2.0：安全愿景》（ADS2.0）	美国交通运输部
2018 年 10 月	《为交通运输的未来做准备：自动驾驶车辆 3.0》（AV3.0）	美国交通运输部
2020 年 1 月	《自动驾驶汽车准则 4.0》（AV4.0）	美国交通运输部
2020 年 3 月	《智能交通系统战略规划 2020—2025》	美国交通运输部 ITS 联合办公室

资料来源：根据相关政策整理。

在战略与规划方面，美国以五年规划为蓝图布局智能交通发展战略，10 年间发布 3 份战略规划文件，其在愿景与使命上也具有一定的延续性和继承性。愿景从为美国提供一个全国性的互联交通系统，到改变社会的运行方式（整合交通与其他社会公共服务），再更新为加快普及 ITS 的应用，以改变社会的前进方向。在使命方面，从为国家提供具有互联性的交通基础系统、技术和应用程序，演变为进行研发和推广，促进信息和通信技术应用，使社会更加安全有效地前进，再到推进 ITS 的开发和使用，从而更安全有效地运送人员和货物。此外，为稳步实施智能交通系统战略，2016 年以来美国交通运输部相继出台了 4 份政策指导性文件，在监管方面尽量简化和统一口径，在政策上给予诸多优惠。

在投资与财税方面，美国自动驾驶相关的政策涉及较少，就目前来看，还主要停留在指导性的文件上。《自动驾驶汽车准则 4.0》（AV 4.0）列举了美国政府开展的各类投资、促进活动，以及为自动驾驶创新者提供的资源等，包括美国政府在自动驾驶领域的协调与监管活动，如税收、贸易和知识产权、环境质量、竞争、隐私和市场透明度等；美国政府为汽车领域创新者提供的资源，如联邦实验室、测试场与技术转让、美国小企业管理局的资源等。

在配套产业政策方面，美国目前自动驾驶相关产业的政策没有明确提出针对自动驾驶的扶持，而相关配套政策更多的是从网络安全及监管角度进行，致力于安全标准的初步搭建，明确联邦和各州主管部门的监管职责，以及在下一步立法、政策出台、标准拟定等相关议体上确定"时间表"（沈玲，2017）。

综上，近 10 年来，美国自动驾驶相关的政策主要是战略及规划层面的完善，分别从联邦政府和州政府两个层面推进自动驾驶的发展。联邦政府主要负责制定机动车及其相关设备的安全标准，并出台指导性文件，对各州立法提出建议；各州政府则负责从交通规则制定和其他机动车事项方面给予政策支持。就目前来看，联邦政府在统一创新鼓励政策和监管体系方面还有所欠缺。

（二）欧洲地区

欧洲作为全球自动驾驶发展最为成熟的地区之一，具备良好的产业基础，无论是欧盟层面还是欧洲国家层面都积极从政策方面推进自动驾驶的发展。欧盟的立法工作主要由欧盟委员会承担，目前欧盟已经推出了多项促进自动驾驶发展的措施和战略（见表5）。

表5　欧盟自动驾驶产业政策

时间	文件名	发文单位
2008 年 12 月	《欧洲 ITS 发展行动计划》	欧盟委员会
2010 年 3 月	《欧盟 2020 战略》	欧盟委员会
2014 年 1 月	《地平线 2020 计划》	欧盟委员会
2015 年 12 月	《欧盟 GEAR2030 战略》	欧盟委员会
2016 年 4 月	《阿姆斯特丹宣言》	欧盟各国交通部
2016 年 11 月	《合作式智能交通系统战略》	欧盟委员会
2018 年 5 月	《自动驾驶路线图:欧盟未来的驾驶战略》	欧盟委员会
2019 年 3 月	《网联式自动驾驶路线图》	欧盟道路交通研究咨询委员会
2020 年 2 月	《人工智能白皮书》	欧盟委员会

资料来源:根据相关政策整理。

此外,欧洲各个国家内部也相继出台了适用于本国的自动驾驶产业政策来引领产业发展(见表6)。

表6　欧洲主要国家自动驾驶产业政策

国家	时间	文件名	发文单位
英国	2010 年	《智慧交通技术路线图》	英国政府
	2015 年 7 月	《通往无人驾驶之路:自动驾驶汽车测试实践守则》	英国政府
	2017 年 3 月	《英国数字战略》	英国文化媒体与体育部
	2017 年 8 月	《联网和自动驾驶汽车网络安全关键原则》	英国政府
	2019 年 3 月	《未来出行:城市战略》	英国交通部
	2019 年 9 月	《英国互联和自动化出行路线图》	Zenzic
德国	2015 年 9 月	《自动网联驾驶战略》	德国政府
法国	2013 年 9 月	《"新工业法国"战略》	法国政府

资料来源:根据相关政策整理。

在战略与规划方面,2014 年《地平线 2020 计划》提出推进车辆网联化研究后,相应的政策才陆续增多。各成员国共同签署了《阿姆斯特丹宣言》,设立了共同的欧洲智能网联汽车战略目标。《合作式智能交通系统战略》提出大力发展欧盟国家间的合作式智能交通系统,并明确规定该系统的功能特点。之后的《自动驾驶路线图：欧盟未来的驾驶战略》则明确将自动驾驶作为未来研究和创新的重点任务，提供了一个共同的愿景，确定支持关键技术、服务和基础设施的开发及部署，确保欧盟法律和政策框架方面的支持。2019年欧盟还对路线图进行了更新，明确提出基于数字化基础设施支撑的网联式协同自动驾驶。

在投资与财税方面，欧盟的《地平线2020计划》实际上是欧盟为实施创新政策的资金工具。其计划周期为2014年到2020年，预计投入770.28亿欧元，在智能、绿色和综合交通领域计划投入63.39亿欧元。此外，欧盟在2020年的《人工智能白皮书》中提出了一项雄心勃勃的投资计划，将在今后投入每年高达200亿欧元的技术研发和应用资金。法国、英国政府也同样在自动驾驶方面下了血本，2014年，法国公布了无人驾驶汽车发展路线图，计划投资额为1亿欧元。英国建立了2亿英镑的专项基金来推动英国自动驾驶技术的研究，其目标是将英国打造成全球自动驾驶汽车中心。

在配套产业政策方面，目前相关政策主要涉及网络安全、监管及路测方面等。欧盟的《人工智能白皮书》提出人工智能企业必须通过相关部门的安全测试和资质审核才能进入欧盟市场，自动驾驶等"高风险"的人工智能企业均被列为重点审核和监管对象。在网络安全上，英国前瞻性地提出了各方利益主体在网络安全一体上的责任变迁，要求汽车制造商承担起包括抵御网络攻击、对抗黑客在内的一系列网络安全责任。

值得一提的是，英国政府为协调英国测试和开发联网和自动驾驶汽车的工作，还专门联合行业成立了国家平台Zenzic，Zenzic在2019年发布了《英国互联和自动化出行路线图》，其中包含了4大关键主题：社会与民众、车辆、基础设施以及服务。2020年，Zenzic又进一步更新路线图，从软件、自动化、测试、安全等10个方面，阐述了当前英国自动驾驶先进技术以及面临的挑战和问题。

综合来看，欧盟及欧洲国家目前更多是在战略与规划层面推进，针对自动驾驶项目投资较大，同时通过设立专门机构及发布监管、保险等相关政策多方面推进自动驾驶产业的发展。而英国在推进自动驾驶发展方面，无论是投资还是路测、税收、保险等相关政策支持，其力度都较大。德国、法国在政策的制定上则较为保守，更多地采用立法来助力自动驾驶发展。

（三）日本

日本作为汽车产业最发达的国家之一，高度重视人工智能应用，并将自动驾驶作为其重要的发展战略。自 2013 年开始，日本将自动驾驶作为未来发展的重点领域之一，2016 年起陆续发布了自动驾驶相关政策，明确日本自动驾驶发展目标和方向（见表 7）。

表 7　日本自动驾驶产业政策

时间	文件名	发文单位
2013 年	《创造世界最尖端的 IT 国家宣言》	内阁府
2013 年	《创造战略性革新规划》	内阁府
2016 年 5 月	《关于自动驾驶汽车道路测试指南》	日本警察厅
2017 年 6 月	《远程自动驾驶系统道路测试许可处理基准》	日本警察厅
2017 年 3 月	《自动驾驶政策方针 1.0 版》	日本自动驾驶商业化研究会
2017 年 5 月	《官民 ITS 行动/路线计划》	日本政府
2018 年 3 月	《自动驾驶相关制度整备大纲》	日本政府
2018 年 6 月	《未来投资战略》	内阁府
2018 年 9 月	《自动驾驶汽车安全技术指南》	日本国土交通省
2020 年 5 月	《实现自动驾驶的相关报告和方案》（自动驾驶政策方针 4.0 版）	日本自动驾驶商业化研究会
2020 年 6 月	《国土交通白皮书 2020》	日本国土交通省

资料来源：根据相关政策整理。

在战略与规划方面，早在 2013 年，日本政府先后出台了《创造世界最尖端的 IT 国家宣言》和《创造战略性革新规划》，均将自动驾驶作为战略的重点内容之一，将自动驾驶提升到国家战略层面。2016 年，日本第五期（2016～2020 年）科学技术基本计划提出 "Society 5.0"（5.0 社会），提出要将自动驾驶在生产生活中的应用服务列为该战略实施的重要 KPI 考核指标（中国汽车工程学会，2019）。之后日本又相继提出了立法和监管的方向及未来几年自动驾驶的发展目标，并且在面向自动驾驶的道路环境改造、技术研发升级以及社会试点试验三个方面出台了一系列的支持政策与具体措施。此外，日本经济产业省与国土交通省在 2015 年建立了自动驾驶研究工作组，定期制定日本自动驾驶技术路线图，并推动相关国际标准的协调工作，后称自动驾驶商业化研究会。2017 年该工作组发布了《日本自动驾驶政策方针1.0 版》，到 2020 年已经更新至 4.0 版本，内容涉及无人驾驶服务的实现和普及路线图以及先进自动驾驶技术的测试验证。

在投资与财税方面，2013 年发布的《创造战略性革新规划》就提出了通过官民合作及给予资金的方式促进自动驾驶技术的发展。2017 年，日本政府在临时内阁会议上通过了 2017 年经济财政运营基本方针和《未来投资战略》的经济增长新战略，确定了以人才投资为支柱，重点推动物联网建设和人工智能的应用。而 2018 年的《未来投资战略》中自动驾驶汽车的内容占了不小的篇幅。为了促进技术开发，日本提出到 2020 年，选取部分区域的公共道路，开始提供自动驾驶汽车移动出行服务，到 2030 年再将此服务扩大到日本 100 个地区（张冬梅，2018）。

在配套产业政策方面，2017 年 6 月日本发布了《远程自动驾驶系统道路测试许可处理基准》，允许自动驾驶汽车在驾驶座位没有人的状态下进行道路测试，同时对审查标准和许可实施条件进行规定。在安全方面，为减少自动驾驶系统事故发生频率，2018 年日本发布了《自动驾驶汽车安全技术指南》，旨在于自动驾驶汽车国际标准出台之前，主导国际话语权。在监管方面，2020 年发布的《实现自动驾驶的相关报告和方案》（自动驾驶政策方针 4.0 版）对 L4 级别车辆做出了包括远程监控、车内需要留有乘务员看守以及速度的限制等。

总体来看，对于自动驾驶的发展，日本政府给出了明确的计划表，可以说已将自动驾驶作为国家塑造高精尖制造大国的形象的一个技术亮点，并为此出台了一系列扶持政策。其关于具体的投资财税方面的政策主要是通过提供资金以及人才投资方面对自动驾驶的研究发展机遇予以支持，而配套产业政策多是从路测相关规定及监管、安全规定、官民合作等方面入手，以此来积极引导自动驾驶产业发展，推进其商业化进程。

（四）中国

自 2012 年以来，国家陆续发布了一系列自动驾驶汽车产业的相关政策文件，明确了发展的目标及任务，并颁布了相关的法律法规及标准，同时提出设立示范基地，对自动驾驶汽车进行试点示范，推进基础设施建设等发展要求，为我国自动驾驶汽车产业的发展提供了强有力的政策保障（见表8）。

表8　中国自动驾驶产业政策

时间	文件名	发文单位
2012 年 7 月	《交通运输行业智能交通发展战略 2012—2020》	交通运输部
2015 年 3 月	《2015 年智能制造试点示范专项行动实施方案》	工信部
2015 年 7 月	关于公布 2015 年智能制造试点示范项目名单的通告	工信部
2015 年 7 月	《国务院关于积极推进"互联网＋"行动的指导意见》	国务院
2015 年 11 月	关于印发贯彻落实《国务院关于积推进"互联网＋"行动的指导意见》行动计划（2015—2018 年）的通知	工信部
2016 年 3 月	《"十三五"汽车工业发展规划意见》	中汽协
2016 年 5 月	《"互联网＋"人工智能三年行动实施方案》	国家发展改革委、科技部、工信部、网信办
2016 年 7 月	《推进"互联网＋"便捷交通促进智能交通发展的实施方案》	国家发展改革委、交通运输部
2016 年 3 月	《智能制造试点示范 2016 专项行动实施方案》	工信部
2016 年 6 月	关于公布 2016 年智能制造试点示范项目名单的通告	工信部
2016 年 4 月	《装备制造业标准化和质量提升规划》	质检总局、国家标准委、工信部
2016 年 10 月	《节能与新能源汽车技术路线图》	中国汽车工程学会
2016 年 12 月	《信息通信行业发展规划（2016—2020 年）》	工信部
2017 年 2 月	《"十三五"现代综合交通运输体系发展规划》	国务院
2017 年 4 月	《汽车产业中长期发展规划》	工信部、国家发展改革委、科技部
2017 年 4 月	关于开展 2017 年智能制造试点示范项目推荐的通知	工信部
2017 年 9 月	关于公布 2017 年智能制造试点示范项目名单的通告	工信部
2017 年 7 月	《关于印发新一代人工智能发展规划的通知》	国务院

续表

时间	文件名	发文单位
2017 年 11 月	《增强制造业核心竞争力三年行动计划（2018—2020 年）》	国家发展改革委
2017 年 12 月	《促进新一代人工智能产业发展三年行动计划（2018—2020 年）》	工信部
2018 年 1 月	《智能汽车创新发展战略》（征求意见稿）	国家发展改革委
2018 年 12 月	《车联网（智能网联汽车）产业发展行动计划》	工信部
2019 年 7 月	《数字交通发展规划纲要》	交通运输部
2019 年 12 月	《新能源汽车产业发展规划（2021—2035 年）》（征求意见稿）	工信部
2020 年 2 月	《智能汽车创新发展战略》	国家发展改革委
2020 年 10 月	《节能与新能源汽车技术路线图 2.0》	中国汽车工程学会
2020 年 11 月	《新能源汽车产业发展规划（2021—2035 年）》	国务院

资料来源：根据相关政策整理。

在战略与规划方面，自 2012 年起，国务院、工信部、国家发展改革委等部门就相继发布相关产业的战略及规划文件，提出自动驾驶未来发展战略。《汽车产业中长期发展规划》提出以新能源汽车和智能网联汽车为突破口，引领产业转型升级，加大智能网联汽车关键技术攻关，充分发挥智能网联汽车联盟等作用；2020 正式发布的《智能汽车创新发展战略》提出到 2025 年，将基本形成中国标准智能汽车的技术创新、产业生态、法规标准等体系（郝云颖，2020）。2035～2050 年，中国标准智能汽车体系将全面建成、更加完善（国家发展改革委，2020）。

其实早在 2014 年 10 月，工信部就委托中国汽车工业协会、中国汽车工程协会、全国汽车标准化技术委员会分头对自动驾驶展开研究，两年后，中国公布了《节能与新能源汽车技术路线图》。在 2020 年 11 月的智能网联汽车大会上，中国还公布了《智能网联汽车技术路线图 2.0》，将时间目标扩展至 2035 年，五年为一个周期分为发展期、推广期、成熟期三个阶段，从而实现形成一批引领世界的智能网联汽车整车和零部件厂商的发展目标。

在投资与财税方面，中国一直以来从多渠道对自动驾驶的发展进行资金支持，利用多种资金渠道，支持智能汽车基础共性关键技术研发和产业化等内容（国家发展改革委，2020）。各级交通运输主管部门积极争取财政性资金、专项资金等支持数字交通建设，探索政府和社会资本合作模式。同时，强化税收金融政策引导，落实中小企业和初创企业的财税优惠政策。

在配套产业政策方面，中国主要是从互联网、人工智能、制造业、信息通信行业等方面制定政策，从而支持保障自动驾驶产业的有序发展。如在人工智能行业方面，提出通过加快智能化网络基础设施的建设推动自动驾驶发展。在制造业方面，将智能汽车作为未来制造业发展的重点领域之一，组织实施关键技术产业化专项。在信息通信行业方面，《信息通信行业发展规划（2016—2020年）》提出加大信息通信技术开发应用力度，通过信息通信技术的发展支撑自动驾驶技术的发展。

总体来看，中国在政策层面针对自动驾驶的扶持是多方并行的，无论是战略与规划、投资与财税，还是配套的产业政策，都在逐步共同发力，其中多以战略规划类为主，内容也更为细化。同时进一步加强基础设施建设、科技信息支持，从相关产业层面对自动驾驶技术及产业的发展进行多方位扶持。

（五）总结

从各个国家自动驾驶产业发展现状来看，2019年可以被看作是自动驾驶产业的商用之年，自动驾驶产业发展正在褪去表面的喧嚣，而变得更加理性。梳理分析不同国家和地区的智能网联汽车产业相关政策，得出以下相同点和不同点。

1. 相同点

通过对不同国家和地区自动驾驶汽车政策的汇总分析，不难看出，美国、欧盟及英法德、日本、中国的自动驾驶汽车政策目前都是以战略及规划为主，智能网联汽车产业作为新兴产业，从起步到探索进而到目前的发展阶段，需要政策的保驾护航，因而政府偏好于从战略及规划入手。此外，各个国家和地区同时还从投资与财税及配套产业方面出台政策，对自动驾驶的整体产业发展进行扶持。

在战略与规划方面，美国、欧盟及英法德、日本、中国都将自动驾驶汽车作为现在及未来重点发展的领域之一，并提出了明确的时间表及发展路线图，一些关键的时间点也渐趋一致。此外，就目前来看，各国基本都是以基础设施建设为主。

在投资与财税方面，美国、欧盟及英法德、日本、中国都对自动驾驶汽车的研发投入了大量的资金，建立专项资金，推进示范项目，在技术发展、保险等方面给予支持，提出问题解决方案。但整体而言，财务金融、税收优惠这样的直接性工具使用较少。

在配套产业政策方面，目前美国、欧盟、日本及中国多是从互联网及人工智能产业对自动驾驶产业的发展进行扶持。多份文件提出大力发展"互联网＋"人工智能产业，从而加快人工智能核心技术突破，以推动自动驾驶、车联网等领域的工作（国务院，2015）。

总体就目前而言，相关政策的发展是各国自动驾驶汽车产业发展的主要推动力，多从宏观层面对产业发展方向、具体战略目标、技术目标、产业标准等角度对自动驾驶发展进行引导。

2. 不同点

近年来各国自动驾驶的发展进度都在逐步加快，尤其是商业化落地进程，但由于各国国情及产业发展程度均不相同，不同国家的政策支持力度也不相同。

在战略与规划方面，美国、欧盟发展较早，在整体进度上属于先发先至；日本在政策发布方面则较为激进，早在 2013 年就为日产发放了首张自动驾驶车牌，此外为了东京奥运会的举办，日本更是进一步加快了自动驾驶商业化的落地；中国政府则属于稳步推进。整体来看，我国自动驾驶汽车产业起步较晚，但追赶力度相对较大，在政策制定及落地方面政府执行效率高，不仅仅局限于基础设施的建设，同时还建立了多个示范基地，进行车路协同测试，应用示范落地先行。

在投资与财税方面，美国、日本政府直接性的政策涉及较少，多是通过财政投入为自动驾驶创新者提供资源；欧盟则对此专门发布了实施创新政策的资金工具，设立专项资金来扶持自动驾驶产业的发展；中国更多地从多渠道对自动驾驶进行资金支持，同时强化税收金融政策引导，并利用金融租赁等政策工具，对自动驾驶汽车产业进行重点扶持。与美国、欧盟、日本相比，我国在投资与财税方面的政策较为均衡。

在配套产业政策方面，美国更多持有中立态度，始终延续技术中立的政策，不过多干涉技术创新；欧盟、英国、日本从安全监管、路测规定等方面进行支持；中国则全方位逐步投入。与美国、欧盟、日本相比，我国虽起步较晚，但正逐步开展更为具体化的产业扶持政策，不仅从自动驾驶产业出发，同时从互联网、人工智能、制造业、信息通信等行业同步发力对自动驾驶技术发展给予支持。此外，我国还通过设立跨界交叉融合创新平台，为自动驾驶汽车产业提供科技信息支持。

总体来看，美国、欧盟及英国、法国、德国、日本、中国都将自动驾驶产业当作国家的重要战略来进行积极推动，但由于各国国情不同，产业发展进度也不同，各国政府也给予了不同程度的政策扶持，自动驾驶俨然已经成为一场全球性的竞赛。

四　北京市自动驾驶产业政策法规现状

（一）政策法规现状

北京作为国内最早为自动驾驶建立路测标准法规并发放测试牌照的地区之一，一直积极探索制定自动驾驶的"中国标准"，并将"安全第一、有序创新"作为工作推进的基本思路（Lux，2020）。近年来，北京积极引领中国标准自动驾驶汽车发展路径，并出台了与之相适应的政策法规（见表9）。

表9　北京市自动驾驶政策法规

发布时间	文件名
2017 年 12 月	《北京市自动驾驶车辆道路测试管理实施细则(试行)》(自动驾驶道路测试1.0版本)
2017 年 12 月	《北京市关于加快推进自动驾驶车辆道路测试有关工作的指导意见(试行)》
2017 年 12 月	《北京市加快科技创新培育新能源智能汽车产业的指导意见》
2018 年 2 月	《北京市自动驾驶车辆封闭测试场地技术要求(试行)》 《北京市自动驾驶车辆道路测试能力评估内容与方法(试行)》
2018 年 3 月	《北京市自动驾驶车辆测试路段道路要求(试行)》(已废止)
2018 年 12 月	《北京市智能网联汽车创新发展行动方案(2019 年—2022 年)》
2019 年 1 月	《北京市5G产业发展行动方案(2019 年—2022 年)》
2019 年 9 月	《北京市自动驾驶车辆测试道路要求(试行)》
2019 年 12 月	《北京市自动驾驶车辆道路测试管理实施细则(试行)》(自动驾驶道路测试2.0版本)
2019 年 10 月	《关于通过公共数据开放促进人工智能产业发展的工作方案》
2020 年 6 月	《关于加快培育壮大新业态新模式促进北京经济高质量发展的若干意见》附件1《北京市加快新型基础设施建设行动方案(2020—2022 年)》
2020 年 6 月	《关于加快培育壮大新业态新模式促进北京经济高质量发展的若干意见》附件2《北京市加快新场景建设培育数字经济新生态行动方案》
2020 年 11 月	《北京市自动驾驶车辆道路测试管理实施细则(试行)》(自动驾驶道路测试3.0版本)
2021 年 4 月	《北京市智能网联汽车政策先行区总体实施方案》

除上述市级层面的政策法规外，各区、园区也陆续出台相应的支持政策。如2019年11月海淀区人民政府出台《关于支持中关村科学城智能网联汽车产业创新引领发展的十五条措施》，2020年6月北京经济技术开发区发布《北京经济技术开发区关于加快四大主导产业发展的实施意见》，2020年10月中关村科技园区也出台了《中关村国家自主创新示范区数字经济引领发展行动计划（2020—2022 年）》。各区、园区政策重点从场景建设、测试场打造等方面出发，为自动驾驶的复杂场景测试铺路，提供场景准入支持。

2021年4月，北京发布的《北京市智能网联汽车政策先行区总体实施方案》，重点提出要依托高级别自动驾驶示范区设立北京市智能网联汽车政策先行区。范围包括亦庄225平方千米规划范围、北京大兴国际机场以及京台高速公路北京段、京津高速北京段等6条总长143千米的高速和城市快速路段，涵盖城市、高速、快速路等多场景环境（北京市人民政府，2021）。

政策先行区有几个特色的政策：第一，允许企业开展基于收费的商业运营；第二，允许无人配送车获取路权上路运营；第三，支持智能网联汽车异地测试结果互认，这是全国率先推动；第四，开放自动驾驶高速公路测试，目前正在认证相关的制度机制和实施细则。北京是国内首个智能网联汽车政策先行区。

此外，北京还通过政产学研等各方合作，在产业共性技术、评测方法、法规、标准等多个方面开展工作。2016年10月，由北京千方科技股份有限公司牵头，联合汽车、通信、互联网、交通等领域的9家龙头企业共同出资成立了北京智能车联产业创新中心有限公司（智能车联），这是全国首家自动驾驶测试与服务领域的市级产业创新中心。北京智能车联致力推动自动驾驶及车联网试验平台建设与测试评价技术标准化工作，牵头制定包括《自动驾驶车辆封闭试验场地技术要求》《自动驾驶车辆道路测试数据采集技术要求》《自动驾驶车辆测试安全管理规范》等多项标准。北京智能车联与产业伙伴合作建设虚拟仿真实验室、人机混驾实验室和车路协同网联测试实验室，已初步形成自动驾驶虚拟仿真—封闭场地—开放道路逐级联动的测试评价服务体系。

（二）产业发展现状

1. 道路测试

北京自2017年起成为中国首个批准在公共道路上进行自动驾驶汽车测试的城市，在自动驾驶汽车发展方面一直领先于众多其他国内城市，北京还不断投放资源研究和推动自动驾驶汽车的应用，成为其他城市的典范。毕马威2020年7月发布的《自动驾驶汽车成熟度指数》中，北京被认定为在推动自动驾驶汽车发展方面有开创性成就的五大城市之一，其他4个城市分别是底特律、赫尔辛基、匹兹堡和首尔。目前，北京市自动驾驶开放测试道路、区域范围、服务规模、测试拍照及测试里程均居全国首位。截至2020年底，北京共认定封闭试验场地4个，仿真测试平台1个。截至2021年6月底，北京市自动驾驶车辆道路测试安全行驶里程已超过300万千米，开放测试道路 227 条合计 762.52 千米，已向 16 家企业 105 辆车发放自动驾驶道路测试用临时号牌（见图 2）。2020 年，北京市在载人示范运营、无人物流、无人配送等自动驾驶商业模式探索方面均有所突破。2020 年度，百度 43 辆车获批允许开展第三阶段测试，5 辆车获批开展无人化第一阶段测试，小马智行 5 辆车获批开展载人第一阶段测试。

图 2　北京市自动驾驶道路测试情况

资料来源：智能车联产业创新中心。

百度与北京智能车联产业创新中心开展了 64827 千米的无人化测试验证，在北京市众多的测试企业中，百度 Apollo 作为其中的代表，已连续第三年成为投入测试车数量最多、测试里程最长的企业。2020 年，百度 Apollo 在北京路测的车辆达到 55 台，占北京市总投入自动驾驶测试车辆的 75%，测试里程达到 112.53 万千米。截至 2020 年底，有 15006 人次通过手机 App 呼叫百度自动驾驶出租车，九成以上的用户表示未来愿意继续使用该服务。2021 年 4 月 13 日，北京市颁发了首批夜间及特殊天气自动驾驶公开道路测试资质，这也是全国首次针对早晚高峰、夜间、暴雨天等特殊路况发放自动驾驶测试牌照，其中百度 Apollo 拿到 53 张夜间及特殊天气测试通知书、5 张一般性道路测试牌照。夜间及特殊天气测试资质的发放等，是北京经济开发区向规模化、长时段自动驾驶运营迈出的又一步。

2. 产业现状

走在前沿的政策法规引领着北京市的自动驾驶汽车产业的快速发展，目前北京已经基本形成自动驾驶汽车领域包括"车""路""云""网""图"五个方面的全产业链布局。北汽、百度、千方科技、地平线、四维图新、北斗等自动驾驶相关企业不断推动技术创新，积极布局探索，北京各园区也依托自身优势，在相关自动驾驶汽车政策的扶持下，形成各具特色、优势突出的自动驾驶汽车产业集群。

北京经济开发区作为国家智能汽车与智慧交通（京冀）示范区亦庄基地所在地，是北京首个最高级别（T5 级）的封闭试验场。国家新能源汽车技术创新中心、国汽智能网联汽车创新中心、北京智能车联产业创新中心相继落地北京经济开发区，形成三大核心平台。引进了包括百度阿波罗总部、道锐达毫米波雷达、启迪国际、小马智行自动驾驶、踏歌智行矿卡无人驾驶、主线科技研发总部、四维智联智能网联等一批国内外翘楚企业。2020 年，北京经济开发区开放道路测试里程增长率达 112%，为全市增速最快区域，从测试里程与道路长度的关系来看，2020 年北京经济开发区开放道路长度占北京市开放道路总长度的 46%，测试里程占总里程的 74%，成为全市开放道路规模最大、道路使用率最高、测试主体测试意向最大区域（亦城时报，2021）。

顺义区规划了 200 平方千米的智能网联汽车创新生态示范区，集聚北汽集团等汽车总部，理想汽车、奔驰新能源等 5 大整车以及宝马研发中心等 100 余家核心企业，打造了全市首个智能网联汽车特色小镇，建设了 1200 亩的自动驾驶封闭测试场，建设了 7.5 千米开放式 5G 商用智慧交通车路协同项目，已完成 1240 个 5G 基站建设，开通 1064 个，无人驾驶道路测试里程超 20 万千米（王可心，2020）。首期已通过市级联合验收并正式投入运营，145 千米的公开测试道路形成"车、路、云、网、图"设施于一体的智能网联协同发展生态，将顺义区打造成具有全球影响力的新能源智能汽车创新与应用中心。自动驾驶应用领域广泛，包括智慧物流、智慧公交、无人清扫、自动驾驶出租等服务项目已在顺义部分地区开展应用示范运营，如物流基地、白马路沿线、奥林匹克水上公园等。

中关村科学城位于海淀区，众多实力强、科研技术先进的自动驾驶企业在此云集，此外，规划面积约为100平方千米的示范区的运营也为自动驾驶的发展助力。凭借着企业数量多与示范区规模面积大的优势，中关村科学城自动驾驶示范区的自身定位也与国际领先看齐，不仅是国际一流的创新示范区，也是世界级自动驾驶汽车的创新区与产业聚集区。根据相关数据显示，2020年6月初第一批次测试路段对外开放，共计52条道路，215.3千米测试路程。截至2020年6月，各类型自动驾驶车辆已在该测试区内测试运行107天，共计完成测试5360余小时、760余车次，累计参与测试人员达1070余人次（任淑云，2020）。未来，中关村科学城示范区还将从示范区建设与产业集群两方面深入发展，不但要形成产业协同研发的空间布局，还要围绕关键节点，布局智能网联汽车关键领域，打造智能网联汽车产业集群。

位于石景山区的首钢园，作为2022冬奥会的场地被广为熟知，它也是自动驾驶服务示范区，早在2018年就开始试运行。为使自动驾驶更好地服务于冬奥会，借冬奥会契机向世界展示中国的实力，园区不断加强测试道路建设，目前已建成布有车路协同设备的测试道路10千米，同时与北汽、百度、京东等11家自动驾驶汽车项目企业合作，目前已有9种无人车在园中试运行，累计测试里程已达15万千米（孙云柯，2021）。此外，在场景设计及配套设施建设工作方面，首钢园区也在不断推进，如大跳台停车场自动驾驶专用充电桩的配套建设现已完成。

3. 城市对比

近年来，各城市针对自动驾驶的推动力度相对较大，依据自动驾驶汽车产业链上中下游构成，重点对北京、上海、深圳、广州、杭州这五大城市的自动驾驶汽车产业发展进行对比梳理。在产业链细分领域中选择11个细分领域，具体包括有摄像头、激光雷达、毫米波雷达、高精度地图、高精度定位、芯片、通信、整体解决方案供应商、整车、出行服务、物流服务，表 10 为五大城市相关领域的重点企业数量分布。

表 10 自动驾驶产业链城市布局（重点企业数量）

单位：家

城市	摄像头	激光雷达	毫米波雷达	高精度地图	高精度定位	芯片	通信	整车	出行服务	物流服务	整体解决方案供应商	总计
北京	2	2	6	11	8	15	5	3	3	4	7	66
上海	2	2	3	1	4	8	3	6	1	5	2	37
深圳	4	3	9	3	2	9	7	3	1	4	4	49
广州	7	1	1	0	3	3	5	2	1	1	1	25
杭州	1	1	2	1	3	2	1	6	2	0	2	21
总计	16	9	21	16	20	37	21	20	8	14	16	198

资料来源：根据相关资料整理。

统计梳理各城市自动驾驶汽车产业链 11 个细分领域的企业数量，可得知北京自动驾驶重点相关企业数量最多，达 66 家，其次是深圳，共有 49 家相关企业，之后依次是上海 37 家、广州 25 家以及杭州 21 家（见表 11）。

表 11 五大城市自动驾驶汽车产业链重点企业数量及代表

城市	重点企业数量（家）	重点企业代表
北京	66	百度、小马智行、滴滴、四维图新
深圳	49	腾讯、华为
上海	37	上汽、保隆科技、西井科技、千寻位置
广州	25	文远知行
杭州	21	阿里巴巴、吉利

资料来源：根据相关资料整理。

不难发现，在自动驾驶汽车发展方面，北京有着得天独厚的优势。北京的高校数量全国第一，可为行业发展提供稳定的人才储备，政策支持也为产业发展增添活力，多类型的测试场地更是为自动驾驶汽车的实际测试提供了有力支撑，这些都吸引着越来越多的自动驾驶汽车企业到北京布局。百度、滴滴、京东、小马智行、地平线、四维图新等众多自动驾驶知名企业落户北京，众多知名企业扎根北京也形成产业规模效应，进一步推动北京自动驾驶产业的发展。

北京最先出台自动驾驶相关政策，上海则是最先发放智能网联开放道路测试号牌，上汽与蔚来获得了首批开放道路测试资格。广州和深圳的发展则得益于商业场景落地的大胆尝试，广州的文远知行是全国第一家获得自动驾驶网约车运营许可的公司；深圳的元戎启行也获准在深圳开展自动驾驶载人应用示范。此外，随着互联网巨头腾讯、华为的入场，深圳的自动驾驶汽车产业必然如虎添翼。相对于前两年的发展优势，杭州在测试方面却后劲略显不足，但杭州的自动驾驶网约车也正在路上，预计明年可以运行，同时有着阿里巴巴和吉利的投入，杭州也将成为中国自动驾驶的重要力量之一。

图3为五大城市自动驾驶产业11个细分领域的重点企业数量及代表。汇总可以发现，虽然自动驾驶汽车是一个新兴事物，但代表性企业不仅仅是那些初创的自动驾驶企业，同时还包含那些老牌供应商、车企。此外，也有越来越多的互联网科技企业加入自动驾驶汽车产业发展当中，为产业的整体发展增添了新的活力。

五　对策建议

（一）优化地铁换乘接驳

冬奥会的脚步越来越近，可以预期将有更多体现绿色、共享、开放、廉洁的奥运理念，代表国家实力的高科技落地冬奥会。自动驾驶作为集人工智能、电子信息和智能制造等高科技于一体的新兴产业，因在交通智慧出行链上相比人工驾驶具有全天候运行、成本低、安全性高和智能化等优点，可以满足竞技场间的人员接送、雪橇雪板等运动设备运输、场馆设备设施无人服务等需求，从而减少司乘人员的投入，提高运输安全性，满足运动员的实时

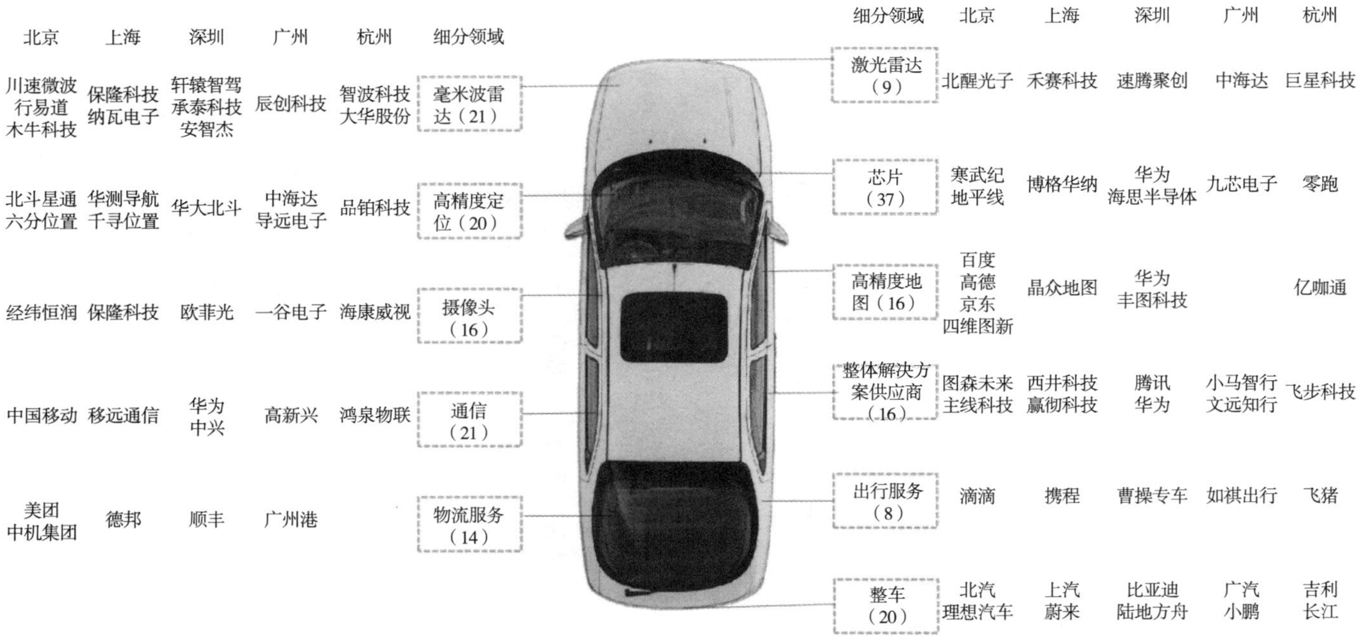

细分领域	北京	上海	深圳	广州	杭州
激光雷达（9）	北醒光子	禾赛科技	速腾聚创	中海达	巨星科技
芯片（37）	寒武纪 地平线	博格华纳	华为 海思半导体	九芯电子	零跑
高精度地图（16）	百度 高德 京东 四维图新	晶众地图	华为 丰图科技		
整体解决方案供应商（16）	图森未来 主线科技	西井科技 赢彻科技	腾讯 华为	小马智行 文远知行	亿咖通
出行服务（8）	滴滴	携程	曹操专车	如祺出行	
整车（20）	北汽 理想汽车	上汽 蔚来	比亚迪 陆地方舟	广汽 小鹏	吉利 长江

北京	上海	深圳	广州	杭州	细分领域
川速微波 行易道 木牛科技	保隆科技 纳瓦电子	轩辕智驾 承泰科技 安智杰	辰创科技	智波科技 大华股份	毫米波达（21）
北斗星通 六分位置	华测导航 千寻位置	华大北斗	中海达 导远电子	品铂科技	高精度定位（20）
	经纬恒润 保隆科技	欧菲光	一合电子	海康威视	摄像头（16）
	中国移动 移远通信	华为 中兴	高新兴	鸿泉物联	通信（21）
美团 中机集团	德邦	顺丰	广州港		物流服务（14）

图 3 自动驾驶细分领域企业数量及代表（北京、上海、深圳、广州、杭州）

资料来源：根据公开数据整理。

189

需求。同时应用电动汽车实现 CO_2 零排放的自动驾驶,将成为低碳能源和低碳交通的代表,有效支持冬奥会达成碳排放全部碳中和的目标。因此,自动驾驶在国际赛事上的使用成为赛事主办方宣传的亮点,如韩国 2018 年平昌冬奥会和日本东京奥运会,都宣传其将自动驾驶应用于竞技场间人员接送等工作。

北京冬奥会和冬残奥会筹办期间,中国政府也启动了自动驾驶测试工作。北京冬奥组委办公区的驻地——首钢园区已有包括百度无人驾驶小巴阿波龙、新石器自动售卖车等在内的多种自动驾驶车型在测试和示范运行,落地在无人接驳、无人配送、无人清扫、编队行驶等八个方面提供真实的自动驾驶应用场景。试运行阶段取得一定成绩,但也存在实际测试车辆相对较少、测试区域有限、距离实际应用场景差距较大,雨、雪、雾、大风等特殊天气的测试缺乏,冰雪道路等特殊路面测试缺失等一些问题。考虑到冬奥场馆存在道路颠簸、雨雪天气、冰面道路、卫星信号遮挡等异常状况干扰导致的测量误差增大、精度失准等特殊的场景需求,现有自动驾驶要满足一年后北京冬奥会和冬残奥会中自动驾驶的大规模示范和商业化落地还有一定距离。

在北京冬奥会即将迎来倒计时一周年之际,北京应充分利用冬奥运和冬残奥会契机,加快自动驾驶创造示范运行和商业化落地。北京交通大学北京综合交通发展研究院刘颖琦教授课题组建议从以下几个方面加快推动自动驾驶示范运行和商业化落地。

1. 在三个赛区各场馆全面开展自动驾驶示范运行和商业化落地

结合冬奥场馆特殊的场景需求,加快在北京、延庆和张家口三个赛区共 25 个场馆增加包括雨、雪、雾、大风等特殊天气的测试,增加冰雪道路等特殊路面测试以及增加夜间测试等工作,继而结合实际场馆赛事需求,在实地真实场景中全面开展自动驾驶汽车的示范运行和商业化落地。

2. 建立积分制机制,鼓励多类主体积极参与,实现北京自动驾驶技术创新发展

鼓励各类企业积极参与冬奥场馆区域内的自动驾驶载人载物测试运营、

技术与商业模式创新等，对与自动驾驶相关的诸如5G、高清地图、芯片等高新技术企业参与测试的予以积分制鼓励，对表现优异的企业予以冬奥会和冬残奥会的自动驾驶参与优先权。

3. 结合冬奥会和冬残奥会细分场景建立北京标准，推进京津冀自动驾驶协同发展

对冬奥会期间所需的自动驾驶细分场景进行分类，如无人接驳、无人配送、无人清扫、无人巡检、编队行驶等，建立每类场景的自动驾驶车辆需要达到的测试要求、技术和产品标准等；在京津冀协同发展的视角下，打造京津冀自动驾驶产业集群，带动自动驾驶产业创新发展。

4. 加强舆论宣传，鼓励公众关注冬奥会自动驾驶示范运行

利用公开渠道积极宣传奥运场馆区域自动驾驶示范运行的情况，定期发布中国冬奥会和冬残奥会自动驾驶可持续发展报告，提升社会各界对自动驾驶的关注度，推动公众更快接受自动驾驶载人车辆，强化民众对自动驾驶的需求，为自动驾驶商业化落地提供市场。

（二）推动北京市自动驾驶出租车的道路测试与示范运营的建议

政府不断加码，自动驾驶企业集聚，使得北京在自动驾驶产业发展中处于全国领先水平。截至2019年底，北京市累计为13家自动驾驶企业77辆车发放一般性道路测试牌照，路测里程达104万千米，其中，百度以近90万千米测试里程遥遥领先（北京智能车联产业创新中心，2020）。2020年10月11日起，百度在北京市全面开放自动驾驶出租车服务，在北京经济技术开发区（亦庄地区）、海淀区、顺义区设置了数十个自动驾驶出租车站点，乘客可以使用百度地图或Apollo GO App直接下单，免费试乘自动驾驶出租车服务。

1. 北京市自动驾驶出租车测试与运营现状及问题

此次在北京开放的Robo-taxi测试区域总长度约700千米，覆盖海淀、亦庄等地生活圈和商业圈的数十个站点。测试区域内共投放了40辆带有自动驾驶载人测试牌照的汽车。根据调研结果，百度公司提供了非常详细的关

于自动驾驶出租车测试和运营的相关信息，且自动驾驶出租车的呼叫系统较为完善。在稻香湖区域中，由于人流、车流较少，自动驾驶出租车的运行较为平稳，基本上没有出现需要车内安全员接管的情况，但在亦庄区域多次出现安全员接管车辆的情况，车辆也出现多次紧急刹车的情况。不难看出，北京市的自动驾驶出租车产业尚处于起步期，在实际测试运营中存在一些不足。

第一，纯电动汽车应用比例较低。虽然在路测阶段，很多车辆选用了插电式混合动力或纯电动汽车，但本次百度的自动驾驶出租车试运行主要采用林肯的传统混合动力汽车，偶有几辆红旗纯电动车在运行。目前测试车辆除了顶部的雷达外，车辆的后备厢被设备占据2/3的空间，自动驾驶出租车上所带的各种电子设备较多，对自动驾驶出租车的电力需求大，纯电动车的续航里程和充电时间问题可能是造成没有选择纯电动作为测试车辆的主要原因。但传统的混合动力汽车存在汽车尾气排放，影响环境等诸多问题，与国家和北京市新能源汽车发展规划吻合度低。

第二，测试场景简单。百度自动驾驶出租车的运营时间为10：00～16：00，且在雨、雾、大风等天气时不开放。海淀和亦庄两个测试路段中，前者路况相对简单，自动驾驶出租车的站点较少，里程也较短，后者的路况相对复杂，场景也更多。但整体上二者所在区域都远离城区，复杂路况较少，测试的场景也比较有限，且仅在天气条件好的白天进行测试。这使得测试获得的数据有限，更多特殊及复杂场景得不到测试与验证，影响自动驾驶算法优化限制产业落地速度。

第三，测试区域有限。百度自动驾驶出租车在北京的两个测试区域总长度约700千米，实际运行中相邻两个站点之间的距离一般在6千米以内，行驶时间在11分钟以内（速度控制在60千米/小时以下）；全程行驶时间不超过45分钟，测试范围和场景均有限。目前面对相对复杂的交通路况如无保护左拐、地面障碍物避让、外卖车避让等以及延伸出的大量极端场景，自动驾驶出租车的应对能力存在较多不足。现有示范场景与真实商用场景存在差距，没有充分利用北京市各大园区、公园等区域在实际应用场景中的作用。

2. 北京市自动驾驶出租车测试与运营政策建议

针对以上问题，结合北京市自动驾驶出租车产业现状，提出以下建议。

第一，建立积分制机制，鼓励纯电动汽车在自动驾驶中的应用。对进入测试与运营的企业进行积分制考核，根据其测试车辆数、测试里程、订单数量、用户评价、安全事故次数等标准给予积分及相应的财政补贴或惩罚，激励企业积极参与 Robo-taxi 测试运营、技术与商业创新等。此外，在技术限制下，相关企业采用纯电动车会有较多的成本与效益上的顾虑，因此在载人测试中可考虑从机制体制入手，对采用纯电动汽车的企业结合测试里程给予载人测试积分，政府结合积分对表现良好的企业给予一定的财税奖励或利好的经营准入条件等，激励企业更多使用纯电动自动驾驶出租车。

第二，丰富测试场景，拓宽测试与示范运营区域，建立商业化试点示范区。考虑开放多区域、多场景、多时段的 Robo-taxi 示范运营，包括城市、乡村、高速等不同场景；增加雨、雪、雾、大风等特殊天气的测试；延长测试时间，增加夜间测试。在海淀和亦庄基地之外，进一步拓宽测试与示范运营区域，逐步开放顺义智能网联汽车创新生态示范区、北京市智能网联汽车示范运行区（首钢园）等其他测试场和示范区的自动驾驶出租车的试运营权限；结合大型体育赛事如冬奥会、大型国际会议如世界智能网联汽车大会等在奥林匹克森林公园、滑雪中心等奥运场馆、展览馆、公园等区域试点自动驾驶出租车的商业化运营，为其提供多样化真实场景。

在北京建立专门的自动驾驶出租车商业应用试点示范区，试点向中小型企业及创新型企业降低道路测试、示范运营及出租车经营权门槛，鼓励多种形式的自动驾驶出租车商业运行模式。同时建立适用的应用示范与运营监管体系，制定相应的市场准入标准和经营许可办法，允许企业在示范运营中开始收取费用，验证商业模式。实时监管车辆运营情况，完善用户评价机制收集反馈数据，更新营运车辆标准、出行服务标准等。

第三，加强舆论宣传，提升公众意识，引导多方利益相关者积极参与。一方面对在京运行的各类自动驾驶企业和相关活动在官媒、官微等渠道进行报道宣传，定期举办自动驾驶/智能网联汽车国际会议、展览会等，加强对公众的舆论引导，推动公众更快接受自动驾驶出租车，强化需求对产业创新的驱动作用。另一方面，建立政府合作平台，鼓励更多企业与社会资本参与进来，联合高校、研究机构、企业等每年定期出版北京市自动驾驶产业发展蓝皮书，促进 Robo-taxi 上下游的深度参与，提升社会各界对自动驾驶的关注度，并对产业发展现状实时把控，及时发现问题并动态调整政府的产业规划及相关政策。

百度自动驾驶出租车迈出了自动驾驶商业化尝试的第一步，虽然受制于法律法规的限制，但是我们不能忽略自身的优势，要充分利用包括冬奥会等助力产业发展的大机遇，通过多项支持手段，打造首都的自动驾驶产业和智能网联产业名片，将北京打造成自动驾驶之都。

（三）基于城市对比的北京自动驾驶产业创新发展政策建议

就北京、上海、深圳、广州、杭州五大城市的自动驾驶产业链布局对比而言，北京在政策支持、测试规范、测试场地、企业数量等多方面都走在前列，尤其是在自动驾驶产业集聚方面具备全国领先的优势。产业集聚效应将进一步助力自动驾驶产业腾飞。北京作为我国的首都，在自动驾驶产业发展方面可以充分发挥龙头作用，领跑全国自动驾驶发展。基于地区自动驾驶产业发展现状，提出以下几点建议。

1. 纵横一体发展，协同联动创新，增强自身动力

首先，保持并扩大北京在自动驾驶汽车产业发展方面的现有优势，充分利用集群作用，搭建产业集群化的发展网络，重点扶持集群内的龙头企业，促进集群内优势企业实行强强联合、优势互补，从而积极提升地区产业创新能力。要具备未来发展的眼光，对相关战略新兴技术有相应的资金及人力投入，使其具备纵向发展的资本，还要在相关产业发展上进行延伸，使其具备横向扩展的态势。事实上，自动驾驶作为战略性新兴产业之一，以其作为依托，进行差异布局，形成协同联动，能够进一步带动整个战略性新兴产业发展，从而支持北京国际科技创新中心的建设，为我国实现科技自立自强添砖加瓦。

2. 依托第三产业，完善市场环境，注入新鲜活力

毫无疑问，自动驾驶正深刻影响并改变着当代和未来的出行方式，也从宏观上对汽车产业以外的保险产业、金融产业等第三产业产生了深远而显著的影响，而随着社会的发展，第三产业与自动驾驶汽车产业的发展越来越密切。北京作为一个国际化大都市，在《2020 年全球城市指数报告》中正式超越香港，首次进入前五名，北京这一历史性的跨越与其第三产业的蓬勃发展有着紧密的关系。在此基础上，北京可以依托第三产业，从保险、金融、增值服务等领域出发，进一步助力自动驾驶产业的发展，甚至促进新的相关产业形成，创造一个适合自动驾驶产业更好更快商业化的市场环境，吸引更多新的利益相关者加入，为自动驾驶产业的发展注入新的活力。

3. 把握冬奥场景，促进场景创新，展示中国实力

冬奥会的到来将为北京自动驾驶产业的飞速成长带来一个绝好的契机，自动驾驶在冬奥期间接驳车上的使用将完美诠释"科技奥运"的精神。而就现阶段而言，冬奥会场馆的测试区较为有限，测试场景也较为简单，因此可以充分利用冬奥场馆，开展多路段、多时段、多区域的自动驾驶测试，开展雨雪及夜间等特殊天气及场景的测试，而冬奥会未来提出的场景需求必将更为复杂，把握这次机会是加速中国自动驾驶发展的必然。借着冬奥会的"东风"，自动驾驶产业将在此过程中全面补齐短板，丰富自动驾驶多元场景，加速商业化落地，从而引领全国自动驾驶产业发展。

参考文献

《北京市人民政府关于北京市智能网联汽车政策先行区总体实施方案的批复》，北京市人民政府网站，2021 年 4 月 14 日，http：//www. beijing. gov. cn/zhengce/zhengcefagui/202104/t20210414_ 2355520. html。

北京智能车联产业创新中心：《北京市自动驾驶车辆道路测试报告（2019）》，智能车联产业创新中心网站，2020 年 3 月 2 日，http：//www. mzone. site/index. php/index/index/cid/11. html。

北京智能车联产业创新中心：《北京市自动驾驶车辆道路测试报告（2020）》，智能车联产业创新中心网站，2021年2月5日，http：//www. mzone. site/index. php/index/index/cid/11. html。

国家发展改革委：《智能汽车创新发展战略》，中央人民政府网站，2020年2月10日，http：//www. gov. cn/zhengce/zhengceku/2020－02/24/content＿5482655. htm。

国务院：《关于积极推进"互联网＋"行动的指导意见》，中央人民政府网站，2015年7月4日，http：//www. gov. cn/zhengce/content/2015－07/04/content＿10002. htm。

郝云颖：《发改委：到2025年中国标准智能汽车产业生态基本形成》，第一财经网，2020年2月25日，https：//www. yicai. com/news/100520633. html。

ITS智能交通：《全球无人驾驶行业政策规划及发展趋势分析》，搜狐网，2019年5月17日，https：//www. sohu. com/a/314810047＿776618。

雷锋网：《从20世纪70年代至今，自动驾驶汽车的发展经历了哪些历史性的变革？》，搜狐网，2018年7月19日，https：//www. sohu. com/a/242102908＿114877。

Lux：《中国主要省市自动驾驶产业发展及政策规制情况》，深圳市标准技术研究院网站，2020年9月18日，https：//tbt. sist. org. cn/zdcp＿75/zdjsqc/xgcyghzcjjggzqk/zysszdjscyfzjzcgzqk/202009/t20200907＿2305169. html。

李亚男：《我国无人驾驶汽车的地方实践与法律规制》，东北农业大学硕士学位论文，2019。

刘会春：《从美国立法经验看我国自动驾驶汽车法律制度的建设》，《重庆邮电大学学报》（社会科学版）2020年第5期。

刘骏：《制度创新如何面对自动驾驶——基于道路测试制度的观察与反思》，《中国科技论坛》2019年第7期。

刘颖琦、周菲、席锐：《后疫情时期中国智能网联汽车产业技术研究与合作网络：国际专利视角》，《中国科技论坛》2021年第5期。

赛迪研究院政策法规研究所：《2020智能网联汽车政策法律研究报告》，2020年11月。

任淑云：《中关村科学城北部崛起自动驾驶全能型公测"乐园"》，海淀网，2020年7月7日，https：//www. bjhdnet. com/haidiannews/zgc0/4869326/index. html。

沈玲：《美欧自动驾驶网络安全政策的核心着力点》，中国信通院网站，2017年11月10日，http：//www. caict. ac. cn/kxyj/caictgd/201804/t20180428＿159663. htm。

孙云柯：《首钢园无人驾驶车"五一"开放体验，冬奥会时入园无人车将超百辆》，《北京晚报》，2021年4月23日。

Levalley，D.，"Autonomous Vehicle Liability—Application of Common Carrier Liability"，*Seattle University Law Review*，2013，5.

王可心、武亦彬：《顺义汽车产业累计产值超万亿，布局智能网联汽车全产业链发展》，《北京日报》，2020年11月13日，http：//ie. bjd. com. cn/5b165687a010550e5ddc

0e6a/contentApp/5b1a1310e4b03aa54d764015/AP5fae490be4b0b0766800a586. html。

王羽、宋瑞、杨晨光、郑碧琪：《国内外智能汽车法律法规现状分析及发展建议》，《汽车工业研究》2018 年第 7 期。

徐金旭：《自动驾驶汽车法律监管研究——以〈道路交通安全法〉为视角》，北京交通大学硕士论文，2019。

亦城时报：《自动驾驶测试里程增速最快》，北京经济技术开发区网站，2021 年 2 月 8 日，http：//kfqgw. beijing. gov. cn/zwgk/xwzx/yzxw/202102/t20210208_ 2279559. html。

张超：《北京自动驾驶路测安全行驶里程突破300 万公里》，新华网，2021 年 5 月 29 日，http：//www. bj. xinhuanet. com/2021 –05/29/c_ 1127507766. htm。

张冬梅：《日本力争将 L3 级自动驾驶车将在 2 年量产》，亿欧网，2018 年 6 月 10 日，https：//www. iyiou. com/analysis/2018061074361。

张婷：《智能网联汽车道路测试行政许可研究》，中国人民公安大学硕士学位论文，2020。

赵亮：《自动驾驶汽车监管制度研究》，吉林大学硕士学位论文，2019。

中国电动汽车百人会：《全球自动驾驶测试与商业化应用报告（2019）》，中国电动汽车百人会，2019。

中国汽车工程学会、国汽（北京）智能网联汽车研究院有限公司主编《中国智能网联汽车产业发展报告（2019）》，社会科学文献出版社，2019。

中国信通院政策与经济研究所：《全球自动驾驶战略与政策观察（2020）》，2020 年 12 月。

B.8
北京市支持新型基础设施建设政策分析

摘　要： 基础设施可以推动产业转型升级，促进经济高质量发展，对经济发展具有重要支撑作用。本报告通过梳理和分析总结我国政策支持传统基础设施建设的四点经验，在此基础上梳理北京和全国其他省市支持新型基础设施建设的政策和经验，找出政策缺位、错位、越位问题，提出北京市"新基建"发展路径，并提出了配套的政策建议。

关键词： 新型基础设施建设　数字经济　产业升级　技术创新

一　基础设施建设对经济发展具有重要支撑作用

（一）基础设施建设促进经济发展

我国基础设施具有投资规模大、"乘数效应"效果明显的特点，是推动我国经济增长的重要动力。基础设施投资作为资本存量，作用于生产函数，直接提高产出水平。从短期来看，基础设施投资作为政府扩张性财政政策，增加了对相关产品和服务的需求，直接提高投资水平和效率，因而有利于经济高质量发展。从长期来看，基础设施投资不仅能直接促进资本积累，而且能够在乘数效应的作用下有效增加社会总需求，促进经济长期增长。

增加基础设施建设可以通过多种途径间接有效地促进经济高质量发展。基础设施建设改善经济环境，促进经济增长。对交通运输等领域的基础设施投资是一种资本要素直接参与经济生产过程，提高社会生产力。而对科教文卫等领域的基础设施投资，有利于改善城市面貌，为经济发展创造良好的营商环境，并不断吸引并积累人力资本，间接拉动经济增长。此外，基础设施建设增加了对原材料的需求，缓解了上游行业产能过剩的问题。基础设施建设能够提供高质量产品，改善有效供给不足的现状。基础设施建设通过动力转换和效率提升达到间接促进经济高质量发展的效果。第一，建设良好的基础设施降低了区域间产品的运输成本和贸易成本。第二，基础设施建设通过技术进步的促进效应和资源配置的改善效应，提升经济增长效率。一方面，完善的基础设施具有正外部性，便于人们获取有效的知识和技术，促进技术和知识在区域创新系统中充分流动，不仅有利于技术和知识的扩散与外溢，有利于科技创新成果顺利转移转化，而且通过创新动能转换为经济高质量发展提供驱动力。另一方面，完善的基础设施可以加快各种资源和要素的流动，优化区域内的生产结构和组织体系，促使区域内生产要素实现高效配置，不断提高各类生产要素的经济效益。

（二）新型基础设施建设推动产业转型升级

2020年，国家发展改革委明确了新型基础设施包括信息基础设施、融合基础设施和创新基础设施。5G建设被视为数字新基建的领头羊。5G网络连接了不同行业的上下游产业链，不仅支持新一代信息产业发展，还影响其他各个领域，形成强大的溢出效应和拉动效应。5G产业合作交流平台可以汇聚行业优势资源，推动垂直行业发展。良好的5G产业生态圈能够创造更多新业态，孵化产业运行新模式，推动中国经济转型升级，带来更大的经济效益。人工智能通过赋能传统产业，助力数字化和智能化转型。人工智能强大的计算能力有助于提高劳动生产率，实现规模报酬递增；有助于精减管理层级，降低营运成本，助力企业降本增效；改善生产要素的分配，推进产业链价值提升，从而促进产业结构升级。大数据中心自身是"新基建"，也是其他领域"新基建"的运行基石，对推动数字经济高质量发展、加速智慧社会高效治理具有重要作用。大数据中心的建设也将为5G、区块链等新兴产业发展助力。大数据中心承载并支持数据作为生产要素大规模、大范围地进行价值创造。通过大数据的助推作用，企业可以更加高效灵活地营运，企业有机会创新产品、服务和商业模式，打造竞争优势，应对疫情等对市场环境的冲击。物联网、人工智能等信息技术的广泛应用，提高了交通运输业的服务水平和营运能力，推动交通运输网与信息网的配套建设，并且推动新型智慧城市的建设。智慧能源等基础设施不仅帮助相关企业合理控制生产成本，而且促使能源行业向清洁高效转型。充电桩是电力融合基础设施的代表项目，有效提升电力行业的效率和智能化水平。

创新基础设施可以支撑科学研究和技术开发，具有集群效应、带动效应。完善重大科技基础设施建设，有利于突破关键技术，打破制约瓶颈，催生具有国际竞争力的创新成果，解决"卡脖子"的问题，形成先发优势，提升产业核心竞争力。重大科技基础设施的集群化建设，促进不同方向的科研人员的沟通与交流，实现学科深度交叉融合；构建更加开放共享的科创平台，可以让更多的科研人员利用这些提供高水平研究手段和条件的设施，提高设施利用率。通过集群化建设可以与科技成果孵化公司建立紧密联系，有利于科技成果与实体产业无缝对接，促进创新链和产业链深度融合，构建协同创新完整链条，推动产业转型升级。以重大科技基础设施为依托，加强与国内外创新机构的合作，引进和集聚高层次人才，凝聚各地的创新资源，形成良好的协同创新关系，推动技术研发进展。同时通过研发核心技术，创制产业技术标准，增加相关领域的话语权，促进产业长期健康发展。

二 新型基础设施建设具有新的内涵

2020年4月20日，国家发展改革委首次就"新基建"的概念和内涵做出正式的解释，认为新型基础设施是以新发展理念为引领，以技术创新为驱动，以信息网络为基础，面向高质量发展需要，提供数字转型、智能升级、融合创新等服务的基础设施体系。当前，新冠肺炎疫情给全球带来了重大影响，经济发展的风险性和不确定性大幅升高，依靠出口拉动经济增长的压力变大，依靠消费拉动经济增长的形势严峻。在此时代背景下，加快推进5G、大数据、人工智能等为代表的新型基础设施建设，有利于加快疫情后经济的复苏增长，缓解社会的主要矛盾；有利于加强新动能的供给，推动中国经济转型升级，成为数字经济时代中国经济高质量发展的重要引擎。

区别于传统基础设施，新型基础设施建设有以下几个新的特点。

（一）新型基础设施建设具有新主体

过去，在我国的基建投资中，政府占据着主导地位，投资主体较为单一。2020年中国31个省区市计划的重大项目中，新基建项目占比15%左右，而投资方以地方政府和国企、大型央企为主，如5G基站建设中，中国三大电信运营商——中国移动通信集团公司、中国联合网络通信股份有限公司、中国电信集团有限公司和中国铁塔股份有限公司总投资约2000亿元。新基建一方面有基础设施的公共性、公益性和稳定性；另一方面也有较多的商业性、逐利性和可变性，有较多不确定和高风险的因素存在，长期以政府财政和国企等作为投资主体，不利于控制我国债务风险。

在未来，我国基建领域将吸引更多社会资本进入，调动民营企业的专业能力、创新能力和市场应变速度，形成多元化投融资体系。在新基建投资方面，宽松市场准入与破除隐性壁垒，让社会资本充分加入新基建投资中，发挥其体制灵活、产权明晰、决策自主的优势。

（二）新型基础设施建设出现新方式

在融资方式方面，基础设施领域的建设资金主要来源于国家预算内资金、国内贷款、利用外资、自筹资金和其他资金等，不利于新基建的进一步展开。而与传统基础设施相比，新型基础设施技术相对不成熟，具有较大的技术不确定性，且其风险传播能力也较强，不符合银行等金融机构对投资持有的风险厌恶偏好，原有融资方式难度较大。

通过推动PPP融资模式，规范引入社会资本，拓宽资金来源渠道；实行积极的财政政策，采用研发支出加计扣除，给予高新技术企业税率优惠等政策；同时开展专项贷款项目，在多层次资本市场、并购、发债等方面给予专项支持；在国家战略和各地经济社会发展规划中将新型基础设施建设作为产业政策纳入等。

同时，传统基础设施建设以硬设施投入为主，科技含量相对较低，在建设过程中更重视物理空间上的布局。而新型基础设施建设则集中在高新技术领域，强调硬设施与软实力并重，需要产业、企业、高校院所等协同配合，实现技术创新、建设落地及融合应用的相互促进。

（三）新型基础设施建设分布新地区

随着长时间的基础设施建设，中国基础设施存量已经位居世界首位，但密度及人均水平与发达国家仍存在明显的差距。新基建涉及"5G基建、特高压、城际高速铁路和城际轨道交通、新能源汽车充电桩、大数据中心、人工智能、工业互联网"七大领域，为实现经济社会效益最大化，需要对新基建区域建设进行长远规划。

我国基础设施建设具有较大的增长空间，2020年末，我国常住人口城镇化率超过60%，与发达国家约80%的城镇化水平存在一定差距，我国城镇化仍有较大的推进空间，未来新增城镇人口也将更多地集聚于都市圈城市群。基于区域经济的角度，中心城市都市圈区域的新型基础设施更为完善与成熟，全国24个大都市圈集中了34.7%的人口和53.8%的GDP，而城市边缘区域的布局较为薄弱，新基建将以城市外围区域为重点，找准发力点，发挥不同区域的优势。

从人口流动来看，未来人口将更多地聚集于城市群与大型都市圈，因此新型基础设施建设应以此区域作为投资重点。随着城镇化逐步推进，长三角、粤港澳、京津冀、长江中游、成渝、关中平原、中原城市群等主要城市群的发展速度将会进一步加快，从而这些地区的基础设施将出现较大缺口。同时，由于乡村振兴以及乡村经济的逐步崛起，新基建也将布局于农村地区，以满足广大农村地区的巨大基建需求。

（四）新型基础设施建设催生新模式

1. 新基建拥有三种新的投融资模式

（1）融合基础设施：专项债＋社会资金

以智能交通、智慧能源为代表的融合基础设施比较适合"专项债＋社会资金"的投融资模式。由于融合基础设施的准公共产品属性，在保证低风险的同时很难实现较高的投资回报率，导致社会资本的参与积极性较低。而得益于专项债申请周期短、资金成本低的特点，社会资本将更主动地参与新型基础设施的建设当中，常见的形式有"专项债＋PPP"和"专项债＋银行贷款"等模式。

（2）信息基础设施：权益类融资工具＋债务融资工具

由于信息基础设施自身的技术属性，面临着高风险高回报、现金流不稳定等不确定性因素。风险偏好性的市场化资金，尤其是追求高利润的权益类资本更适合参与新型信息基础的建设当中。必要时可根据项目的具体需求，结合银行贷款、公司信用债券、保险资金投资等债务融资工具给予相应辅助。

（3）创新基础设施：政府引导基金＋社会资金

创新基础设施由于开发周期长、技术迭代快、预期结果不明确等特点，多采用政府引导基金＋社会资金的融资方式。在项目建设的初始阶段，需要政府引导降低企业运行成本，为项目提供必要资金和政策支持。随着技术研发的进一步完善，应用模式逐步清晰，可通过引入产业投资基金来推动技术与产业的融合。在项目建设成熟之后，即可通过发行债务融资工具、银行贷款等方式进行融资。

2. 新基建的新型运营新模式

传统基础设施建设多采取"中心化"的建设和经营模式，基本由地方政府和国有企业进行投资建设；而新型基础设施涵盖了多种产业，提出了以市场主导，政府引导的建设原则，鼓励社会资本参与项目的建设与运营过程中，逐步向"去中心化"运营模式进行转变。就创新效率角度而言，在新型基础设施的建设过程当中，要充分利用市场的激励作用。由于新基建较易受到技术创新和组织模式的影响，这就对创新能力提出了更高的要求。在发挥市场机制的基础上，需借助以高新技术企业为代表的多元市场主体力量，激发企业活力，让其在新基建的整体运营过程中发挥更大的作用。在提高创新效率的同时也要考虑社会总效用的最大化。相比于传统基础设施，新型基础设施的服务范围成几何数上升，供给主体可以轻易地依靠自身垄断地位获取超额利润，从而对社会效益产生损害。因此，政府要扮演好监督者的角色，建立健全与新基建配套的监管机制和监管体系，对企业主体进行有效监管，维持好创新效率和社会效益的平衡发展。

（五）新型基础设施建设应用新场景

在移动通信设备、互联网媒体、大数据、定位系统等新型信息技术的交叉支持下，交通、医疗、教育、娱乐等各个领域加快新场景开发，将使人们的生活方式发生巨大的转变，因此实现新基建与新场景的共同驱动也将成为激发活力的关键环节。场景引领发展通常有以下两种路径。

1. 以综合性强的新场景带动新型基础设施建设的发展

产业技术升级而导致人们消费习惯的转变或是突发事件所导致的社会经济变化都会产生新场景。以此次新冠肺炎疫情为例，车站、机场、商场等人流密集区域对于身份登记和体温测量的需求成为新的应用场景，在传感器、摄像头和大数据平台的配合下，形成了从数据采集到数据传输为一体的医疗卫生基础设施。

2. 原有基础设施在新场景的需求牵引下改造升级

随着经济发展进入新阶段，人们的生活场景也随之升级，可以此为切入点实现数字技术对传统基础设施的升级改造。比如运用物联网、云计算、人工智能等技术对交通基础设施的融合升级，能更加有效地发挥设施效能、提升系统管理水平。面对新型基础设施建设这一复杂工程，从预先布局好的场景切入，在快速应用现实场景的同时也能取得良好的投资收益，有助于短期目标的迅速实现，进一步通过正向反馈效应推动整体设施建设，实现"新场景"和"新基建"的良性互动。

三 新型基础设施建设助推经济高质量发展的路径机理

加快新型基础设施建设，能够为我国的经济发展注入新动能，加快数字化转型，抢占数字经济发展的先机。新型基础设施建设主要从以下四个方面推动经济的高质量发展。

（一）投资技术创新，实现产业链发展

新型基础设施建设的一个显著特点是侧重推动数字经济领域的技术创新。与技术创新相关领域的大规模投资将会带动整个产业链上下游产业增长；同时，大规模技术创新引发新的技术革命，为经济中长期增长培育新的增长动能（见图1）。

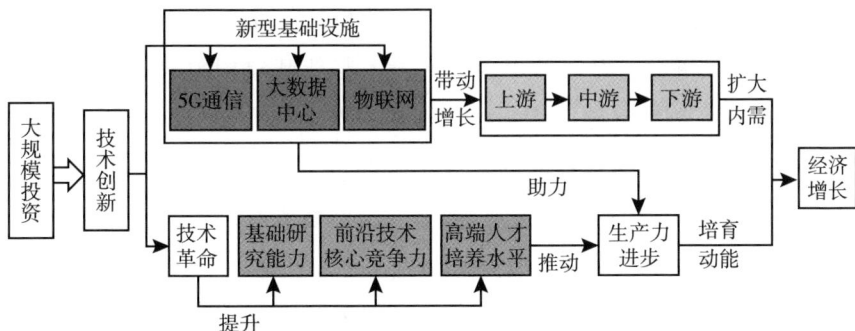

图1 投资技术创新带动经济增长路径机理

资料来源：根据公开信息整理绘制。

1. 投资技术创新，带动产业链上下游发展

以5G通信、大数据中心、物联网等为代表的新型基础设施建设与包括交通运输、供水系统、能源设施等基础设施在内的传统基础设施建设不同，

除了需要投资高水平电网、5G基站、大数据中心、特高压电网等硬件以外，还需要对与之配套的软件设施进行大规模的投资，硬件与软件形成良好的匹配才能够更好地实现新型基础设施的价值作用。投入技术创新的大量投资，作为物质资本和生产要素直接参与新型基础设施建设以及配套产业的生产过程中，会使相关产业链的总产出增加，直接作用于经济增长。而投入技术创新的投资不仅会作为资本直接促进经济增长，由于技术的创新和迭代，新基建配套产业链的上下游产业都会受益于新技术出现而拥有更高的生产效率；并且由于配套技术的不断成熟和完善，上下游产业之间的联系也会变得更加紧密且有机，整体产业链的生产水平也得到了极大的提升，有助于扩大有效内需进而拉动经济的增长。

2. 投资技术创新，推动生产力较快发展

针对新型基础设施建设所需技术创新的投资，除了能够直接作为生产要素作用于经济增长以及带动相关产业链上下游扩大内需拉动经济增长以外，对技术创新的大规模投资还会催生与新基建相关的技术革命，政府的财政投资的科技资助导向性以及举国体制的发挥，能够促进技术创新更加高效和集中的发生，在各类"卡脖子"技术上实现突破。而财政支出的"挤入效应"又将吸引更多的社会资金投入与新基建相关的技术创新当中去，充足的资金能够支撑以新基建及其相关产业为方向的科学研究、技术开发和产品研制，因此也就能够实现高效的自主创新和协同创新，提升产业链、价值链的前端——基础研究能力、前沿技术核心竞争力以及高端人才培养水平。在实现技术革命之前的产业链、价值链中，我国一直处于中低端的位置，但通过对技术创新投资实现的技术革命，可以使我国新型基础设施及其相关产业链获得高水平基础研究能力、前沿技术核心竞争力以及高端人才培养能力，也就进一步带来了产学研协同人才的培养、科技成果转化的速度和成功率的不断提高。这也就会为我国带来更前沿的核心技术、更强的综合竞争力以及更加丰富的产品，使我国在全球产业链、价值链中的位置不断上移，不断产出具有高附加值的产品，进而拉动整个经济的快速增长。

（二）推动供给侧结构性改革，实现产业转型升级

新型基础设施建设助推供给侧产业转型升级的作用主要体现在两个方面：一是对基础设施投资的增加，将引起新兴产业产生较高增长率，直接引起产业结构的优化升级；二是新技术向工业、交通、能源、农业等垂直产业延伸，将推动其他产业部门生产率水平的提高（见图2）。

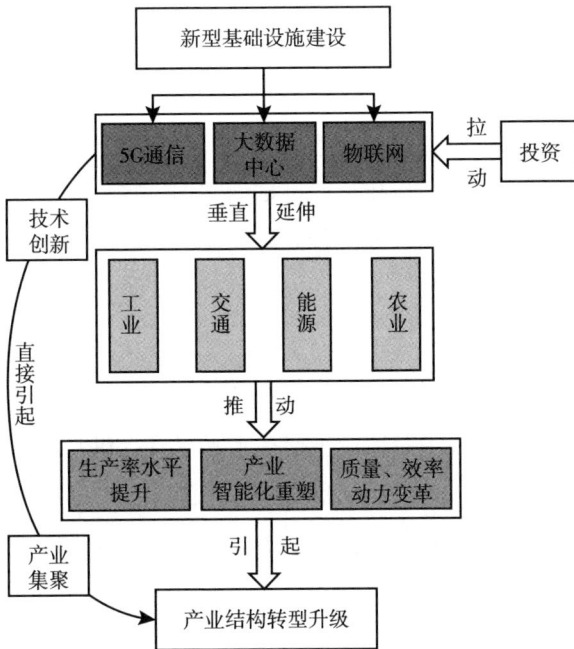

图2　推动供给侧结构性改革实现产业转型升级路径机理

资料来源：根据公开信息整理绘制。

1. 新兴产业实现较高增长，直接引起产业结构优化升级

以5G通信、大数据中心以及物联网为代表的新兴基础设施产业，拥有巨大的市场需求前景，并且拥有着技术需求密集、带动就业系数大、综合效益高等特点，属于战略新兴产业的范围，而这类新兴产业的发展必须依托创新的科学技术，是科技创新与新兴产业的相互促进和深度融合。由于此类新

兴产业属于其他产业发展的基础先导性产业，因此超前的科技创新是新兴基础产业赖以生存和发展的根本，一旦离开了科技创新，不仅会导致此类产业的发展停滞，更会在长期阻碍以此为基础的其他产业的发展和进步。以新型基础设施为代表的新兴基础产业，超前的科技创新起到了决定性的作用。因此新型基础设施相关产业是典型的技术、知识和资本密集型的产业，拥有较高的市场壁垒，新型基础设施的建设运营需要一定量的资金作为基础支撑，因而需要丰富的投资主体带来的多类型资金来拉动整个基础产业的科技创新。

2. 新基建产业垂直延伸提高生产率，实现产业变革

新型基础设施在吸引大量多主体投资的情况下，通过科学技术的创新和迭代，合理分配了社会资源，化解了过剩的产能，形成了新的产业和新的产业集群，直接推动了产业结构的优化升级。作为基础先导性产业，新型基础设施将通过垂直延伸对其他产业的发展起到更大的推动作用，提高工业、交通、能源、农业等传统产业的生产率水平，催生传统产业变革。通过加强制造业中各产业和产业链中各环节间的紧密联系，促成了开放共享的高效经济发展模式，新型基础设施为制造业生产率水平提升提供了新的平台，加速了科技创新成果的转移转化，推动了科技与经济的深度融合。新型基础设施通过打通数据屏障、实现实时交互，减少了供给与需求双方因信息不对称造成的供需不匹配、质量不信任等问题。

（三）推进需求侧消费升级，推动高质量发展

新型基础设施作为基础先导性产业，在供给侧与需求侧之间起着桥梁作用，能够实现消费升级与产业结构优化升级的良好匹配，推动经济高质量发展。"新基建"一方面通过创造和带动大量就业，提高居民的可支配收入，又通过加速技术、数据等要素的市场化进程，增加居民的财产性收入；另一方面"新基建"通过促进生产性服务业的发展，创造和培养出新的消费需求。通过增加收入和创造需求两条路径，新基建将推进我国需求侧消费升级，推动经济高质量发展（见图3）。

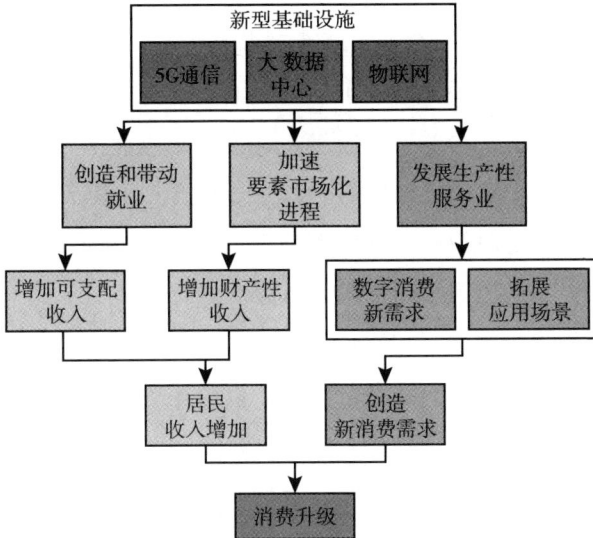

图3 需求侧消费升级推动高质量发展路径机理

资料来源：根据公开信息整理绘制。

1. 带动充分就业，加速要素市场化进程，增加居民收入

新型基础设施在建设的过程中可以创造大量的就业机会，即可以在短期内提高居民的可支配收入。与传统基础设施不同，新型基础设施建成之后，由于5G通信、大数据中心、物联网等新型基础产业属于高技术产业和服务产业范畴，与传统制造业相比，高技术产业和服务产业拥有更高的就业拉动比例，每1亿元产值可以拉动600人左右的就业。同时作为高技术产业的新基础设施产业在自身拉动就业的基础上，还会通过拉动其他产业的发展，带动更多的就业，据相关学者计算，在拉动其他产业就业量与拉动本产业就业量的比值上，高技术产业和传统制造业分别为2.17和1.59，即高技术产业更能够拉动相关产业的就业（张钟文，2017）。要素的市场化进程一直以来是增加居民财产性收入的重要来源，以往的要素市场化改革主要涉及金融和土地市场，而新型基础设施将在以往市场化改革的基础上，进一步完善和提升金融要素的市场化水平，并且会很大程度上加快技术要素和数据要素的市

场化进程。

2. 发展生产性服务业，创造新消费需求

新型基础设施的发展，推进了互联网消费以及信息消费的发展，进一步提升了互联网电商平台的发展质量。并且由于电商平台的成功以及新型基础设施所搭建的平台的不断完善，催生了很多以互联网为基础的新型消费平台，创造出了健康消费、知识消费、定制消费等新型消费形式。受新冠肺炎疫情的影响，提高了人们对线上办公、远程教育、远程医疗等新兴生产性服务产业的使用频率和依赖程度，加快了此类生产性服务业的发展进程，并逐渐形成了新的数字消费需求。以应用为导向，新型基础设施会不断扩展应用场景范围。具备5G通信功能的智能手机、智能手表、工业或家用智能机器人、智能网联汽车、智能医疗设备等，都是新基建形成的新型智能终端产品的消费场景。疫情防控常态化下的社区团购、无人零售、在线影音娱乐等新型消费场景，都在新基建的部署下实现了快速发展。随着新型基础设施的不断发展和完善，应用场景将不断丰富，也必将引领消费向更高水平升级，与供给侧产业结构升级相互作用，推动经济高质量发展。

（四）传统基础设施数字化、网络化、智能化改造升级

传统的基础设施包括铁路、公路、机场、港口、水利等项目，是保证国家和地区经济活动正常运行的公共服务系统，在我国经济发展过程中发挥了极其重要的基础性作用。随着高新技术产业的日趋成熟，互联网发展初期的用户红利逐步消失，市场总量的"天花板"正在显现，战略重心逐步向新一代信息技术赋能时代过渡，传统基础设施和新一代信息技术的有机结合成为大势所趋，为传统基础设施向数字化、网络化、智能化发展提供有力支持（见图4）。

融合基础设施正在成为传统基础设施升级的主要方向。传统基础设施与新一代信息技术二者的融合不断加深，基于IoT与传感器设备互联、人与物互联、物与物互联，传统基础设施的每一部分都可以实现互为感知，建立虚

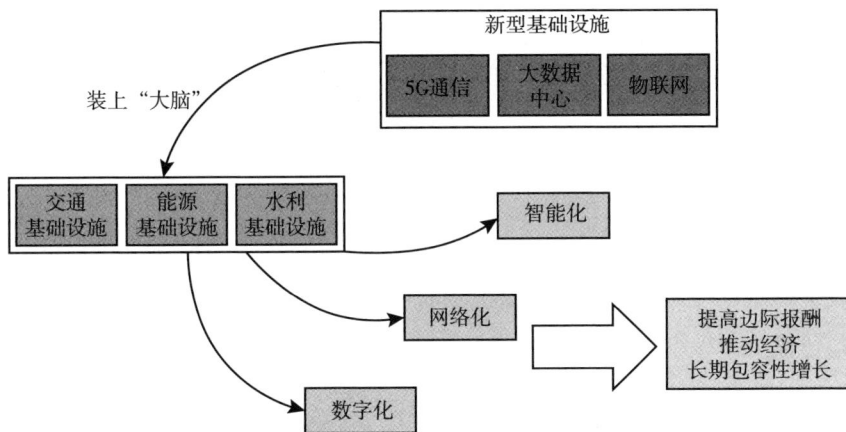

图4　传统基础设施数字化、网络化、智能化改造升级路径机理

资料来源：根据公开信息整理绘制。

拟与物理一体化的全面感知网络。基于此，"万物互联"的基础设施网络体系成为可能。作为新型基础设施的重要组成部分，融合基础设施不仅仅是传统基础设施与某一项信息通信技术的简单相加，更是围绕行业需求，通过构建先进的网络基础、打造高效的云计算能力、部署泛在的感知终端，拓展其服务的空间范围，提高运行效率和管理效率，实现服务智慧化和管理网络化。如今，智慧交通、智慧能源、智慧水利、城市感知设施等加快部署，不断推进新一代信息技术与传统基础设施的深度融合，从而实现高质量供给和服务能力。新时期，需要将数字经济所带来的经济增长应用于传统领域，赋予其新的动能。在数字经济的背景下存在两个关键点，一是通过网络规模的不断扩大，加速资源要素的流动，解决信息不对称问题；二是随着网络规模的不断扩大，经济效益在递增，这和传统经济的边际报酬递减规律是不同的。新型基建通过增强对传统基础设施的改造，拓展传统基建促进经济增长的作用范围并优化作用机制，提高传统基建的边际报酬，从而推动经济的长期包容性增长。因此，传统基建的数字化、网络化、智能化为经济效益增长提供了无限的可能。

四 全国各省市支持基础设施建设的政策和经验

（一）传统基础设施建设支持政策及经验

2018年7月中央政治局会议提出"把补短板作为当前深化供给侧结构性改革的重点任务，加大基础设施领域补短板力度"，再次提出要加强基础设施建设。2019年6月印发了《关于做好地方政府专项债券发行及项目配套融资工作的通知》，该通知提出了对于铁路、高速公路和供电供气等重大项目，可利用专项债券作为部分资本金；2019年9月4日国务院常务会议扩大了专项债券金的使用范围，包括交通、能源、生态环保、民生、市政和产业园项目。

北京市于2016年9月发布《北京市"十三五"时期重大基础设施发展规划》，明确了北京基础设施建设重点任务，包括高标准建设公交都市、建成新机场工程及配套交通网、推进区域交通一体化、拓展多元供水格局、拓展绿色生态空间、系统治理污水垃圾、发展绿色低碳能源、提高重点区域承载力、提升精细化水平、共筑安全可靠城市等。同年11月发布了《关于进一步加快交通基础设施建设实施办法（试行）》，该办法强调可以发挥市场机制作用，以此来吸引社会力量参与交通基础设施建设，为交通基础设施的前期建设和后期运营管理注入市场活力。

上海于2014年发布了《关于进一步加强本市重大工程建设管理实施意见的通知》，其中对建设管理原则、协助推进机构、协助推进制度、区县政府职责、项目法人职责、项目准备与确定流程做出了明确指示。并于2016年根据《上海市国民经济和社会发展第十三个五年规划纲要》《上海市城乡建设和管理"十三五"规划纲要》等，制定了《上海市重大基础设施建设管理"十三五"专项规划》，该规划指明"到2020年，上海将基本建成国际经济、金融、贸易、航运中心和社会主义现代化国际大都市，形成具有全球影响力的科技创新中心"。

山东省在总结"十二五"期间该省城市道路交通基础设施建设工作的基础上，根据国家和省有关政策及《山东省国民经济和社会发展第十三个五年规划纲要》《山东省住房和城乡建设事业发展"十三五"规划》等相关要求编制了《山东省城市道路交通基础设施"十三五"发展规划》。该纲要明确了山东省城市道路交通基础设施的发展方向，以创新、协调、绿色、开放、共享为发展原则，要实现"城市道路网、公共交通基础设施、轨道交通、步行和自行车交通、停车设施和综合管廊的建设"并制定了相应的保障措施。

深圳市于2018年6月发布了《深圳市综合交通"十三五"规划》。该规划坚持发展导向和问题导向，综合交通发展更加注重补齐短板、更加注重提质增效、更加注重区域协调、更加注重服务创新，努力建设更开放、更畅达、更公平、更低碳、更安全的现代化国际化综合交通运输体系，其主要目标任务是努力建成更具有辐射力的国际综合交通枢纽城市、更具有竞争力的国际物流枢纽城市、更可持续发展的现代化公交都市、更具创新引领作用的品质交通城市。

（二）新型基础设施建设支持政策及经验

新型基础设施建设是未来我国经济高质量发展的重要基石，是促进经济持续健康发展的重要保障，中央多次在会议中强调要加快推进"新基建"，各地也纷纷响应，陆续设计和发布了"新基建"发展方案，根据各地实际情况，加速"新基建"布局。

2015年7月，《国务院关于积极推进"互联网＋"行动的指导意见》发布，首次在中央文件中提及"新型基础设施"的概念："网络设施和产业基础得到有效巩固，应用支撑和安全保障能力明显增强。固定宽带网络、新一代移动通信和下一代互联网加快发展，物联网、云计算等新型基础设施更加完善"；2018年12月，中央经济工作会议把"新型基础设施建设"定义为5G、人工智能、工业互联网、物联网，随后，2019年政府工作报告中强调"加强新一代信息基础设施建设"；2019年7月，中央政治局会议提出

"加快推进信息网络等新型基础设施建设";2020 年 3 月中共中央政治局常务委员会会议中,再次强调要加大公共卫生服务、应急物资保障领域投入,推进新型基础设施建设,如 5G 网络、数据中心等;2020 年 5 月 22 日的政府工作报告和 2020 年 10 月政府发布的"十四五"规划中,均再次强调要加快新型基础设施建设。

2020 年 6 月 10 日,《北京市加快新型基础设施建设行动方案(2020—2022 年)》(以下简称《北京行动方案》)发布,该方案是北京"1 + 5 + N"的政策体系中的"5 方案"之首。该方案的基本目标为:到 2022 年,基本建成具备网络基础稳固、数据智能融合、产业生态完善、平台创新活跃、应用智慧丰富、安全可信可控等特征,具有国际领先水平的新型基础设施。方案提出推动六大行动,包括建设"新网络""新要素""新生态""新平台""新应用""新安全",布局了 30 个重点任务。在规划时间层面,北京与上海、广州形成了一个共识,都是将"新基建"的规划时间限定为 3 年——从 2020 年到 2022 年底。要强调的是,在北京市的规划中,新基建是北京市经济高质量发展的一个重要组成部分,起到排头兵作用。实际上,在《关于加快培育壮大新业态新模式促进北京经济高质量发展的若干意见》(以下简称《意见》)中,新基建要与新场景、新消费、新开放、新服务紧密结合在一起,形成"五新"——它们的共同作用是加快培育壮大新业态、新模式。可见,北京市从更加宏观的角度去定位新基建的作用,在政策协调、宏观定位、部门协同、组织实施方面都更加细分,更加体现北京市作为中国科技创新中心的优势。另外,值得一提的是,在《意见》中,北京市并没有提出一个具体的项目数量和投资金额的预期指标,这一点与上海不同。这种区分,也从侧面说明了北京市更为重视整体层面规划,强调新基建在整体经济高质量发展中的带动作用。对于其他城市来说,北京市的规划具有较强的示范性和可变通性。

2020 年 5 月 7 日,《上海市推进新型基础设施建设行动方案(2020—2022 年)》(以下简称《行动方案》)正式发布。从建设任务、保障举措等方面,《行动方案》提出了 35 条举措,立足数字产业化、产业数字化、跨界融合化、品牌高端化，力争用 3 年时间将上海打造成新型基础设施规模和创新能级位于国际一流水平的城市。《行动方案》明确了具有上海特色的"新基建"四大重点领域，上海将通过四大建设行动，全力提升新型基础设施能级。目前，上海预计投资约 2700 亿元，对未来三年实施的第一批 48 个重大项目和工程进行建设。上海市对"新基建"的目标描述，相比于《北京市加快新型基础设施建设行动方案（2020—2022 年）》，总体来看更加明确，且结合自身实际对重点领域更加聚焦。

广州早在 2020 年 5 月 8 日上午就举行了首批数字新基建重大项目签约及揭牌活动，签约项目共 73 个，总投资规模约 1800 亿元，其中涉及华为、百度、京东、云从等全国 300 多家企业。到 5 月底，发布《广州市加快推进数字新基建发展三年行动计划（2020—2022 年）（征求意见稿）》。内容主要分为两方面。一是总体要求和目标。以新发展理念为引领，遵循"新基建和产业相结合、新基建与应用相结合、新基建与新消费相结合、市场和政府相结合"四项原则，到 2022 年，推动全市建成泛在、高性能、精益服务、低使用成本的新型基础设施，渗透于生产、生活、科技、智慧城市各领域，投资乘数效应极大释放，成为激发地域经济活力的强劲引擎，在全国形成可复制、可推广的广州经验，未来打造全国城市级数字新基建典范；建成一流的全国首批 5G 商用试点城市、综合型信息消费示范城市和电动汽车充换电市场的标杆城市，培育 200 家 5G 应用领域创新型企业，培育 100 家以上人工智能领域领军企业，培育 1~2 家达到国际水准的跨行业跨领域工业互联网平台，全市的充换电设施数量突破 5 万个，充换电站点突破 4000 个。二是重点任务和保障措施。聚焦"5G 发展'头雁'行动""人工智能场景构建行动""工业互联网融合创新行动""智慧充电基础设施提升行动"4 大领域，实施数字新基建 40 条，包括网络建设和环境优化、5G 产业链发展、大数据中心建设、"智杆、智路、智车、智品、智园、智区、智链、智轨、智桩"建设、企业"上云上平台"、打造"定制之都"、特色产业集群数字化改造等 24 项重点任务，加大财政资金、载体建设、用地、人才、金融等 16 条重点政策措施。

深圳市推进新基建的主要措施有：布局5G+8K，打造优势产业集群；投资586.1亿元，加快建设城市新中心；促进联通轨道交通，深圳机场引入深茂铁路。深圳市从优势产业布局，围绕城市新中心建设，通过轨道交通规划来推动新型基础设施建设，以需求为导向，着力解决城市高质量发展过程中遇到的问题，为北京市相关领域的"新基建"提供了思路。

2020年3月23日，《山东省人民政府办公厅关于山东省数字基础设施建设的指导意见》（以下简称《意见》）发布，加快山东省数字基础设施建设。《意见》明确了数字基础设施建设的重点任务，包括建设泛在连接的信息通信网络；构建高效协同的数据处理体系；布局全域感知的智能终端设施；升级智能融合的传统基础设施；打造安全可信的防控设施体系。同时提出了具体的政策保障措施：加强组织协调；加大投资力度；优化发展环境。6月7日，山东省人民政府发布了关于贯彻落实国务院《政府工作报告》若干措施的通知。其中提到在落实政府工作报告中强调的"两新一重"项目建设方面，要"着力解决5G基站建设运营中遇到的电价高和进场难等焦点问题，支持济南打造5G新基建示范城市、示范基地（园区）"。山东省聚焦数字基础设施建设，强化其对高质量发展的支撑能力和投资拉动作用，提出了建设的重点任务和保障措施，对北京市相关领域的新型基础设施建设有重要的借鉴意义。

（三）传统基础设施建设模式分析

1. 政府职能模糊

城市的基础设施往往具有公共物品属性，加上大部分基础设施具有建设周期长、资金投入大等特点，因此，在没有政府的参与下，仅仅运用现有的市场机制，往往很难成功建设基础设施。对于基础设施建设，政府要把握干涉的度，既不能毫无参与，也不能过度干涉。政府作为基础设施的管理者和资产运营者，需要把控好两者的合作方式。政府应该合理运用职能便利实现对基础设施建设的宏观调控。如今，传统审批制度的弊端逐步显现，政府在审批过程中较易出现交叉审批、重复审批的情况，极大降低了政府工作效率。同时，由于政府在进行宏观调控时并未有效地释放市场的经济资源，在建设城市基础设施的过程中，市场的大量资源被浪费。此外，长期以来政府是我国基础设施建设的投资主体，因此如果政府的投入资金状态不佳，就会影响城市的基础设施建设，从而引发和催化政府的债务问题，进而影响城市的基础设施建设。

2. 投资主体和投融资渠道缺乏多样性

工程性城市基础设施细分门类多，涉及投资主体广。整体上看，传统投融资模式仍占主导地位，市场化融资占比有待进一步提升。在单一投资主体的前提下，为了建设城市基础设施，该主体必须投入大量资金，资金链往往承受巨大压力。一些非营利、公益性的基础设施，不但建设耗时长，而且资金投入量大，若仅仅依赖单一或者少数几个投资主体，很难建设出高质量基础设施。同时，在我国现有的投资制度下，由于各种制度漏洞，投资主体在投资的过程中面临潜在风险。当前城市基础设施建设融资仍主要采用银行间接融资的模式。随着我国经济发展，国内基础设施建设不断完善，国家财政压力越来越大，单一的投融资模式已经无法适应当前的市场环境。

3. 管理模式效率低下

当前，城市基础设施建设管理建设效率与效果受到诸多问题影响。由政府投资建设基础设施，设施由公有企业（包括国有、地方和集体企业）实施企业化运营管理，也可以通过服务合同或管理合同形式允许民营企业参与设施的运营。由于缺乏市场竞争，这种管理模式效率一般不高，为此各地政府纷纷出台政策，希望实行统一市场准入，创造平等投资机会，向社会资本特别是民间资本敞开基建运营管理。

（四）北京市支持新型基础设施建设政策分析

1. 强调以政府为引导，市场为主体

传统的基础设施建设是以大资本、大工程为特点的实体公共设施，而新型基础设施建设多属于市场产品，不确定性强，同时发展潜力难以估计，更适合由企业来投资。在这一过程中，市场起着决定性作用，企业决定投不投、何时投，甚至可能会采取风险投资的方式，风险也由企业来承担，政府则主要做好引导和服务工作。信息数据技术与融合算力相关基础设施更为注重技术开发，由于技术的快速更迭，这类基础设施之间交叉互联、建设风险高、开发周期长。这类新型基础设施投融资可以市场为主体，发挥政府的扶持、引导作用，为不同阶段的新型基础设施开发给予资金帮助。

2. 全方面布局，丰富应用场景

在北京市出台的政策文件中，对新型基础设施建设的各个领域全方位布局，聚焦六大方向，包括"新网络、新要素、新生态、新平台、新应用、新安全"，围绕教育、医疗、交通等重点行业领域，助力企业实现智能化、数字化升级，通过发展数字经济新业态新模式，刺激消费新需求。整体来看，北京市的新基建细分为六大板块：新型网络基础设施、数据智能基础设施、生态系统基础设施、科创平台基础设施、智慧应用基础设施、可信安全基础设施。通过这六个板块的立体规划，从底层基础设施、政策保障、应用结合、安全保障四个方面建设新基建。

3. 创新协同服务体系，提高服务效能

北京市政府积极加强宏观统筹规划，通过政策保障优化营商环境，构建多元投资主体协同机制。此外，《北京行动方案》强调京津冀地区协同发展，体现了北京作为首都的担当。北京市主动适应新动能加速成长的需要，促进政府职能加速转换，从根本上破除体制机制障碍，从企业全生命周期角度构建企业服务体系。

五　北京新型基础设施建设的发展路径

（一）以创新基础设施为抓手

新型工业化和发展新经济需要创新基础设施，核心是科技创新服务体系，载体是科技服务业，具体是由科技服务机构统筹知识、技术、信息、资金、人才等科技资源，向社会提供科技创业、成果转化、技术咨询、专利与知识产权、科技金融、科学技术普及等专业科技服务和综合科技服务的新兴产业。北京市高端人才集聚、科技基础雄厚，通过加强创新基础设施的建设，有利于统筹各方面的创新资源，完善创新体系，优化提升首都创新核心功能，强化北京科创中心的作用。

推动智慧教育教研，抢占科技人才聚集高地。借助 AICDE 融合交织，强化数据要素驱动，推动政产学研用数字一体化。加快布局数据感知层建设，有序开放数据源，实现海量底层微观数据监管治理与挖掘分析平衡。加快数据平台层与应用层互通，补足高端科技服务人才培育短板。探索智慧科研管理，优化人才评价。充分利用大数据技术建立多元、多维度、多指标的科研人才评价模型，对科技过程及成果数据进行充分挖掘与分析，形成科研价值评估报告，将信息技术与智能分析融入科研人才评价之中。

布局智慧研发体系构架，创新研发组织模式。通过搭载以 AI 技术为核心的科技成果转化平台，对接战略研究院、高校与科学院整合创新资源，创立专业研究院引领创新载体，布局产业联合创新中心挖掘技术需求，最终形成以市场为导向的产学研深度协同的"端＋管＋边＋云"创新转化生态。依托北京市全国科创中心"三城一区"主平台科技资源，深化与国内国际各高校院所的合作，形成以产业创新研究院为核心，核心龙头企业为主导，各类研究所和国内外高校为支撑的"1＋1＋N"发展模式。以孵化高质量科技企业为目标，创立专业研究院实现技术价值升级，引领"众创空间—孵化器—加速器—产业园"全链条创新孵化基础设施高效运转。加快产业行业数据驱动，研发数字化引领建设。发挥企业主体技术创新技术交易主体作用，推动头部企业合作建设企业联合创新中心，对接企业真实、迫切的核心关键技术需求和行业共性技术需求，实现将行业共性技术需求"引上来"，创新成果和项目"落下去"的良性互动。

（二）打造以5G为基础的新型网络体系

5G 是当前代表性、引领性的网络信息技术，具备超高带宽、超低时延、超强接入能力的优势，能够提升数字化设备泛在互联深度，是加快产业数字化转型、促进数字技术与传统产业融合的关键性基础设施。推进北京市新型网络体系的建设，不能只强调硬件设备的更新升级，同时还应该重视基于5G所衍生出的各种服务和应用，培育数字化生态，形成数字经济新实体，推进北京数字化转型。

打造5G基础新型网络体系，支撑产业链高端化演进。5G技术首先有利于提升整个产业链水平，推动元器件、终端、芯片等产业核心技术的突破，提高企业的研发创新能力，为北京市创新驱动战略注入新动能。以加快5G网络为支撑，加强政策指引与机制创新，加速推进5G独立组网核心网建设和商用。破解5G基站选址难、落地难的问题，加快编制线性区域通信基础设施设计规范，继续推动公共区域开放和塔（杆）资源利用，逐步提高社会资本参与5G网络投建运营程度。针对5G基站用电成本高的难题，制定相关配套政策降低用电成本，试点5G基站转供电改直供电，试点基站业主凭租赁合同即可办理转供电改直供电。瞄准行业核心共性技术，以技术创新带动场景创新，打通5G应用关键的环节，促进技术创新转化对场景应用的支撑作用。

赋能经济增长新引擎，构建人机深度融合新生态。5G的应用场景十分广泛，是支撑移动通信、工业互联网、物联网的关键基础设施，与各领域的发展深度融合，能够促进产业链、价值链的融会贯通，赋能传统产业转型升级。围绕AR/VR、云游戏和超高清视频领域，促进5G＋大视频产业发展。依托亦庄开发区优势，率先在5G＋车联网领域实现突破。亦庄开发区是工信部授予的全国唯一智能网联汽车制造业创新中心，是国家智能汽车与智慧交通（京冀）示范区，也是北京首个面向T1～T5继自动假设车辆研发测试、能力评估的封闭型试验场，应积极引导信息服务类、汽车智能化类及以协同为核心的智慧交通类三项应用技术的研发。

（三）深入挖掘大数据中心潜力，打造新型智慧城市

大数据中心在北京疫情防控中发挥了重要作用，基于海量动态数据的智能采集和关联分析与计算，精准追踪高风险人群和区域，使疫情得到了及时

控制，一定程度上体现了大数据中心建设对北京市健康发展的重要作用。

深入挖掘大数据中心潜力，能够提高政府公共服务水平。在综合交通领域，通过收集实时路况信息以及城市道路交通网络的分析，为城市居民提供最优出行方案，优化城市交通和城际交通网络布局，智慧交通逐渐成为城市高质量发展的风向标。在平安城市领域，大数据中心通过算法算力的集中处理，解决了海量数据的存储、调取和管理难题，从根本上提升了城市智慧安防系统的效率，为公共安全问题的研判处理提供了有力支持。在政务服务领域，各区域各领域纷纷建立起基于大数据中心的数据服务平台，对提升政府部门信息化水平、推进"互联网＋"政务服务发展、提高政务大数据开发利用能力等都具有重要意义。深入挖掘大数据中心潜力，能够推动城市数字经济发展。

大数据中心的建设和发展，需要有明晰的目标路径。经过北京市政府多年来的积极推进，北京数据中心投资规模大，建设速度块，市场需求已基本达到饱和，数据中心过剩和有效处理数据能力不足成为制约大数据中心助力北京市高质量发展的主要矛盾。因此在推进"新基建"的过程中，不能单纯追求增加投资与数量，而是要注重提升数据处理能力，强化在算法、算力领域的投入，打造与5G、人工智能等相匹配的"智能数据加工厂"。通过打造城市智慧云平台，统一整合调配北京市云计算与大数据资源，提高服务效率，实现高效可持续运营。以科技赋能提升大数据中心对社会、经济的智能化、技术经济化、协同新型制造业动态数据处理与优化的能力。

（四）面向未来建设城市轨道交通

随着我国经济的快速增长，原本的产业结构发生了明显的变化，城市的交通压力日益加重，交通基础设施已经无法满足城市的快速发展需求，轨道交通建设已经成为改善城市交通状况的首选。技术的进步以及智慧城市的加速推进，城市轨道交通的现代化、智能化、绿色节能特征更加明显。

建设智慧化的城市轨道交通。随着"大数据""云计算"技术的快速发展和深度融合应用，智慧化成为城市轨道交通发展的未来趋势。通过通程信息采集和信息集约化处理技术，能够对城市轨道交通系统进行实时跟踪管理，提高轨道交通系统综合服务效能；通过应用云计算技术综合承载地铁各类调度指挥系统，集成统一处理调配地铁监控系统、乘客信息系统、安防系统、车场智能化系统等数据资源，实现城市轨道交通的"一图全面感知"和"一体运行联动"，使线路调度指挥系统和安防系统更加先进可靠。

建设绿色节能的城市轨道交通。"绿水青山就是金山银山"，城市轨道交通项目低碳化对减少碳排放、实现城市高质量可持续发展具有重要意义。未来的城市轨道交通应坚决贯彻生态和智慧设计理念，促进线路建设运营与节能新技术、绿色新能源、减少碳排放等创新技术的结合，积极探索轨道交通与环境、社会的协调发展，走具有绿色低碳发展之路。创新设计理念，统筹城市发展，建设绿色生态轨道交通建设，应用光伏等节能系统，打造"北京品牌"的城市轨道交通的高质量发展路线。

北京市应当面向未来，对轨道交通建设进行科学规划和标准化配置，为城市轨道交通向智慧型、网络型方向发展提供政策引导。同时，面向未来的轨道交通应当更科学地采集用户数据，运用大数据提供更有层次、更具针对性的服务，打造智慧化城市轨道交通；探索完善可持续机制，使轨道交通成为北京的新型战略产业，在技术和管理等领域引领世界潮流。

（五）推进数字产业化与产业数字化，发展数字经济

近年来，我国数字技术持续突破，落地应用速度加快。2019年5G商用落地，2020年开始进入建设高潮期，相关应用随之全面推进，人工智能应用在消费端和产业端落地布局，区块链技术在金融贸易、产品溯源等应用场景价值凸显。数字技术进步带动了数字消费的增长，年轻化、下沉化的移动互联网用户群体成为消费主力军，个性化、品质化、移动化产品需求日益增长，数字经济正成为我国经济持续高质量发展的重要引擎。

加快推进数字产业化，形成数字经济新兴产业集群，应从三个方面入手。一是聚焦发展重点。布局数字经济核心产业，鼓励企业通过自主创新实现技术突破，掌握数据存储、边缘计算、数据加密运算等关键核心技术，通

过技术创业等多种途径实现数字产业化。二是培育壮大人工智能产业，支持新型智能芯片、软件服务等相关基础产业的发展。人工智能产业是未来各国科技竞争的高地，是引领新一代科技创新革命的蓝海，北京市必须加快人工智能技术在教育、医疗、家政服务等领域的应用。三是扶持一批高技术信息设备制造业，支持发展基于 IPV6、5G 商用的信息网络设备和信息终端产品及系统应用。

加快推进产业数字化，实现产业结构转型升级。北京市推进产业数字化发展的有三个重要意义。一是能够帮助企业应对新发展环境下的不确定性与挑战。数据与传统企业的深度融合，能够使企业在海量信息冲击下，及时调整发展方向与策略，针对市场和客户需求做出正确应对。二是能够提高要素配置效率和生产效率。数字化、网络化、智能化水平的提升，能够帮助企业更加高效地配置各种生产要素，从而降低生产成本，增加生产活动的灵活性。三是有助于实现产品和服务升级。产业数字化的过程，就是原有产业与信息技术、数字技术融合匹配的过程，数字化水平的提高，能够增强企业提供高品质、高附加值产品的能力，拓展价值创造空间，从而推动实现整个产业链条的转型升级。北京市应该以产业数字化转型为方向，全面推进三次产业与数字经济的融合发展，建立数字贸易试验区，开展数据跨境流动安全管理试点，构建适应开放环境的数字经济和数字贸易政策体系。

六　北京市支持新型基础设施建设的政策建议

（一）统筹规划，防止"一拥而上"和重复建设

与传统基础设施相比，新基础设施更加智能化、专业化，科技含量更高，新基建的高质量建设离不开理清各种不同种类基建的实际作用和交互关系。相互之间联系紧密的特点决定了新的基础设施建设需要统筹布局，要根据北京市各地区的实际情况，有针对性地建设适合于当地发展的基础设施，注重其与当地产业的结合度。在做好前期调查的基础上，针对地区经济发展

情况布局可以配套的新型基础设施，同样也鼓励针对地区未来的发展规划，适当进行超前的新型基础设施布局，为整个北京市新型基础设施体系的建设做好前期的准备。

了解新基建"云管端"建设层级，理清基建内部建设逻辑。依托北京自身发展优势，重点布局新型网络体系建设、大数据中心深度挖掘、城市轨道交通建设三大重点领域。理清基建之间的相互作用关系。在各地区推进基础设施建设的过程中，需要严格按照地区规划，有定量、有指标对新型基础设施进行建设，防止"一拥而上"的现象发生。要严格控制好地区推进新型基础设施建设的速度，防止因推进过快而产生资源浪费和效率低下的问题，防止无效投资、产能过剩等问题的发生。与此同时，要把握新型基础设施对地区经济发展的拉动作用。掌握好新基建对经济的刺激力度，采用持续推进的思路，避免一劳永逸的想法，在加大投资力度的同时有节奏、分批有序地推进建设。

北京市政府应该在全市各地区基础设施建设的过程中成为好的"协调者"，加强顶层设计，确定投资次序，避免重复建设。防止出现单一类别的基础设施建设项目过度冗余的情况，确保各地区各类基础设施之间协调运行，未来可以实现互联互通，形成完善的新型基础设施体系。

（二）支撑科技创新中心，完善科技创新基础设施

加强各类新型基础设施对科技创新活动的支撑作用，提高科技创新中心研究能力。结合北京市目前的产业发展目标，布局一批新型基础设施，推进北京市产业结构的高级化、合理化，利用新型基础设施所提供的支撑能力，提高相关产业的研究能力，解决一批当前产业发展过程中存在的痛点难点，成为国家领先的产业科技创新中心，推进央地协同产业创新平台建设，解决产业发展的关键节点问题，推动经济高质量发展。

同时要结合各地区现有的各类新型研发机构、国家实验室等，布局贴合度更强的新型基础设施，推动各类创新主体之间交流互动，推动区域创新平台的构建，形成有效的研发合力，抢占科技制高点，开拓新技术领域，提升

区域创新能力。同时紧贴产业核心能力构建需求，适当建设一批高科技创新基础设施，提高基础研究与应用研究能力，更好地服务于高技术产业的发展，补强地区创新能力短板，形成各类研究之间的良性互动，发挥北京市在全国创新能力构建中的带头模范作用。

此外还须注重新型基础设施对各创新园区的支撑作用，将对园区的服务作为重要的抓手，通过各类新型基础设施的建设提高各园区的智能水平，以智慧化的园区推进地区创新活动的发展，利用新型基础设施可以加强信息交互的优势，在各重点园区搭建专业化、市场化、国家级科技成果转化服务体系，建立常态化合作研发机制，形成动态稳定的校企研发合作网络。

（三）支持"智慧交通"，提高城市交通运输水平

充分发挥5G时代万物互联的优势，将5G与智慧交通深度融合，利用5G大带宽、低延时和广连接的特点，使交通系统能够获取更翔实的环境、路面信息，对路网状况的把握更加多元化、层次化，有效提高通行效率与事故处理效率，实现交通信息的实时交互与交通运行状态中的精准感知。

加强智慧交通宏观层面的顶层设计，构建完善的发展统筹机制、共建机制，构建完善的交通发展顶层框架，各部门分工负责，具体落实，使各部门充分沟通、协调、明确分工，提高工作效率，创建智慧交通的良性发展环境，指导交通运输行业按序构建智慧交通体系。

另外，可根据不同区域实际情况，结合自身发展需求构建一批智慧公路、智慧列车等示范性工程。加强对示范工程的跟进考察，加强项目的及时评估，方便相关项目的后续推广。同时，数据是智慧交通中最重要的资源，要对各区域交通数据的全生命周期开展安全评估，建设强健的数据安全保障体系，健全数据安全和隐私保障的相关标准和规定。完善数据安全应急处置机制，强化数据安全责任落实，提高数据安全保障。

拓宽智慧交通发展资金渠道，拓展与企业的商业合作，鼓励民营企业积极参加智慧交通示范性工程的建设，如联合华为"Traffic Go"、阿里云ET

"城市大脑"等方案提供商，开展相关研究，切实提高数据利用能力，支撑政府决策，从企业角度出发，更好地满足居民真实需求。

（四）充分引导社会投资，激发市场活力

实施新型基础设施建设项目的重要目的是刺激经济的增长，因此要明确新型基础设施建设对经济的拉动作用，扩大新基建的辐射范围，保证更多主体可参与新基建的建设，使新基建带来的收益可以惠及更多人群。政府需对整个基础设施的建设思路进行充分规整，对各类基础设施进行详细分类，尽可能吸引社会资本参与新基建的建设，注重中小企业在整个基建过程中的参与力度，尽量对国有企业、私营企业一视同仁，吸引广泛社会力量参与基础设施建设活动。

同时严禁设置不合理的市场进入门槛，根据基础设施建设实际，设置合理的注册资本金、资产规模等条件，营造公平竞争、充满活力的市场环境。推进市场准入负面清单在基建投资领域的应用，对于符合条件的企业一视同仁，鼓励中小企业、民营企业合伙竞标，放大基建投资的拉动作用。

此外，根据新型基础设施的不同类别，对于具有非竞争性、非排他性的新型基础设施建设，如5G基站、全国一体化大数据中心、轨道交通、特高压等，应该由政府来引导，加大专项基金支持力度，引进社会资金和国拨资金协同支持，发挥政府在公共产品方面的供给能力和统筹能力，优化资源配置。对于涉及高新技术和专门领域的新型基础设施建设，如人工智能、工业互联网、新能源充电桩等，应该充分激发社会参与的积极性，让"专业的团队"做"专业的事"，通过市场的手段调节相关的产品供给，政府则应该以环境营造和政策引导为主，推动产融结合。

（五）监管创新与风险管控并重的政策

新型基础设施的建设虽然具有传统基础设施的诸多特点，但也体现了诸多知识经济的特征，涉及相关知识产权的应用、信息隐私等诸多问题，

目前我国在信息隐私保护、知识产权保护方面处于起步阶段，新型基础设施建设过程之中可能会存在些许灰色地带，因此，在新型基础设施建设的过程之中，政府需要创新监管手段，形成适用于新型基础设施建设的监管办法。

首先需要以包容审慎的态度对待整个监管过程中可能出现的诸多问题，要赋予开展新型基础设施建设的企业一定的试错能力，允许其在一定范围内放开手脚进行尝试，对新的尝试严防"一棍子打死"，给创新探索留出充分的空间。对在新基建建设过程中可能出现的信息问题，要认真分析产生问题的原因，把握其中的主要矛盾，总结在处理问题过程中催生的先进经验，为后续基建过程中可能存在的信息问题提供解决样板，提高整个基建体系的建设效率。

针对新基建建设的新内涵、新趋势以及广泛交融各类场景的特点，推动沙箱监管模式在各"基建＋场景"领域的应用，为相关基建企业、创新企业的探索赋予充分的主动权，提高企业在新基建建设过程中进行创新的积极性，从政策层面降低创新的不确定性，营造良好的利于创新发展的生态环境。推进落实 REITs 模式在各类 IDC 产业中的实际应用，鼓励 IDC 行业各企业使用 REITs 模式获得广泛资本支持，提高企业在新基建环节中的内部资金充实度，支持企业自身创新发展。鼓励探索针对数据、信息等无形资产进行抵押融资的探索，突出数据、信息资产的重要价值，提高对新基建中涉及的各类新要素、核心技术的资金支持能力。

针对新基建未来互联互通的特点，需要从平台建设标准和运营规范等方面发力，针对"新基建"的新业态和新模式提前研究合理的创新性监管政策措施，指导"新基建"的推进。同时，又需要强化"新基建"项目生命周期管理，加强风险管控，以需求为导向，加强工程推进和资金使用协同管理。注重全产业链协同合作，避免商业模式探索周期过长、供应链中断等风险点的出现。

参考文献

段军山、庄旭东：《金融投资行为与企业技术创新——动机分析与经验证据》，《中国工业经济》2021 年第 1 期。

方福前、田鸽、肖寒：《基础设施对中国经济增长的影响及机制研究——基于扩展的 Barro 增长模型》，《经济理论与经济管理》2020 年第 12 期。

冯华：《新型基础设施的建设重点和内涵》，《中国公路》2020 年第 9 期。

冯华、王智毓：《我国科技服务业与经济增长关系的实证研究》，《软科学》2018 年第 2 期。

葛焱、杨文辉：《"新基建"背景下加强重大科技基础设施建设的思考》，《科学管理研究》2021 年第 1 期。

龚晓莺、杨柔：《数字经济发展的理论逻辑与现实路径研究》，《当代经济研究》2021 年第 1 期。

郭凯明、潘珊、颜色：《新型基础设施投资与产业结构转型升级》，《中国工业经济》2020 年第 3 期。

郭菊娥、陈辰、邢光远：《可持续投资支持"新基建"重塑中国价值链》，《西安交通大学学报》（社会科学版）2021 年第 2 期。

黄鹏、陈靓：《数字经济全球化下的世界经济运行机制与规则构建：基于要素流动理论的视角》，《世界经济研究》2021 年第 3 期。

林晓言、李明真：《高铁对沿线城市科技创新的影响——基于粤桂地区的实证研究》，《华东经济管理》2020 年第 3 期。

刘生龙、胡鞍钢：《交通基础设施与中国区域经济一体化》，《经济研究》2011 年第 3 期。

马荣、郭立宏、李梦欣：《新时代我国新型基础设施建设模式及路径研究》，《经济学家》2019 年第 10 期。

欧国立、王琦珀：《建设新时代生态综合交通强国——基于绿色发展理念的思考》，《长安大学学报》（社会科学版）2018 年第 5 期。

荣朝和、李星瀚、王学成、颜飞：《论分布式运输供给的转型趋势》，《北京交通大学学报》（社会科学版）2020 年第 3 期。

荣朝和：《互联网共享出行的物信关系与时空经济分析》，《管理世界》2018 年第 4 期。

沈运红、黄桁：《数字经济水平对制造业产业结构优化升级的影响研究——基于浙江省 2008—2017 年面板数据》，《科技管理研究》2020 年第 3 期。

孙久文、苏玺鉴：《新时代区域高质量发展的理论创新和实践探索》，《经济纵横》2020 年第 2 期。

盛磊、杨白冰：《新型基础设施建设的投融资模式与路径探索》，《改革》2020 年第

5 期。

孙早、杨光、李康：《基础设施投资促进了经济增长吗？——来自东、中、西部的经验证据》，《经济学家》2015 年第 8 期。

伍先福、钟鹏、黄骁：《"新基建"提升了战略性新兴产业的技术效率吗？》，《财经科学》2020 年第 11 期。

吴志强、何睿、徐浩文、冯天心、张少涵、杨婷：《论新型基础设施建设的迭代规律》，《城市规划》2021 年第 3 期。

谢康、吴瑶、肖静华：《生产方式数字化转型与适应性创新——数字经济的创新逻辑（五）》，《北京交通大学学报》（社会科学版）2021 年第 1 期。

谢康、夏正豪、肖静华：《大数据成为现实生产要素的企业实现机制：产品创新视角》，《中国工业经济》2020 年第 5 期。

张钟文、叶银丹、许宪春：《高技术产业发展对经济增长和促进就业的作用研究》，《统计研究》2017 年第 7 期。

赵坚：《公铁货运在国民经济中的作用》，《中国公路》2018 第 12 期。

Abstract

2020 is of great significance for Beijing's transportation development. With the outbreak of the epidemic at the beginning of the year, Beijing's transportation system responded urgently and implemented a series of scientific measures, such as canceling the restrictions on passenger cars during the epidemic period, controlling the full load rate of public transport and rail cars, controlling the flow and density at the subway entrance, etc.. This has played an important role in winning the battle of traffic management against the epidemic. Relevant policies, as the "Beijing experience", have been promoted by the Ministry of transport and asked other cities to learn from them.

2020 is also a key period for testing the 13th five year plan. Beijing has made a lot of achievements in transportation infrastructure, digital transportation, management systems and policies, transportation public health and safety system, and achieved breakthroughs in relevant key areas. Transportation development provides guarantee and foundation for the construction of Beijing's "four centers", At the same time, it supports the implementation of transportation development strategy at the national level. With the improvement of social development goals, it can be predicted that Beijing's transportation development will be promoted to a new level to cope with the large number of trips brought by regional development and people's requirements for high-quality transportation service level. At this stage, there are some challenges, such as the integrated development of subway and public transport, problems related to suburban railway planning, and the integrated development of multiple modes of transportation, which urgently need to be innovated and broken through from the system level. With the theme of "building a high-quality development megacity comprehensive transportation system", this report will summarize the transportation development of Beijing in 2020 and focus on the hot issues concerned by the government and the public.

The report is divided into three parts: the first part is the general report, the second part is the topical reports, and the third part is the special reports. Firstly, the general report studies the development of transportation in Beijing in 2020, and summarizes and prospects from the perspectives of external transportation, green transportation, safe transportation, scientific and technological transportation and cultural transportation. The topical reports focus on the subdivided fields of public transport system, transportation integration development and slow traffic. In terms of public transport system, according to the current situation of the integration of bus and subway in Beijing, this paper studies the future development of transportation integration, and puts forward ideas and suggestions for the coordinated development of bus and subway planning, construction and operation in Beijing. In addition, it analyzes the main transportation corridors in Beijing metropolitan area, and puts forward corresponding innovation paths for the functional positioning of suburban railways. In terms of transportation integration development, it studies the integrated development of railway, urban rail transit and city, the integrated development of transportation and city in major events and events, and the integration system and mechanism innovation of urban multiple transportation modes. In terms of slow traffic, this paper studies the problems in the governance and development of shared bicycles, and puts forward the policies and paths to promote the governance of shared bicycles. Special reports have carried out more specific and targeted case analysis and research based on the ideas put forward in the general report and topical reports. First, the impact of the new crown pneumonia epidemic on the capital transportation industry was discussed. Two, the road traffic regulations and operational supervision policies adapted to automatic driving were studied. Third, it analyzes Beijing's policies to support new infrastructure construction.

This report summarizes the important achievements of Beijing's transportation development in recent years, combs Beijing's transportation construction from the subdivided fields of public transportation system, transportation integration development and slow traffic, analyzes the challenges at this stage, looks forward to the future development trend, and puts forward targeted countermeasures and suggestions and specific implementation plans, It provides reference for the theory and practice of traffic development in Beijing, and for the traffic development of other cities in China.

Keywords: Integrated Transportation System; Integration of Urban Public Transit; High-quality Development

Contents

I General Report

Abstract: Beijing's transportation industry actively responds to the *Outline of Building a Strong Transportation Country* issued by the Party Central Committee and the State Council, and seriously implements the *Beijing Urban Master Plan* (2016—2035), so it is meaningful to analyze and study the transportation development in Beijing this year for future work. This report summarizes and analyzes Beijing's "external transportation, green transportation, safe transportation, technological transportation and humanistic transportation" in 2020, and the relevant data show that in the face of the sudden impact of the new pneumonia epidemic, Beijing's transportation business has withstood an unprecedented test, and while coordinating the prevention and control of the epidemic, it has ensured The data shows that in the face of the sudden impact of the new pneumonia epidemic, Beijing's transportation industry has withstood an unprecedented test, and has completed its annual tasks in a smooth and safe manner while promoting epidemic prevention and control.

Keywords: Urban Transportation; Transportation Development; Transport Policy

II   Topical Reports

B.2   Analysis Report on Coordination and Linkage Mechanism of Rail Transit and Ground Bus Planning, Construction and Operation in Beijing in 2020   / 017

Abstract: In recent years, urban rail transit has developed rapidly in China, and its interconnection with ground bus transit has become a core aspect of urban transportation integration. By analyzing the development status of the integration of urban public transport at home and abroad and summarizing their development experiences, this report proposes that the rapid integration of rail transit and ground bus transit connection is an important entry point to achieve full integration. On this basis, it analyzes the current problems in the development of integrated rail transit and ground bus transit in Beijing, such as the inadequate interchange facilities, the single level of rail transit line network, and the lack of right-of-way for most ground buses. Finally, based on the basic principle of the development of integrated public transportation in Beijing, this report puts forward policy recommendations such as unified planning of line networks, improvement of infrastructure construction, optimization of public transportation interchange systems, implementation of integrated fare and ticket systems, coordination and optimization of information services, promotion of integrated operation and management, development of integrated standards and norms, and strengthening of key projects. The relevant results can provide references for promoting the high-quality development of transportation integration in Beijing.

Keywords: Integration of Urban Public Transit; Coordinated Development; Site Integration

B.3   Research on the Key Issues and Innovative Paths for
the Suburban Railways' Development in Beijing
Metropolitan Area in 2020   / 048

Abstract: In the past ten years, as an important part of the rail transit network, the suburban railway network has played an increasingly important role. It is of great significance to research the key issues and innovative paths for the development of suburban railway in a dynamitic way. This report analyzes the development status of the suburban railways in the Beijing metropolitan area, including the status quo of national railway system, its available resources for improving the suburban railway services, the development of existing suburban railways, etc. and the existing problems for the suburban railways' development. In terms of the development and innovation path of suburban railway, it introduced advanced international experience, analyzed the functional positioning of suburban railways based on the main transportation corridors in the Beijing metropolitan area, and proposed corresponding innovative paths. The research results can provide reference for promoting the development of suburban railway and modern metropolitan area in Beijing.

Keywords: Suburban Railway; Beijing Metropolitan Area; Transport Corridor

B.4 Report on the Integrated Development of Multiple Modes
of Transportation in Beijing in 2020 / 086

Abstract: With the development of urbanization in China, the "big city diseases" such as the increase of commuting time, the aggravation of traffic congestion and the rise of subway cost prove that the large-scale, single and homogeneous rail transit mode cannot solve the traffic problems in metropolitan areas. Therefore, it is particularly important to study the high quality, integrated development mode and realization path of rail transit. In this paper, starting from multiple subjects constituting transportation and combining with international experience, the author respectively explores the integrated development of railway, urban rail transit and city, the integrated development of transportation and city of major events and events, and the integrated system and mechanism innovation of various urban transportation modes. It also puts forward corresponding implementation plans for hot traffic issues such as fast rail transit, virtual transfer, northeast ring Road and Huiten area, as well as specific suggestions for emergencies and activities such as epidemic situation and Winter Olympics. In this paper, the innovation of the integration system and mechanism of various modes of transportation has put forward constructive suggestions for the development of transportation in Beijing.

Keywords: Virtual Transfer; Carbon Neutrality; Transportation Integration; Rail Commuting; Suburban Railway

B.5 Research Report on the Governance and Development
of Shared Bicycles in Beijing in 2020 / 115

Abstract: With the rise of the sharing economy and the advent of the big data era, shared bicycles have become an important part of the urban public transport system. However, shared bicycles not only better solve the "last mile" of travel and meet the green travel needs of urban residents, but also bring negative externalities such as random parking of vehicles, disorderly competition of enterprises and information security risks, In order to solve these problems, the government needs to jointly manage bicycle sharing enterprises and the public. First, we should restrict user behavior and strengthen lease management; Second, strengthen industry supervision and promote platform construction; Third, we should unite enterprises, standardize industry order, and give full play to the role of sharing bicycles to solve the "last kilometer" problem. Based on this, the first part of this report briefly analyzes the development status and existing problems of shared bicycles in Beijing, the second part introduces the governance of shared bicycles in Beijing, and the third part puts forward the policies and paths to promote the governance of shared bicycles.

Keywords: Bicycle-sharing; Green Commuting; Traffic Management

III Special Reports

B.6 Impact of Novel Coronavirus Pneumonia on Transportation

Industry in Beijing   / 141

Abstract: The Novel Coronavirus Pneumonia is the largest public health and safety event in human history to date, and its impact on all aspects of human society is far-reaching. The impact of the Novel Coronavirus Pneumonia on the transportation industry is particularly evident due to the high exposure of people in transportation. As a modern mega-city, Beijing's transportation industry received a dramatic impact from the Novel Coronavirus Pneumonia. The authors analyze data on the impact of the Novel Coronavirus Pneumonia outbreak on the capital's transportation sector and interpret the policies adopted by the capital's transportation sector. In addition, the authors provide detailed evidence and recommendations on the problems exposed in the transportation sector in terms of epidemic prevention and control in two phases: the outbreak period and the recession period.

Keywords: Urban Transportation; Traffic Emergency Management; Public Health in Transportation

B.7 Research on Road Traffic Regulations and Operation Supervision
Policies Suitable for Automatic Driving / 159

Abstract: As an emerging technology, the rapid development of autonomous driving is creating unprecedented impact and challenges to the existing laws, regulations and industrial policies. Countries around the world are vying for the right to speak about the development of relevant standards and specifications. The United States, the European Union, Japan and China are all accelerating the layout and development of autonomous driving step by step. This is inseparable from the laws, regulations and regulatory policies that are compatible with autonomous driving. In view of this, this paper compares and analyzes the relevant laws and regulations and industrial policies on autonomous driving in typical countries and regions in the world with those in China. At the same time, combined with the current situation of the development of relevant industrial policies and regulations in Beijing, it is proposed that various aspects such as enriching test scenes, encouraging multi-body participation and enhancing public awareness can be started to accelerate the application of autonomous driving on the ground.

Keywords: Autonomous Driving; Road Traffic Laws and Regulations; Industrial Policy

B.8 Policy Analysis of Beijing Supporting New Infrastructure
Construction / 198

Abstract: Infrastructure can promote industrial transformation and upgrading, promote high-quality economic development, and play an important supporting role in economic development. Through combing and analyzing, this report summarizes four experiences of China's policy support for traditional infrastructure construction: long-term listing of infrastructure construction as a priority development area of the national economy; Give full play to the important role of policy financial institutions such as China Development Bank; Actively explore new financing models for infrastructure construction; Make full use of the strength of the World Bank, Asian Development Bank, and developed countries. Different from traditional infrastructure, "new infrastructure" has five new features: new subject, new mode, new area, new mode, and a new scene. It will promote high-quality economic development through technological innovation to realize industrial chain development, promote supply-side structural reform, promote demand-side consumption upgrade and upgrade traditional infrastructure. On this basis, by combing the policies and experiences of Beijing and other provinces and cities in China in supporting the construction of new infrastructure, this report finds out the problems of policy vacancy, dislocation, and offside, and puts forward five development paths of Beijing's "new infrastructure", namely, taking innovative infrastructure as the starting point, building a new network system, digging deep into the potential of the big data center, building future urban rail transit, and promoting digital industrialization and industrial digitalization, and puts forward supporting policy suggestions, to optimize and adjust the policies for the next step and ensure their implementation.

Keywords: New Infrastructure Construction; Digital Economy; Industrial Transformation and Upgrading; Technical Innovation

社会科学文献出版社

皮 书

智库报告的主要形式
同一主题智库报告的聚合

❖ **皮书定义** ❖

皮书是对中国与世界发展状况和热点问题进行年度监测，以专业的角度、专家的视野和实证研究方法，针对某一领域或区域现状与发展态势展开分析和预测，具备前沿性、原创性、实证性、连续性、时效性等特点的公开出版物，由一系列权威研究报告组成。

❖ **皮书作者** ❖

皮书系列报告作者以国内外一流研究机构、知名高校等重点智库的研究人员为主，多为相关领域一流专家学者，他们的观点代表了当下学界对中国与世界的现实和未来最高水平的解读与分析。截至2021年，皮书研创机构有近千家，报告作者累计超过7万人。

❖ **皮书荣誉** ❖

皮书系列已成为社会科学文献出版社的著名图书品牌和中国社会科学院的知名学术品牌。2016年皮书系列正式列入"十三五"国家重点出版规划项目；2013~2021年，重点皮书列入中国社会科学院承担的国家哲学社会科学创新工程项目。

中国皮书网

（网址：www.pishu.cn）

发布皮书研创资讯，传播皮书精彩内容
引领皮书出版潮流，打造皮书服务平台

栏目设置

◆ **关于皮书**

何谓皮书、皮书分类、皮书大事记、
皮书荣誉、皮书出版第一人、皮书编辑部

◆ **最新资讯**

通知公告、新闻动态、媒体聚焦、
网站专题、视频直播、下载专区

◆ **皮书研创**

皮书规范、皮书选题、皮书出版、
皮书研究、研创团队

◆ **皮书评奖评价**

指标体系、皮书评价、皮书评奖

◆ **皮书研究院理事会**

理事会章程、理事单位、个人理事、高级
研究员、理事会秘书处、入会指南

◆ **互动专区**

皮书说、社科数托邦、皮书微博、留言板

所获荣誉

◆ 2008 年、2011 年、2014 年，中国皮书
网均在全国新闻出版业网站荣誉评选中
获得"最具商业价值网站"称号；
◆ 2012 年，获得"出版业网站百强"称号。

网库合一

2014年，中国皮书网与皮书数据库端口
合一，实现资源共享。

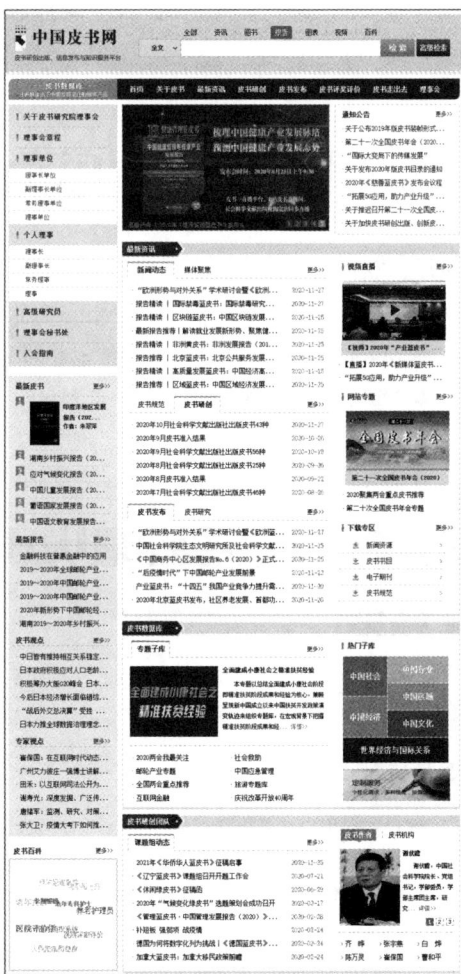

中国皮书网

权威报告·一手数据·特色资源

皮书数据库
ANNUAL REPORT(YEARBOOK)
DATABASE

分析解读当下中国发展变迁的高端智库平台

所获荣誉

- 2019年，入围国家新闻出版署数字出版精品遴选推荐计划项目
- 2016年，入选"'十三五'国家重点电子出版物出版规划骨干工程"
- 2015年，荣获"搜索中国正能量 点赞2015""创新中国科技创新奖"
- 2013年，荣获"中国出版政府奖·网络出版物奖"提名奖
- 连续多年荣获中国数字出版博览会"数字出版·优秀品牌"奖

成为会员

通过网址www.pishu.com.cn访问皮书数据库网站或下载皮书数据库APP，进行手机号码验证或邮箱验证即可成为皮书数据库会员。

会员福利

- 已注册用户购书后可免费获赠100元皮书数据库充值卡。刮开充值卡涂层获取充值密码，登录并进入"会员中心"—"在线充值"—"充值卡充值"，充值成功即可购买和查看数据库内容。
- 会员福利最终解释权归社会科学文献出版社所有。

社会科学文献出版社 皮书系列
SOCIAL SCIENCES ACADEMIC PRESS (CHINA)

卡号：596598391662
密码：

数据库服务热线：400-008-6695
数据库服务QQ：2475522410
数据库服务邮箱：database@ssap.cn
图书销售热线：010-59367070/7028
图书服务QQ：1265056568
图书服务邮箱：duzhe@ssap.cn

S 基本子库
UB DATABASE

中国社会发展数据库（下设 12 个子库）

整合国内外中国社会发展研究成果，汇聚独家统计数据、深度分析报告，涉及社会、人口、政治、教育、法律等 12 个领域，为了解中国社会发展动态、跟踪社会核心热点、分析社会发展趋势提供一站式资源搜索和数据服务。

中国经济发展数据库（下设 12 个子库）

围绕国内外中国经济发展主题研究报告、学术资讯、基础数据等资料构建，内容涵盖宏观经济、农业经济、工业经济、产业经济等 12 个重点经济领域，为实时掌控经济运行态势、把握经济发展规律、洞察经济形势、进行经济决策提供参考和依据。

中国行业发展数据库（下设 17 个子库）

以中国国民经济行业分类为依据，覆盖金融业、旅游、医疗卫生、交通运输、能源矿产等 100 多个行业，跟踪分析国民经济相关行业市场运行状况和政策导向，汇集行业发展前沿资讯，为投资、从业及各种经济决策提供理论基础和实践指导。

中国区域发展数据库（下设 6 个子库）

对中国特定区域内的经济、社会、文化等领域现状与发展情况进行深度分析和预测，研究层级至县及县以下行政区，涉及省份、区域经济体、城市、农村等不同维度，为地方经济社会宏观态势研究、发展经验研究、案例分析提供数据服务。

中国文化传媒数据库（下设 18 个子库）

汇聚文化传媒领域专家观点、热点资讯，梳理国内外中国文化发展相关学术研究成果、一手统计数据，涵盖文化产业、新闻传播、电影娱乐、文学艺术、群众文化等 18 个重点研究领域。为文化传媒研究提供相关数据、研究报告和综合分析服务。

世界经济与国际关系数据库（下设 6 个子库）

立足"皮书系列"世界经济、国际关系相关学术资源，整合世界经济、国际政治、世界文化与科技、全球性问题、国际组织与国际法、区域研究 6 大领域研究成果，为世界经济与国际关系研究提供全方位数据分析，为决策和形势研判提供参考。

法律声明

　　"皮书系列"（含蓝皮书、绿皮书、黄皮书）之品牌由社会科学文献出版社最早使用并持续至今，现已被中国图书市场所熟知。"皮书系列"的相关商标已在中华人民共和国国家工商行政管理总局商标局注册，如LOGO（　）、皮书、Pishu、经济蓝皮书、社会蓝皮书等。"皮书系列"图书的注册商标专用权及封面设计、版式设计的著作权均为社会科学文献出版社所有。未经社会科学文献出版社书面授权许可，任何使用与"皮书系列"图书注册商标、封面设计、版式设计相同或者近似的文字、图形或其组合的行为均系侵权行为。

　　经作者授权，本书的专有出版权及信息网络传播权等为社会科学文献出版社享有。未经社会科学文献出版社书面授权许可，任何就本书内容的复制、发行或以数字形式进行网络传播的行为均系侵权行为。

　　社会科学文献出版社将通过法律途径追究上述侵权行为的法律责任，维护自身合法权益。

　　欢迎社会各界人士对侵犯社会科学文献出版社上述权利的侵权行为进行举报。电话：010-59367121，电子邮箱：fawubu@ssap.cn。

社会科学文献出版社